DIREITOS FUNDAMENTAIS SOCIAIS

COLEÇÃO FÓRUM DE
DIREITOS FUNDAMENTAIS

COLEÇÃO FÓRUM DE
DIREITOS FUNDAMENTAIS

Coordenador
André Ramos Tavares

SORAYA LUNARDI
Coordenadora

DIREITOS FUNDAMENTAIS SOCIAIS

Belo Horizonte

2012

INSTITUTO BRASILEIRO DE
ESTUDOS CONSTITUCIONAIS

COLEÇÃO FÓRUM DE
DIREITOS FUNDAMENTAIS

Coordenador
André Ramos Tavares

© 2012 Editora Fórum Ltda.

É proibida a reprodução total ou parcial desta obra, por qualquer meio eletrônico, inclusive por processos xerográficos, sem autorização expressa do Editor.

Conselho Editorial

Adilson Abreu Dallari
Alécia Paolucci Nogueira Bicalho
Alexandre Coutinho Pagliarini
André Ramos Tavares
Carlos Ayres Britto
Carlos Mário da Silva Velloso
Carlos Pinto Coelho Motta (in memoriam)
Cármen Lúcia Antunes Rocha
Cesar Augusto Guimarães Pereira
Clovis Beznos
Cristiana Fortini
Dinorá Adelaide Musetti Grotti
Diogo de Figueiredo Moreira Neto
Egon Bockmann Moreira
Emerson Gabardo
Fabrício Motta
Fernando Rossi
Flávio Henrique Unes Pereira

Floriano de Azevedo Marques Neto
Gustavo Justino de Oliveira
Inês Virgínia Prado Soares
Jorge Ulisses Jacoby Fernandes
José Nilo de Castro (in memoriam)
Juarez Freitas
Lúcia Valle Figueiredo (in memoriam)
Luciano Ferraz
Lúcio Delfino
Marcia Carla Pereira Ribeiro
Márcio Cammarosano
Maria Sylvia Zanella Di Pietro
Ney José de Freitas
Oswaldo Othon de Pontes Saraiva Filho
Paulo Modesto
Romeu Felipe Bacellar Filho
Sérgio Guerra

Luís Cláudio Rodrigues Ferreira
Presidente e Editor

Coordenação editorial: Olga M. A. Sousa
Revisão: Adalberto Nunes Pereira Filho
Bibliotecária: Izabel Antonina A. Miranda CRB - 2904
Indexação: Clarissa Jane de Assis Silva – CRB 2457 – 6ª Região
Capa, projeto gráfico: Walter Santos
Diagramação: Deborah Alves

Av. Afonso Pena, 2770 – 15º/16º andares – Funcionários – CEP 30130-007
Belo Horizonte – Minas Gerais – Tel.: (31) 2121.4900 / 2121.4949
www.editoraforum.com.br – editoraforum@editoraforum.com.br

D598   Direitos Fundamentais Sociais. / Coordenadora: Soraya Lunardi. Belo Horizonte: Fórum, 2012.
(Coleção Fórum de Direitos Fundamentais, 8).

254 p.
Coordenador da Coleção: André Ramos Tavares
ISBN 978-85-7700-567-3

1. Direitos fundamentais. 2. Direitos sociais. 3. Direito constitucional. I. Tavares, André Ramos.
II. Coleção Fórum de Direitos Fundamentais.

CDD: 341
CDU: 344.

Informação bibliográfica deste livro, conforme a NBR 6023:2002 da Associação Brasileira de Normas Técnicas (ABNT):

LUNARDI, Soraya (Coord.). Direitos Fundamentais Sociais. Belo Horizonte: Fórum, 2012. 254 p. ISBN 978-85-7700-567-3. (Coleção Fórum de Direitos Fundamentais, 8).

Agradecimentos

Ao Centro Universitário de Bauru pelo apoio à pesquisa, em especial ao seu Diretor Prof. Paulo Afonso de Marno Leite, ao Vice-Diretor Prof. Hermes Moretti da Silva Ribeiro, ao Gestor Educacional Flavio Toledo e ao Gestor Administrativo-Financeiro Antonio Eufrásio de Toledo, assim como aos colegas Professores do Centro Universitário que participaram das atividades de pesquisa.

SUMÁRIO

APRESENTAÇÃO
André Ramos Tavares 13

A CORTE INTERAMERICANA DE DIREITOS HUMANOS E OS DIREITOS FUNDAMENTAIS SOCIAIS
Amélia Regina Mussi Gabriel 15
1 Introdução 15
2 O Sistema Internacional de Proteção dos Direitos Humanos 17
3 O Sistema Interamericano de Proteção dos Direitos Humanos 21
4 Os direitos fundamentais sociais em face do sistema interamericano de proteção dos direitos humanos 24
4.1 A proteção do direito ao trabalho 24
4.2 A proteção do direito à previdência social 25
4.3 A proteção do direito à saúde 25
4.4 A proteção do direito ao meio ambiente sadio 26
4.5 A proteção do direito à educação 26
4.6 A proteção do direito à maternidade e à infância 27
4.7 A proteção dos idosos e deficientes 28
5 Mecanismos de implementação dos direitos fundamentais sociais no âmbito do sistema interamericano de proteção aos direitos humanos 28
6 Os direitos fundamentais sociais e a jurisprudência do sistema interamericano de direitos humanos 30
6.1 Violação ao direito do trabalho 31
6.2 Violação ao direito à previdência social 33
6.3 Violação ao direito à saúde 34
6.4 Violação ao direito ao meio ambiente sadio 35
6.5 Violação ao direito à maternidade e à infância 36
6.6 Violação ao direito de moradia 36
7 Conclusões 37
Referências 38

AÇÕES AFIRMATIVAS COMO INSTRUMENTO DOS DIREITOS FUNDAMENTAIS SOCIAIS À LUZ DO PRINCÍPIO DA IGUALDADE NO ORDENAMENTO JURÍDICO BRASILEIRO
Daniela Nunes Veríssimo Gimenes 41
1 Noções gerais 41

2	Considerações sobre os direitos fundamentais	42
3	Do princípio da igualdade	52
3.1	Conceito de princípio	52
3.2	Igualdade "perante a lei" e "na lei"	53
4	Considerações sobre as ações afirmativas (*affirmative actions*)	57
5	Conclusão	60
	Referências	60

HUMANISMO METAFÍSICO E OS DIREITOS FUNDAMENTAIS (SOCIAIS)
Eliéser Spereta 63

1	O princípio da dignidade humana e os direitos fundamentais	64
2	Humanismo como fundamento da metafísica	70
3	O humanismo metafísico e os direitos *do* homem	77
4	Renovar o humanismo	80
	Referências	83

A QUESTÃO SOCIAL E O SOCIALISMO SEGUNDO A DOUTRINA CATÓLICA CONSERVADORA
Emílio Donizete Primolan, Patrícia Keli Botari 85

1	Introdução	85
2	A origem da questão social	86
3	O catolicismo no século XIX	87
4	O movimento socialista	89
5	A reação da Igreja Católica	91
6	A doutrina social católica e o socialismo	92
7	Considerações finais	94
	Referências	95

CONCRETIZAÇÃO DE POLÍTICAS PÚBLICAS NA PERSPECTIVA DA DESNEUTRALIZAÇÃO DO PODER JUDICIÁRIO
Flávio Luís de Oliveira 97

1	Considerações iniciais	97
2	Os direitos fundamentais sociais	99
2.1	A insuficiência dos direitos fundamentais individuais	100
2.2	A necessidade dos direitos fundamentais sociais	101
2.3	Evolução normativa dos direitos fundamentais sociais	102
3	A concretização das políticas públicas pelo poder judiciário	105
3.1	A desneutralização do poder judiciário	106
3.2	Os caminhos e os obstáculos para a desneutralização do poder judiciário	108

4 Considerações finais 111
Referências 112

DA "JUSTIÇA" COMO METACÓDIGO E SUA POSSÍVEL
RELAÇÃO COM A QUESTÃO DA EFETIVIDADE DOS DIREITOS
FUNDAMENTAIS SOCIAIS – INTRODUÇÃO A UMA TEORIA
JURÍDICA PÓS-POSITIVISTA
Gustavo Smizmaul Paulino 115
1 Introdução 115
2 Direito e Justiça – Escorço histórico-metodológico 116
3 Os direitos fundamentais sociais 124
4 A questão da interpretação constitucional 128
4.1 A insuficiência do "método" dogmático como forma de acesso à Constituição – Uma análise da interpretação jurídica em Kelsen 131
4.2 O método procedimental como vetor de realização da Constituição – Mas, que método procedimental? 135
5 A "Justiça" como metacódigo e a superação do positivismo 141
Referências 152

A MULHER E O DIREITO SOCIAL AO TRABALHO
José Cláudio Domingues Moreira 155
1 Introdução 155
2 O Direito como ciência social 156
3 O capitalismo e a legalidade 157
4 A questão social 159
5 O princípio da dignidade humana 160
6 O princípio da igualdade 160
7 Conclusão 161
Referências 162

O DIREITO SOCIAL À SAÚDE E A CPMF – ANÁLISE DOS
PROCESSOS DE POSITIVAÇÃO, INCIDÊNCIA, APLICAÇÃO
E INTERPRETAÇÃO (ATUALIZADA CONFORME O PROJETO
DE LEI COMPLEMENTAR Nº 306, DE 2008, QUE INCLUI A
CONTRIBUIÇÃO SOCIAL PARA A SAÚDE – CSS)
Josiane de Campos Silva Giacovoni 163
1 Introdução 163
2 Histórico legislativo 164
3 Do direito social à saúde 165

4   Considerações sobre o Projeto de Lei Complementar nº 306/08
    que veicula a RMIT da Contribuição Social para a Saúde (CSS) 169
Referências 174

A OMISSÃO NA PRESTAÇÃO DO SERVIÇO PÚBLICO E A ALEGADA LIMITAÇÃO FINANCEIRA
Luiz Nunes Pegoraro 177
1   Introdução 177
2   Serviço público 178
3   A omissão da Administração e o direito do particular 181
4   O controle jurisdicional da Administração Pública 182
5   Cláusula da "reserva do possível" 185
6   Considerações finais 191
Referências 193

CONSTITUCIONALISMO E VALOR SOCIAL DO TRABALHO – O MUNDO DO TRABALHO NA CONSTITUIÇÃO FEDERAL DE 1988 E A EFETIVIDADE DOS DIREITOS SOCIAIS
Pietro Lora Alarcón 195
1   Introdução 195
2   Constitucionalismo social 197
3   O constitucionalismo social e os direitos dos trabalhadores
    brasileiros 201
3.1 Escravidão, vadiagem e migração 201
3.2 O constitucionalismo social brasileiro como fruto da luta dos
    trabalhadores 205
4   Sobre o valor social do trabalho e a efetividade dos direitos
    sociais 208
4.1 O valor social do trabalho 208
4.2 Sobre a efetividade dos direitos sociais 212
Referências 214

O DIREITO SOCIAL À MORADIA NA CONSTITUIÇÃO DE 1988
Ricardo Brosco 215
1   Introdução 215
2   O bem de família no Código Civil de 2002 e na Lei nº 8.009/90 217
3   O direito fundamental à moradia e a penhora do bem de família 222

DIREITO SOCIAL À SEGURANÇA
Soraya Lunardi 227
1   Introdução 227
2   Meios de realização do direito à segurança 228
2.1 Segurança pela força 228
2.2 Segurança pelo bem-estar 230
2.3 Dependência conceitual da segurança 232

3   Aspectos principais do direito à segurança 233
3.1 Tutela estatal da segurança – Seguridade social, segurança no trabalho, garantia da propriedade privada, segurança pública 233
3.2 Segurança dos indivíduos em relação a interferências estatais 239
4   Considerações conclusivas 242
    Referências 243

SOBRE OS AUTORES 245

ÍNDICE DE ASSUNTO 247

ÍNDICE ONOMÁSTICO 253

APRESENTAÇÃO

A presente obra coletiva, pela contribuição que apresenta para o debate nacional, não poderia deixar de receber a mais imediata acolhida na Coleção Fórum de Direitos Fundamentais. Trata-se de um conjunto de estudos interdisciplinares, que reúnem diversos saberes, docências e experiências, irmanados em torno de um eixo (e preocupação) central, que pode ser identificado justamente nos direitos humanos fundamentais de cariz social. A obra, contudo, vai além, estabelecendo nexos e responsabilidade da Ciência do Direito e do Poder Judiciário a propósito da realização desses direitos.

Essa discussão é justamente um dos motivos da criação, pela Editora Fórum, de uma Coleção própria de estudos, que busca contribuir para o desenvolvimento e avanço jurídico-judicial-social de nosso País. Se houve progressos significativos nas últimas décadas, capitaneados pela Constituição cidadã de 1988 e por um Judiciário mais atento e consciente de sua posição social, esses avanços ainda carecem de maior consolidação, de certa sistematização e, em muitas ocorrências, áreas e situações, ainda não se fizeram sentir apropriadamente.

Os estudos que aqui se reuniram por engenho e dedicação da brilhante Professora Soraya G. Lunardi apresentam a perspectiva da seriedade e da preocupação com a efetividade do Direito. Trilham o caminho identificado, portanto, pela Coleção Fórum de Direitos Fundamentais, privilegiando-a e qualificando-a ainda mais nessa delicada e necessária empreitada.

Tenho procurado sempre registrar e difundir a intersecção necessária e juridicamente válida entre perspectivas sociais de progresso contínuo e exercício funcional pleno por parte de um Poder Judiciário atento, consciente e eficaz. Eis, aqui, a chave para o sucesso e realização de um Direito positivo ocupado com as questões da dignidade da pessoa humana, da democracia e da cidadania, como é o caso do Ordenamento Jurídico brasileiro escorado na Constituição de 1988 e por ela abalizado e orientado. E é a Ciência do Direito que encontra uma de suas mais altas tarefas na compreensão e elucidação desse fenômeno, de seus pressupostos, de suas consequências e limites.

Parabenizo todos os autores da presente obra, que procuram contribuir, em suas variadas áreas e conhecimentos, para esse resgate histórico da Ciência do Direito brasileira e, em última análise, para o resgate dos compromissos sociais de nossa Constituição, a partir da perspectiva e dimensões aqui identificadas.

André Ramos Tavares
Pró-Reitor e Professor de Pós-Graduação da PUC-SP. Coordenador da Coleção Fórum de Direitos Fundamentais. Diretor do Instituto Brasileiro de Estudos Constitucionais.

A CORTE INTERAMERICANA DE DIREITOS HUMANOS E OS DIREITOS FUNDAMENTAIS SOCIAIS

AMÉLIA REGINA MUSSI GABRIEL

1 Introdução

Embora os filósofos gregos, na Antiguidade, já tivessem manifestado alguns direitos como próprios da essência humana, as questões relativas aos direitos do homem só tiveram maior repercussão quando da formação do Direito Internacional, em meados do século XVII, sendo considerável a influência exercida pelos ensinamentos dos autores da época, que ficaram conhecidos como os "fundadores do Direito Internacional".

Neste sentido, vale ressaltar a participação, neste processo, dos teólogos espanhóis Francisco de Vitória e Francisco Suárez, para quem o *jus gentium*, ou direito das gentes, revela a unidade e universalidade do gênero humano,[1] e, sobretudo, do mestre Hugo Grotius, que de fato inaugurou a atual concepção do direito das gentes, origem do Direito Internacional. Sua obra, *De Jure Belli ac Pacis*, de 1625, é considerada um grande marco, já que dispõe que o Estado não é um fim em si mesmo,

---

[1] SUÁREZ, Francisco. *De legibus ac deo legislatore*. Coimbra, 1612.

mas um meio para assegurar o ordenamento social consoante a inteligência humana. A obra admitia, já naquele século, a possibilidade da proteção internacional dos direitos humanos contra o próprio Estado.[2] Alguns documentos históricos, notadamente liberais, merecem destaque, pois, embora de forma isolada e sem obrigar a comunidade internacional, foram fundamentais como inspiração na valorização da pessoa humana, a exemplo da Declaração dos Direitos do Homem e do Cidadão, de 1789.[3]

Especialmente entre o final do século XIX e início do século XX, como parte da construção de um Estado Social de Direito, surgiram documentos relevantes para a consagração da proteção aos direitos fundamentais sociais, a exemplo da Declaração dos Direitos do Povo Trabalhador e Explorado, de 1918; a Constituição Mexicana, de 1917; e a Constituição Alemã, de 1919.[4] A Carta da Organização Internacional do Trabalho (OIT), de 1919, marcou, igualmente, um momento histórico de preocupação com os direitos do trabalhador, em face de suas constantes reivindicações por melhores condições de trabalho.

De qualquer forma, a doutrina internacionalista mais autorizada inclina-se a indicar como momento decisivo para o "nascimento" da regulamentação dos direitos humanos o holocausto da 2ª Guerra Mundial (1939-1945).[5] A sociedade internacional, horrorizada, viu-se na obrigação de regulamentar internacionalmente os direitos humanos, como forma de impedir que novas atrocidades ocorressem. Por consequência, os Estados passariam a sujeitar-se às limitações decorrentes da proteção dos direitos humanos, concomitantemente nas esferas global e regional.

Vale destacar que os direitos humanos encontram-se atualmente consagrados nas Constituições dos Estados Democráticos de Direito,

---

[2] REMEC, Peter P. *The position of the Individual in International Law according to Grotius and Vattel*. The Hague: Nijhoff, 1960, apud TRINDADE, Antônio Augusto Cançado. Direitos humanos: personalidade e capacidade jurídica internacional do indivíduo. *In*: BRANT, Leonardo Nemer Caldeira. *O Brasil e os novos desafios do direito internacional*. Rio de Janeiro: Forense, 2004.

[3] Centrados na proteção dos direitos civis e políticos, destacam-se o Habeas Corpus Act, de 1679, a Bill of Rights, de 1689, a Declaração de Direitos do Estado da Virginia, de 1776 e a Declaração dos Direitos do Homem e do Cidadão, de 1789.

[4] "A teoria do Estado Social se acha direta e imediatamente vinculada nas Constituições de nosso tempo ao capítulo da Ordem Econômica e Social" (BONAVIDES, Paulo. *Teoria do Estado*. 10. ed. São Paulo: Malheiros, 1999. p. 228).

[5] Momento em que se estima mais de 11 milhões de mortos, entre os quais, 6 milhões de judeus. Para Hobsbawm, esta estimativa encontra-se certamente exagerada, mas conclui que, de qualquer forma, "os prédios podem ser mais facilmente reconstruídos após essa guerra do que as vidas dos sobreviventes" (HOBSBAWM, Eric. *Era dos extremos*: o breve século XX. São Paulo: Companhia das Letras, 2003. p. 50).

sendo que, a brasileira erigiu a dignidade da pessoa humana e a prevalência dos direitos humanos a princípios fundamentais da República Federativa do Brasil. Neste sentido, enquanto o art. 5º da Constituição brasileira consagra os direitos civis e políticos, os direitos fundamentais sociais estão especialmente concentrados no art. 6º, açambarcando o direito à educação, saúde, trabalho, moradia, lazer, segurança, previdência social, proteção à maternidade e à infância e assistência aos desamparados. O art. 193 e seguintes tratam da "ordem social", incluindo o reconhecimento do direito ao meio ambiente ecologicamente equilibrado e do direito dos povos indígenas.

Ademais, os direitos e garantias expressos na Constituição brasileira não excluem outros decorrentes, por exemplo, de tratados internacionais em que a República Federativa do Brasil seja parte, sendo estes de grande importância para a busca da plena realização do princípio da dignidade da pessoa humana.

Não obstante a importância da discussão dos direitos civis e políticos, este trabalho propõe-se a analisar especificamente as garantias de proteção dos direitos fundamentais sociais em face do Sistema Interamericano de Direitos Humanos. Afinal, a região latino-americana, de especial interesse para este trabalho, tem o delicado desafio de superar um legado histórico antidemocrático que ocasionou forte desigualdade social, ainda presente, sendo tal desigualdade, por sua vez, fator decisivo para o comprometimento da plena vigência dos direitos humanos nesta região,[6] provocando a instabilidade ao próprio regime democrático, num círculo vicioso nefasto.

A despeito disso, é de fundamental importância a consagração do Sistema Interamericano de Proteção dos Direitos Humanos, como mecanismo útil para controlar os abusos cometidos pelo Estado contra os direitos fundamentais sociais garantidos em tratados internacionais, sendo tais direitos imprescindíveis para a sobrevivência digna da população.

2 O Sistema Internacional de Proteção dos Direitos Humanos

A criação do Sistema Interamericano de Proteção dos Direitos Humanos foi inspirada pelo Sistema Internacional de Proteção dos

---

[6] PIOVESAN, Flávia. *Direitos humanos e justiça internacional*. São Paulo: Saraiva, 2006. p. 87.

Direitos Humanos, composto, em seu núcleo central, pela Carta da Organização das Nações Unidas – ONU (1945), a Declaração Universal dos Direitos do Homem (1948) e os Pactos Internacionais de Nova Iorque (1966). O Sistema Internacional, apesar de fundamental para o estudo deste tema, contudo, não trata dos assuntos de específica identidade local, como é típico dos organismos de caráter regional, cuja efetividade no alcance de seus objetivos é mais facilmente notada.

Vale registrar, primeiramente, a importância da Carta da ONU, ao estabelecer expressamente o princípio da proteção dos "direitos humanos e liberdades fundamentais", universalizando o tema, o que, para Bobbio significa o acolhimento "pelo universo dos homens".[7] A Declaração Universal dos Direitos do Homem, de 1948, trouxe uma lista dos direitos, reunindo num só documento os direitos civis, políticos (art. 1º ao 21), econômicos, sociais e culturais (art. 22 ao 28), afirmando seu caráter indivisível. Neste sentido, com a Declaração, passa-se a crer na indivisibilidade dos valores, e daí sua legitimidade.

Como forma de garantir a eficácia das normas da Declaração de 1948, em 1966, sob os auspícios da ONU, em Nova Iorque, foram firmados dois Pactos, separadamente, a tratar da regulamentação dos direitos civis e políticos (Pacto Internacional de Direitos Civis e Políticos), e da regulamentação dos direitos econômicos, sociais e culturais (Pacto Internacional dos Direitos Econômicos, Sociais e Culturais).

Esta metodologia de regulamentação em separado deveu-se à adoção da tese de que, diferentemente dos direitos econômicos, sociais e culturais, os direitos civis e políticos, a exemplo do direito à vida, são "autoaplicáveis", não havendo a necessidade de uma atuação positiva por parte dos Estados, o que significa que estes devem, de imediato, garantir seu cumprimento. Contudo, sabe-se que, se de um lado, impõe-se ao Estado uma obrigação negativa de, por exemplo, não torturar, por outro lado, é dele a obrigação positiva de promover um sistema legal capaz de responder às violações destes direitos.

Os direitos econômicos, sociais e culturais, portanto, são considerados "não autoaplicáveis", posto dependerem diretamente da atuação positiva dos Estados, que deverão, progressivamente, implementá-los internamente, a exemplo do direito à seguridade social.

Assim, através do Pacto Internacional de Direitos Econômicos, Sociais e Culturais, os Estados aderentes comprometem-se a adotar, progressivamente, medidas com vistas à realização de vários direitos, a exemplo do direito ao trabalho, à remuneração justa, à liberdade de

---

[7] BOBBIO, Norberto. *A era dos direitos*. Rio de Janeiro: Campus, 1992. p. 26-28.

associação a sindicatos, a um nível de vida adequado, à educação, à idade mínima para a admissão em emprego remunerado e à participação na vida cultural da comunidade.

Apesar de se tratar de direitos programáticos, com uma conotação de "flexibilidade" em seu cumprimento, o Comitê de Direitos Econômicos, Sociais e Culturais, criado no âmbito do Conselho Econômico e Social da ONU, tem enfatizado o dever de os Estados assegurarem, ao menos, o núcleo essencial mínimo em relação aos direitos elencados no Pacto, respeitando-os e implementando-os devidamente.

Para garantir o cumprimento dos direitos previstos nos Pactos foram criados mecanismos especiais de implementação. No tocante ao Pacto de Direitos Civis e Políticos, foi criado, neste mesmo documento, o Comitê de Direitos Humanos, encarregado de receber os "relatórios" elaborados pelos Estados-Partes a respeito das medidas legislativas, administrativas e judiciárias adotadas a fim de implementar os referidos direitos enunciados. Também foi previsto um sistema de "comunicações interestatais", através do qual o Estado-Parte poderá denunciar a violação de um direito por parte de outro Estado-Parte. O acesso a este mecanismo é facultativo, mediante declaração expressa de adoção do sistema. O Comitê, se acionado pelos Estados optantes, auxiliará na busca de uma solução amistosa entre as partes, caso esgotadas as vias internas.

Também foi elaborado o Protocolo Facultativo ao Pacto de Direitos Civis e Políticos, no mesmo ano, que adicionou aos sistemas de "relatório" e "comunicações interestatais", o mecanismo de "petições individuais", possibilitando aos particulares denunciarem os violadores dos direitos elencados no Pacto, o que é feito através do Comitê de Direitos Humanos. Para tanto, o Estado violador deverá ratificar tanto o Pacto quanto o Protocolo, dada a sua facultatividade. Contudo, é importante mencionar que o Brasil não ratificou o Protocolo, e, portanto, não se submete ao sistema de "petições individuais".

Já o Pacto Internacional de Direitos Econômicos, Sociais e Culturais possui um sistema de monitoramento mais simples, restrito ao mecanismo de "relatórios" a serem encaminhados pelos Estados-Partes ao Comitê de Direitos Econômicos, Sociais e Culturais. No relatório os Estados podem, inclusive, mencionar as dificuldades na implementação das obrigações, internamente. Portanto, não há o mecanismo de "comunicações interestatais", tampouco as "petições individuais".

Para muitos críticos, o sistema, reduzido aos "relatórios", não realiza um monitoramento efetivo do Pacto e o fato de os Estados poderem realizar tais direitos progressivamente é o principal obstáculo a este avanço.

Neste sentido, a própria Declaração e Programa de Ação de Viena, que é o principal documento adotado na 2ª Conferência Mundial de Direitos Humanos, ocorrida em 1993, recomendou um protocolo Adicional ao Pacto de Direitos Econômicos, Sociais e Culturais, para prever o direito de "petição individual". A obrigação de se implementar tal direito deve ser compreendida à luz do princípio da indivisibilidade dos direitos humanos.

A despeito disso, o magistrado colombiano Humberto Antonio Sierra Porto, após interpretação do Pacto Internacional de Direitos Econômicos, Sociais e Culturais e em face de determinado caso envolvendo o direito à saúde, resolveu que "si se presentan dudas acerca desi un servicio, elemento o medicamento están excluidos o no del POS, la autoridad respectiva tiene la obligación de decidir aplicando el principio 'pro homini', esto es, aplicando la interpretación que resulte más favorable a la protección de los derechos de la persona".[8]

Vale mencionar que há, ainda, outros tratados internacionais, ditos "especiais", criados no âmbito global, relevantes para o constante aprimoramento do sistema internacional de proteção aos direitos humanos. Estes tratados possuem o objetivo de proteção a segmentos da sociedade, numa verdadeira "multiplicação de direitos".[9]

Destacam-se, neste sentido, na proteção dos direitos fundamentais sociais, as Convenções da Organização Internacional do Trabalho, criada em 1919; a Convenção sobre os Direitos da Criança, de 1989; e os tratados e declarações que visam à busca por um meio ambiente saudável, a exemplo da Declaração sobre o Meio Ambiente Humano, de 1972;[10] a Declaração do Rio de Janeiro sobre Meio Ambiente e Desenvolvimento, de 1992; a Convenção-Quadro das Nações Unidas sobre Mudança do Clima, de 1992; o Protocolo de Quioto, de 1997; entre outros.

Para as questões trabalhistas, a OIT coordena a aprovação das Convenções, que são tratados multilaterais abertos, ou seja, após aprovadas por 2/3 de seus delegados, as Convenções são submetidas

---

[8] Humberto Antonio Sierra Porto. Corte Constitucional. Sentença T-308 19 abr. 2006. REY CANTOR, Ernesto. *Celebración y jerarquía de los tratados de derechos humanos*. Venezuela: Universidad Católica de Caracas, 2006. p. 157.
[9] BOBBIO, *op. cit.*, p. 68.
[10] A respeito desta Declaração, o Prof. José Afonso da Silva afirma que foi preponderante para que as Constituições supervenientes reconhecessem o meio ambiente ecologicamente equilibrado como um direito humano fundamental entre os direitos sociais do Homem, com sua característica de direitos a serem realizados e direitos a não serem perturbados. SILVA, José Afonso. *Direito ambiental constitucional*. 3. ed. São Paulo: Malheiros, 2000. p. 67.

à ratificação por cada Estado-Membro. Portanto, se a Convenção não for ratificada, nenhuma obrigação terá o Estado-Membro, exceto de informar ao Diretor-Geral da Repartição Internacional do Trabalho, órgão administrativo, acerca das leis e práticas internas que estejam relacionadas ao tema da Convenção, bem como das dificuldades para a ratificação da Convenção. Desta forma, como suas regras são esparsas e não obrigatórias, a OIT não possui um mecanismo eficiente para a implementação dos padrões mínimos trabalhistas que disciplina.

No tocante à Convenção sobre os Direitos da Criança, está previsto, para fins de implementação dos direitos lá previstos, tão somente a sistemática dos "relatórios", sob coordenação do Comitê sobre Direitos da Criança.

Por fim, os tratados de proteção ao meio ambiente estabelecem a obrigatoriedade de encaminhamento de informações a respeito das medidas tomadas ou previstas pelas partes para o fim de implementar a proteção devida, similar ao sistema de "relatórios" já conhecido. Neste sentido, destaca-se o art. 12 da Convenção das Nações Unidas sobre Mudança de Clima.

3 O Sistema Interamericano de Proteção dos Direitos Humanos

Conforme mencionado, ao lado do Sistema Internacional de Proteção dos Direitos Humanos também foram criados sistemas regionais, como o europeu e o africano, destacando-se, para este trabalho, o Sistema Interamericano, no âmbito da Organização dos Estados Americanos (OEA), criada em 1948.

Em maio de 1948, antes mesmo da aprovação da Declaração Universal dos Direitos Humanos da ONU, a Assembleia Geral da OEA aprovou a Declaração Americana de Direitos e Deveres do Homem, positivando direitos civis, políticos (arts. I a X), econômicos, sociais e culturais (arts. VII, VIII,[11] XI a XVI), num só documento.

Finalmente, em 1969, foi adotada a Convenção Americana de Direitos Humanos, conhecida por Pacto de São José da Costa Rica,[12] aclamada pelo avanço na proteção aos direitos civis e políticos, contudo, criticada pela omissão no tocante aos direitos econômicos, sociais

---

[11] O art. VII trata do direito de maternidade e dos direitos especiais da criança, e o art. VIII trata do direito de residência e do direito de livre locomoção, portanto, também consagram direitos sociais.
[12] Entrou em vigência internacional em 18 de julho de 1978. O Brasil aprovou a Convenção através do Decreto nº 678, de 6 de novembro de 1992.

e culturais compreendidos na Declaração, exceto pelo seu art. 26, cuja redação induz a um "não dever concreto do Estado", mas tão somente progressivo, para a afirmação destes direitos internamente.[13] O art. 26 dispõe que:

> Os Estados-partes comprometem-se a adotar as providências, tanto no âmbito interno, como mediante cooperação internacional, especialmente econômica e técnica, a fim de conseguir progressivamente a plena efetividade dos direitos que decorrem das normas econômicas, sociais e sobre educação, ciência e cultura, constantes da Carta da Organização dos Estados Americanos, reformada pelo Protocolo de Buenos Aires, na medida dos recursos disponíveis, por via legislativa ou por outros meios apropriados.

A Convenção também estabeleceu meios de proteção dos direitos por ela assegurados, para fins de implementação: a Comissão Interamericana de Direitos Humanos e a Corte Interamericana de Direitos Humanos.

A Comissão, prevista originariamente na Carta da OEA, é composta por sete membros, eleitos pela Assembleia Geral da Organização para o mandato de quatro anos. Suas funções foram definidas na Convenção, estando apta a supervisioná-la, com atribuições bastante abrangentes, nos termos do art. 41 e seguintes.

Dentre as funções da Comissão, destaca-se a de receber e processar "petições individuais" de alegações de violações dos direitos humanos cometidas tão somente por Estados que sejam partes da Convenção.[14]

Contudo, para se encaminhar uma petição à Comissão é preciso observar as condições de admissibilidade: que tenham sido esgotados os recursos internos, ou que se apresente uma exceção válida a esta regra (no caso de as instituições locais se mostrarem falhas, ineficazes ou omissas para a proteção dos direitos); a ausência de litispendência internacional e o respeito ao prazo prescricional de seis meses, contado a partir da notificação acerca da decisão doméstica definitiva sobre o

---

[13] CAVALLARO, James Louis, POGREBINSCHI, Thamy. Rumo à exigibilidade internacional dos direitos econômicos, sociais e culturais nas Américas: o desenvolvimento da jurisprudência do sistema interamericano. In: PIOVESAN, Flávia (Coord.). *Direitos humanos, globalização econômica e integração regional*: desafios do direito constitucional internacional. São Paulo: Max Limonad, 2002. p. 670.

[14] O formulário eletrônico para a apresentação de petição sobre violações dos direitos humanos encontra-se no sítio da Comissão Interamericana de Direitos Humanos. Disponível em: <http://www.cidh.oas.org>.

tema, transitada em julgado. Se preenchidos todos os requisitos, que estão previstos no art. 46 da Convenção, dá-se início a um processo litigioso perante a Comissão.

Caso não aja solução satisfatória, posto que o relatório final da Comissão é meramente recomendatório, o caso poderá ser transferido à Corte Interamericana, e, neste caso, a Comissão, de "árbitro", passa a ser "parte" na contenda.

Por sua vez, a Corte é composta por sete membros, eleitos pelos Estados-Partes da Convenção para o mandato de seis anos. Em 1979, o Estatuto da Corte Interamericana de Direitos Humanos foi aprovado pela Assembleia Geral da OEA (Resolução AG/Res. nº 448), definindo sua sede em São José, Costa Rica. A Corte possui competência contenciosa ou jurisdicional (arts. 61 a 63 da Convenção) e consultiva (art. 64 da Convenção).

No tocante à competência contenciosa, somente os Estados-Partes e a Comissão têm direito de submeter um caso à decisão da Corte. Indivíduos, grupos de indivíduos e ONGs têm acesso direto apenas à Comissão. A Corte poderá, assim, decidir sobre reclamações individuais encaminhadas pela Comissão, com base na Convenção, desde que envolvam Estados-Partes da Convenção que tenham reconhecido expressamente tal jurisdição, através de declaração especial ou por convenção especial. A Assembleia Geral da OEA é o órgão competente para supervisionar a execução das decisões da Corte, conforme art. 65 da Convenção.

No âmbito da competência consultiva, a Corte também poderá emitir pareceres consultivos acerca da interpretação das disposições da Convenção, bem como das disposições dos demais Tratados de proteção aos direitos humanos no âmbito da OEA, a partir da requisição de Estados-Membros da OEA, da Comissão ou de outros órgãos da OEA. Importante parecer consultivo da Corte trouxe a consagrada tese do então juiz Rafael Nieto Navia, de que "los derechos humanos hay que interpretarlos de la manera más favorable a las personas".[15]

A Comissão e a Corte têm um papel determinante na implementação dos direitos humanos elencados na Convenção. Posteriormente, em 1988, foi criado o Protocolo Adicional à Convenção Americana sobre Direitos Humanos em Matéria de Direitos Econômicos, Sociais e Culturais, conhecido como Protocolo San Salvador,[16] elencando o rol

---

[15] Opinião consultiva OC nº 5/85. REY CANTOR, Ernesto. *Celebración y jerarquía de los tratados de derechos humanos*. Venezuela: Universidad Católica de Caracas, 2006. p. 161.
[16] Entrou em vigor internacional em 1999. O Brasil aprovou o Tratado pelo Decreto nº 3.321, de 1999.

de direitos econômicos, sociais e culturais a serem protegidos pelos Estados. Em 22 artigos, o Protocolo protege variados direitos, conforme será analisado, *infra*.

É questionável, contudo, o grau de comprometimento dos Estados-Partes do Protocolo no tocante à efetiva realização dos direitos lá elencados, haja vista o momento de busca frenética pelo fortalecimento da iniciativa empresarial, em conformidade com as políticas neoliberais expressas no denominado "Consenso de Washington", em 1989. De fato, o ideal do crescimento econômico não coincide, exatamente, com a proteção a direitos trabalhistas, previdenciários, ambientais e bem-estar geral da população. Não por acaso, tais direitos serão tratados como meramente "progressivos", dada a sua natureza de "não autoaplicabilidade" (o que não deve ser confundido com "não exigibilidade").[17]

Vale lembrar, ainda, que, também no âmbito da OEA, foram criados "tratados especiais", a fim de zelar por interesses de segmentos específicos da sociedade, a exemplo da Convenção Interamericana para a Eliminação de Todas as Formas de Discriminação contra as Pessoas Portadoras de Deficiência, de 1999.[18]

A respeito dos mecanismos de implementação dos direitos fundamentais sociais no âmbito do sistema interamericano de proteção aos direitos humanos, haverá abordagem em seguida (item 5).

4 Os direitos fundamentais sociais em face do sistema interamericano de proteção dos direitos humanos

4.1 A proteção do direito ao trabalho

O direito ao trabalho é assegurado, no sistema interamericano, pelos arts. 6, 7 e 8 do Protocolo de San Salvador. Assim, o art. 6 do Protocolo dispõe que os Estados-Partes se comprometem a adotar medidas que garantam plena efetividade do direito ao trabalho, inclusive desenvolvendo projetos de treinamento técnico-profissional, particularmente para os deficientes. Também há uma preocupação especial para a integração das mulheres, para um adequado atendimento da família.

---

[17] Acertadamente, Fábio Konder Comparato ironiza ao mencionar a possibilidade de os Estados terem adotado o Protocolo "reproduzindo, inconscientemente, a atitude retórica dos senhores rurais do período colonial, diante das ordenações régias que procuravam limitar seu poder de exploração econômica, fundado no trabalho escravo ou semiescravo: las ordenanzas se acatan, pero no se cumplen" (COMPARATO, Fábio Konder. *A afirmação histórica dos direitos humanos*. 4. ed. São Paulo: Saraiva, 2006. p. 368-369).
[18] O Brasil aprovou o Tratado pelo Decreto nº 3.956, de 2001.

O art. 7 reconhece a necessidade de condições justas, equitativas e satisfatórias de trabalho, sendo que, para tanto, os Estados devem garantir, em sua legislação, uma remuneração adequada para a subsistência digna da família, a adequação de cada pessoa num trabalho de sua vocação, o direito à promoção sempre que possível, segundo critérios como qualificação, competência, probidade e tempo de serviço.

Deverá ser garantida ao trabalhador a estabilidade em seus empregos, sendo que, em caso de demissão injustificada, o trabalhador terá direito a uma indenização ou outra medida pertinente. Também deverá o Estado propiciar a segurança e higiene no trabalho, a proibição do trabalho noturno ou em atividades insalubres e perigosas, principalmente para os menores de 18 anos, a limitação razoável das horas de trabalho, sendo de menor duração a jornada em trabalhos perigosos, insalubres ou noturnos. Por fim, o Estado deverá garantir repouso, gozo do tempo livre, férias remuneradas, bem como remuneração nos feriados nacionais.

O art. 8 dispõe que os Estados garantirão o direito de os trabalhadores fazerem greve e de organizar sindicatos e a filiar-se ou não ao que for de seu interesse. O exercício de ambos os direitos, contudo, está limitado aos termos da lei, a qual deverá se pautar na manutenção da ordem pública típica de uma sociedade democrática.

4.2 A proteção do direito à previdência social

O art. 9 do Protocolo de San Salvador dispõe que toda pessoa tem direito à previdência social, sendo que, no caso de morte do beneficiário, as prestações beneficiarão os seus dependentes. Ainda, quando se tratar de pessoa em atividade, o direito abrangerá pelo menos o atendimento médico e o subsídio ou pensão em casos de acidentes de trabalho ou de doença profissional e, no caso de mulher, licença remunerada para gestante, antes e depois do parto.

4.3 A proteção do direito à saúde

O art. 10 do Protocolo de San Salvador estabelece que todos têm direito à saúde, em seu mais alto nível físico, mental e social. Para concretizar este direito, os Estados deverão reconhecer a saúde como bem público e especialmente adotar as seguintes medidas: atendimento primário de saúde, extensão dos benefícios dos serviços de saúde a todos sujeitos à jurisdição do Estado, total imunização contra as principais doenças infecciosas, prevenção e tratamento das doenças endêmicas, profissionais e de outra natureza, educação da população para fins de prevenção e tratamento de saúde, e atenção especial aos grupos de alto risco, que por sua condição de pobreza, sejam mais vulneráveis.

O art. 12, que trata do direito à alimentação, visa proteger o direito à saúde a fim de se gozar do mais alto nível de desenvolvimento físico, emocional e intelectual. Para tanto, os Estados se comprometem a aperfeiçoar os métodos de produção, abastecimento e distribuição de alimentos para as pessoas, contando, inclusive, com o apoio internacional.

4.4 A proteção do direito ao meio ambiente sadio

O direito ao meio ambiente sadio é assegurado, no sistema interamericano, pelo art. 11, §§1 e 2, do Protocolo de San Salvador, garantindo a toda pessoa o direito a viver em meio ambiente sadio e a contar com os serviços públicos básicos. Para tanto, os Estados-Partes promoverão a proteção, preservação e melhoramento do meio ambiente.

A inter-relação da proteção ambiental com o efetivo gozo dos direitos humanos foi reconhecida pelo Relatório da Secretaria-Geral da OEA, Direitos Humanos e Meio Ambiente, de 4 de abril de 2002, sobre o cumprimento da AG/Res. nº 1.819 (XXXI-0/01), adotada na terceira sessão plenária da OEA, realizada em 05 de junho de 2001.

Segundo o Relatório, o meio ambiente humano, o natural e o artificial, são essenciais para o bem-estar do homem e para o gozo dos direitos humanos fundamentais, inclusive o direito à própria vida, conforme anteriormente esposado pelo Princípio I da Declaração de Estocolmo, de 1972 ("o homem tem o direito fundamental à liberdade, à igualdade e ao desfrute de condições de vida adequadas em um meio ambiente de qualidade tal que lhe permita levar uma vida digna e gozar de bem-estar").

4.5 A proteção do direito à educação

O art. 13 do Protocolo assegura a todos o direito à educação, e, para tanto, os Estados-Partes concordam que a educação deverá ser orientada para o pleno desenvolvimento da personalidade humana, com a dignidade que lhe é inerente. Assim, a educação deverá capacitar todas as pessoas para a participação efetiva em uma sociedade democrática, para uma subsistência digna e para a tolerância entre os povos.

Há, ainda, o reconhecimento, por parte dos Estados, de que o ensino de primeiro grau deve ser obrigatório e acessível a todos, gratuitamente; que o ensino de segundo grau deve ser generalizado e acessível a todos, inclusive, pela progressiva implantação do ensino gratuito; o ensino superior deverá se tornar igualmente acessível a todos, conforme a capacidade de cada um, contando, também, com a progressiva implantação do ensino gratuito. Ademais, deve-se promover o ensino básico para aquelas pessoas que não concluíram o ciclo completo de primeiro grau, além de se estabelecer programais especiais de ensino para os deficientes.

Também o art. 14 do tratado garante o direito aos benefícios da cultura, ao estabelecer que os Estados reconheçam o direito de toda pessoa a participar da vida cultural da comunidade, gozar dos benefícios da tecnologia e beneficiar-se da proteção dos interesses morais e materiais advindos das variadas produções de sua autoria. Para tanto, os Estados deverão assegurar a conservação, o desenvolvimento e a divulgação científica e cultural, respeitando a liberdade necessária para a pesquisa e criação e incentivando a cooperação internacional nesse campo.

4.6 A proteção do direito à maternidade e à infância

O art. 16 do Protocolo assegura à criança todas as medidas especiais de proteção que sua condição de menor requer, por parte do Estado, da família e da sociedade, sendo ressaltado o direito à educação gratuita e obrigatória, pelo menos, no nível básico. A criança tem o direito de crescer sob o amparo de seus pais salvo, excepcionalmente, por sentença judicial. Ainda estabelece que a criança de tenra idade não deverá ser separada de sua mãe.

Vale ressaltar o art. 15, que dispõe sobre o direito à constituição e proteção da família, destacando que toda pessoa tem direito a constituir família e que, para tanto, o Estado se compromete a dispensar atenção especial para a mãe, antes e depois do parto; a garantir alimentação adequada para a criança tanto no período de lactação quanto na idade escolar; adotar medidas especiais de proteção ao adolescente, a fim de proporcionar o seu pleno desenvolvimento, e executar programas especiais de formação familiar, a fim de criar um ambiente positivo para o desenvolvimento da criança.

4.7 A proteção dos idosos e deficientes

Os arts. 17 e 18 tratam, respectivamente, dos direitos à proteção de pessoas idosas e do deficiente, que pela situação de possível vulnerabilidade, merecem uma proteção especial.

Às pessoas idosas, o Estado deverá proporcionar instalações adequadas, bem como alimentação e assistência médica especializada, se não for possível provê-las por meios próprios. Também deverá executar programas trabalhistas específicos que possibilitem à pessoa idosa realizar atividades produtivas, conforme sua vocação ou desejo, além de promover a formação de organizações sociais a fim de melhorar a qualidade de vida dos idosos.

Aos deficientes, considerados aqueles afetados por diminuição de suas capacidades físicas e mentais, os Estados deverão assegurar as seguintes medidas para o fim de proporcionar-lhes o máximo desenvolvimento de sua personalidade: executar programas específicos para deficientes, inclusive programas trabalhistas; proporcionar formação especial às famílias dos deficientes; incluir, prioritariamente, em seus planos de desenvolvimento urbano, adaptações especiais para as diversas deficiências, e promover a formação de organizações sociais nas quais os deficientes possam desenvolver-se plenamente.

Vale destacar a Convenção Interamericana para a Eliminação de Todas as Formas de Discriminação contra as Pessoas Portadoras de Deficiência, de 1999, que reafirmou que as pessoas portadoras de deficiências têm os mesmos direitos humanos e liberdades fundamentais que outras pessoas, e que estes direitos emanam da dignidade que é inerente a todo ser humano. Os Estados-Partes da Convenção possuem o compromisso de tomar medidas de caráter legislativo ou de qualquer outra natureza para eliminar a discriminação e propiciar a plena integração do deficiente à sociedade (através de empregos, adaptações físicas que facilitem o transporte e o lazer, entre outros). Também deverão trabalhar de forma a prevenir todas as formas de deficiências possíveis através de tratamentos adequados, educação, pesquisas científicas e tecnológicas etc.

5 Mecanismos de implementação dos direitos fundamentais sociais no âmbito do sistema interamericano de proteção aos direitos humanos

No tocante aos direitos civis e políticos, a Convenção Americana de Direitos Humanos traz a possibilidade de os particulares denunciarem à Comissão Interamericana, via petições individuais, eventuais violações aos direitos lá protegidos. Para tanto, basta que os Estados ratifiquem a Convenção, dispensando-se qualquer declaração expressa pela submissão ao sistema, por parte do referido Estado. Diferentemente ocorre no tocante à jurisdição da Corte Interamericana. Para ter acesso ao contencioso da Corte, é necessário que o Estado-Parte da Convenção declare, expressamente, a submissão a sua jurisdição.

No âmbito da Convenção Americana, o art. 26 traz a menção genérica de proteção aos direitos econômicos, sociais e culturais, servindo, para muitos, como "subterfúgio" para a formalização de um pedido junto à Comissão e/ou Corte Interamericana, Contudo, há forte "coro" no sentido de que, devido ao fato de tais direitos deverem ser "progressivamente" implementados, os Estados não estariam obrigados a tomar medidas imediatas, tampouco seria legítima uma possível reclamação por violação ao referido dispositivo.

Em relação ao Protocolo de San Salvador, a implementação dos direitos lá elencados, em regra, dá-se através da sistemática dos "relatórios" periódicos, através dos quais os Estados devem mencionar as medidas progressivas adotadas a fim de assegurar o devido respeito aos direitos consagrados, conforme o art. 19.

Os "relatórios" serão entregues ao Secretário-Geral da OEA, que, por sua vez, os encaminhará para o Conselho Interamericano Econômico e Social e ao Conselho Interamericano de Ciência e Cultura, para exame. Uma cópia será encaminhada, ainda, para a Comissão Interamericana de Direitos Humanos e para organismos especializados porventura relacionados com o tema em questão. Os Conselhos apresentarão, em seu relatório anual a ser apresentado à Assembleia Geral da OEA, um "resumo" das informações recebidas dos Estados-Partes acerca da adoção das medidas progressivas a fim de cumprir os direitos arrolados no Protocolo.

Destaque especial merece o art. 19, §6 do Protocolo, que estabelece, excepcionalmente, um segundo mecanismo de implementação dos direitos fundamentais sociais, via sistema de "petições individuais", semelhante ao previsto na Convenção Americana, contudo, com algumas restrições. Assim, tão somente as questões relativas à proteção ao direito à educação (art. 13) e direitos trabalhistas no tocante a sindicatos (art. 8) poderão ser exigidas e denunciadas mediante o mecanismo de "petições individuais". Dispõe o artigo que:

> Caso os direitos estabelecidos na alínea *a* do art. 8, e no art. 13 forem violados por ação imputável diretamente a um Estado-parte deste Protocolo, tal situação poderia dar lugar, mediante participação da

Comissão Interamericana de Direitos Humanos e, quando cabível, da Corte Interamericana de Direitos Humanos, à aplicação do sistema de petições individuais regulado pelos arts. 44 a 51 e 61 a 69 da Convenção Americana de Direitos Humanos.

Embora o entendimento literal seja pela exclusão, por parte do sistema de "petições individuais", dos demais direitos elencados no Protocolo (já que tais direitos deverão ser implementados "progressivamente"), defende-se, neste trabalho, a exigibilidade de todos os direitos de forma igualmente obrigatória.[19]

Ademais, tem sido utilizada, para fins de efetiva proteção dos direitos sociais, a estratégia de o peticionário, em determinada reclamação junto à Comissão Interamericana, iniciar seu pleito através da violação de um direito civil e/ou político (assegurado pela Convenção Americana), e, em seguida, questionar a violação de um direito econômico, social ou cultural. Felizmente, a Comissão tem se manifestado a respeito, proporcionando precedentes importantes, principalmente para a proteção dos direitos fundamentais sociais.

No tocante aos Tratados especiais, a Convenção Interamericana para a Eliminação de Todas as Formas de Discriminação contra as Pessoas Portadoras de Deficiência, de 1999, estabelece, no art. VI, §§3 e 4, que os Estados-Partes se comprometem a apresentar, periodicamente, "relatórios", contendo todas as medidas adotadas para fins de cumprimento da Convenção, endereçados à Comissão para a Eliminação de Todas as Formas de Discriminação contra as Pessoas Portadoras de Deficiência, constituída por um representante designado por cada Estado-Parte.

6 Os direitos fundamentais sociais e a jurisprudência do sistema interamericano de direitos humanos

Serão analisados casos ilustrativos de violação a direitos fundamentais sociais levados à apreciação da Comissão, e, excepcionalmente, à Corte Interamericana de Direitos Humanos.[20] A aceitação de uma petição contra violações de direitos econômicos, sociais e culturais, pela Comissão, conforme já visto, é excepcional, ou seja, restrita, conforme

---

[19] Neste sentido, CAVALLARO, op. cit., p. 672-673.
[20] Os "Casos" apresentados foram extraídos, em grande parte, dos Informes Anuais da Comissão Interamericana de Direitos Humanos. Disponível em: <http://www.cidh.org>.

o entendimento literal do art. 19 do Protocolo de San Salvador, a certos direitos trabalhistas e ao direito à educação.

Portanto, conforme poderá ser observado, os peticionários têm apresentado perante a Comissão "petições híbridas" em que se misturam as violações a direitos civis e políticos (que garantem o acesso à Comissão) e a direitos econômicos, sociais e culturais, como estratégia útil para o pronunciamento da Comissão em face das reiteradas violações a tais direitos. Afinal, os direitos humanos são indivisíveis e interdependentes, e, por consequência, não podem ser tratados e cobrados de forma disparatada.

6.1 Violação ao direito do trabalho

No tocante à violação ao direito do trabalho, vários casos foram levados à apreciação da Comissão, com destaque para o "Caso Baena Ricardo", que contou com o pronunciamento da própria Corte Interamericana de Direitos Humanos, sendo apontado com um dos principais precedentes de discussão de violação a direitos fundamentais sociais perante o sistema interamericano.[21]

O "caso Baena Ricardo" teve início em outubro de 1990, quando a Confederação dos Sindicatos de Empresas Estatais (Confederação) apresentou ao governo do Panamá uma lista de treze demandas, incluindo a manutenção do programa de seguro social existente, o pagamento dos salários atrasados e o fim da dispensa de líderes de sindicatos, sendo todas as reivindicações denegadas pelas autoridades governamentais.

Em oposição, a Confederação organizou uma manifestação e, em seguida, um dia de greve. No dia da manifestação, o coronel Herrera Hassan, até então detido, organizou uma tentativa de golpe contra o governo, que foi prontamente impedido com o auxílio de tropas americanas. Imediatamente a Confederação cancelou o dia de greve, temerosa de apresentar apoio à ação militar.

Em decorrência dos eventos, a presidência enviou para a Assembleia Legislativa um projeto de lei para dispensar todos os servidores públicos que participaram do evento de contestação, já que, para o governo, a incitação à greve acabou por subverter a ordem constitucional e democrática do país e as substituir por um governo militar golpista. Demissões ocorreram à revelia da aprovação da norma, o que veio posteriormente, através da Lei nº 25, que também restringia aos servidores dispensados, as devidas garantias processuais.

---

[21] CAVALLARO, *op cit.*, p. 676-678.

A Corte pronunciou-se centrada no art. 8 da Convenção Americana, que proíbe a aplicação de sanções criminais sem prévia cominação legal, violando severamente os direitos humanos. Contudo, também menciona, na sentença, o reconhecimento de que a perda de um emprego constitui grave violação dos direitos garantidos pelo sistema interamericano. Desta forma, a Corte, implicitamente, abre a possibilidade de considerar outras situações de demissões como sujeitas a sua apreciação judicial.

O "Caso nº 11.289" denuncia a tentativa de assassinato de um jovem trabalhador rural, José Pereira, por ocasião da tentativa de fuga do regime de trabalho escravo a que estava submetido em uma fazenda em Xinguará, PA, em 1989. ONGs de Direitos Humanos levaram o caso para a Comissão Interamericana, tendo em vista que até 1994 não havia ainda a punição dos responsáveis pelo Estado brasileiro. Foi alegada a violação à Convenção Americana, mas ressaltando a questão do trabalho escravo. Houve um acordo de solução amistosa, em 2003, com o pagamento de indenização à vítima e o compromisso de o Estado adotar medidas de combate e erradicação do trabalho escravo. No mesmo sentido, o "caso nº 12.066", a respeito de denúncia de trabalho escravo em fazenda localizada no Pará.[22]

Por fim, vale ressaltar a "Petição nº 84/06", através da qual o Instituto da Mulher Negra (Geledés) apresentou perante a Comissão Americana de Direitos Humanos uma reclamação contra a República Federativa do Brasil, alegando a violação dos arts. 1 e 24 da Convenção; arts. 3, 6 e 7 do Protocolo de San Salvador; arts. 1 e 2 da Conferência Internacional sobre Eliminação do Racismo; e arts. 2 e 3 da Convenção 111 da OIT, em prejuízo das Sras. Neusa dos Santos Nascimento e Gisele Ana Ferreira.

Segundo o peticionário, no dia 22 de março de 1998, foi publicado no jornal diário, *Folha de S.Paulo*, anúncio em que a empresa *NIPOMED – Planos de Saúde* informava que estava recrutando candidatos para o cargo de representantes comerciais.

A Sra. Isabel Lazzarini, tomando conhecimento do anúncio, informou à Senhora Neusa dos Santos Nascimento, sua colega, sobre a oportunidade de trabalho. No dia 26 de março de 1998, pela manhã, as Sras. Neusa dos Santos Nascimento e Gisele Ana Ferreira, ambas negras, dirigiram-se à Empresa *Nipomed*, atendendo ao anúncio publicado.

---

[22] PIOVESAN, Flávia. *Direitos humanos e o direito constitucional internacional*. 7. ed. São Paulo: Saraiva, p. 289-291.

Chegando ao local, foram atendidas pelo Sr. Munehiro Tahara que as informou da não mais existência de vagas, pois todas haviam sido preenchidas. Este senhor não buscou obter informações profissionais das duas candidatas, dando por encerrado o atendimento. Neste mesmo dia, pela tarde, a Sra. Isabel Lazzarini, que é branca, foi ao mesmo local em que esteve a Sra. Nascimento e a Sra. Ferreira. Atendida pelo Sr. Tahara, este lhe entregou uma ficha para preencher, fez algumas perguntas e a encaminhou para um outro selecionador, que entregou a ela material para começar a trabalhar. A Sra. Isabel Lazzarini foi admitida de imediato e ainda questionada se conhecia outras pessoas com suas características.

Ao saber pela Sra. Nascimento da existência das vagas, a Sra. Ferreira novamente dirigiu-se à empresa, sendo atendida por outro recrutador. Desta vez, preencheu ficha de seleção e foi informada que caso tivessem interesse entrariam em contato com ela, o que jamais aconteceu.

Mediante denúncia, o Ministério Público ofereceu ação penal contra o Sr. Munehiro Tahara, com base no art. 4º da Lei nº 7.716/89.

Em função das alegações acima e, sobretudo, o atraso injustificado da demanda na fase recursal (mais de três anos), o peticionário pede que o Estado Brasileiro seja intimado pela Comissão para se manifestar, que faça uma investigação, julgue e puna criminalmente os responsáveis, além de obrigá-los a pagar indenização às vítimas. Admitida a petição em 21 de outubro de 2006, aguarda-se uma decisão a respeito.

6.2 Violação ao direito à previdência social

O "caso Benvenuto Torres" demonstra claramente a estratégia de inserir na petição endereçada à Comissão uma violação de direitos civis, sendo certo, contudo, que a principal violação a ser questionada é de ordem social.[23]

Cinco pensionistas do governo peruano encaminharam o caso à Comissão, após terem seu direito à seguridade social violado. Em setembro de 1992, os pensionistas idosos e doentes tiveram seu direito de receber a pensão do Estado desconsiderado pela Superintendência de Banca e Seguros (SBS), entidade encarregada da supervisão do sistema financeiro do Peru.

---

[23] CAVALLARO, *op. cit.*, p. 679-680.

Ocorre que, apesar de judicialmente terem obtido êxito, iniciou-se uma interminável batalha judicial, provocada por atos sucessivos almejando a obstrução da justiça, por parte do sucumbente. Assim, as vítimas recorreram à Comissão em fevereiro de 1998, alegando, além da violação do direito à proteção judicial e ao devido processo legal, garantidos pela Convenção Americana, também a violação dos direitos à seguridade social, à vida, à integridade da pessoa e à saúde. Com base no art. 16 da Declaração Americana, e do art. 9.1 do Protocolo de San Salvador, alegam que o direito à seguridade social se conecta com os direitos à vida, à integridade pessoal e à saúde das pessoas, formando um todo indissolúvel, que tem por base a dignidade da pessoa humana.

No "Caso Menéndez Caride", em 1998, um grupo de aposentados propôs uma ação judicial na Argentina, visando ao reajuste de suas aposentadorias, em conformidade com a lei então vigente. Não obstante a sentença favorável, as autoridades argentinas não cumpriram a decisão. Em seguida, o grupo de aposentados apresentou uma petição à Comissão Interamericana, alegando a violação ao direito à vida, à garantia judicial e ao direito de propriedade, garantidos pela Convenção Americana, tal como o direito à saúde e ao bem-estar do art. XI da Declaração Americana. Afinal, a abstenção do pagamento das aposentadorias dos idosos viola o direito destes a uma existência digna.

Ainda o "Caso nº 12.461" refere-se ao inadimplemento da Fazenda Pública do Estado de São Paulo de precatório relativo ao pagamento de pensão por dano físico sofrido pela vítima.

6.3 Violação ao direito à saúde

O "Caso nº 12.249" teve início em El Salvador, em 1997, quando então Odir Miranda descobriu ser portador do vírus do HIV, e, para sua recuperação, contou com o auxílio de amigos e de um médico particular que fez uso da chamada terapia tripla de combate à doença. Assim, junto a outros portadores da doença e familiares, fundou a associação AIDES (*Associación Atlacatl VIH/SIDA El Salvador 1º de Diciembre*) para difundir o uso desta terapia.

Para tanto, em 1998, solicitou ao Instituto de Seguridade Social de seu país a aquisição e administração dos tratamentos que compõem a terapia tripla, as quais foram indeferidas sem justificativa.

Em seguida, Odir encaminhou petição à Comissão, alegando violação do direito à vida e à saúde, afinal El Salvador tem o dever de realizar todos os atos necessários para melhorar a qualidade da saúde e bem-estar físico, mental e social de sua população.

Em outro episódio de 1997, no "Caso nº 12.010", uma defensora de menores da Província de Neuquen, na Argentina, ingressou com uma ação judicial de amparo para garantir a saúde das crianças e jovens da comunidade indígena de Paynemil, afetados pelo consumo de água contaminada com mercúrio e chumbo. Embora vencedora da ação, que determinou medidas a serem tomadas pela Província, a exemplo do fornecimento de 250 litros de água potável diários para cada habitante da comunidade, a Província não cumpriu a decisão, o que levou a defensora a apresentar denúncia junto à Comissão Interamericana, alegando o descumprimento estatal da decisão judicial, tal como violação ao direito à saúde e ao meio ambiente sadio. Este Caso foi resolvido amistosamente, mediado pela Comissão, através da concretização de medidas que atendam às reivindicações de direitos econômicos, sociais e culturais contidas na petição.

O "Caso nº 12.242", por fim, refere-se à morte de recém-nascidos na UTI de clínica pediátrica da região dos Lagos, no Rio de Janeiro, em virtude de contaminação hospitalar — segundo a denúncia, em 10 meses, 33,1% dos bebês internados morreram.

6.4 Violação ao direito ao meio ambiente sadio

No tocante à proteção do direito ao meio ambiente sadio, há três importantes casos que foram levados ao sistema interamericano, envolvendo povos indígenas. Sua relevância está no fato de abrirem precedentes importantes para as tratativas, perante a Comissão, pela defesa do direito ao meio ambiente sadio.

O primeiro diz respeito ao "Caso Ianomâmi" — "Caso nº 7.615", constante do Relatório Anual da CIDH 1984-85 (OEA/Ser. L/V/II. 66, doc. 10, rev. 1, 1º de outubro de 1985, 24, 31).

O caso envolveu a construção de uma estrada que passava pelo território Ianomâmi, visando explorar os recursos da Amazônia, e descobriu-se que tal ato trouxe mudanças de hábitos, a exemplo da prostituição e doenças para os integrantes da tribo. Constatou-se, neste caso, diversas violações à Declaração Americana dos Direitos e Deveres do Homem, no que diz respeito ao direito à vida, saúde, segurança, locomoção, domicílio e bem-estar. Portanto, ao lado da violação dos direitos civis e políticos, também os direitos econômicos, sociais e culturais foram afetados.

O segundo caso ocorreu em junho de 1993, quando mineradores brasileiros entraram em terras Ianomâmis na Venezuela, matando dezesseis índios haximus. Foi proposto, por ONGs brasileiras e venezuelanas, um acordo amistoso, o qual foi autorizado pela Comissão através de um documento firmado em dezembro de 1999, segundo o qual o governo venezuelano concordava em tomar diversas medidas referentes a violações de direitos econômicos, sociais e culturais.

Por fim, vale ainda ressaltar o "Caso nº 11.516" que se refere às graves lesões provocadas por policiais no indígena Macuxi, que acabou falecendo em delegacia de Roraima, à época, território federal. O Brasil reconheceu sua responsabilidade ao promover a reparação civil decorrente das violações cometidas.

6.5 Violação ao direito à maternidade e à infância

Embora não tenha sido alegada a violação direta ao Protocolo de San Salvador, vale destacar o "Caso nº 11.993", referente ao assassinato de oito crianças e adolescentes encontrados nos arredores da igreja da Candelária, no Rio de Janeiro, em 1993, que questionou a violação ao direito à vida e ao direito da criança à proteção especial, este último constante tanto da Convenção Americana quanto do Protocolo.

Já o "Caso nº 11.702" trata do pedido de medidas cautelares para a proteção dos direitos à vida, tal como o direito à integridade física de adolescentes internos em estabelecimentos do Estado do Rio de Janeiro, dada a situação irregular destes e os maus tratos e violência sexual por parte de funcionários do estabelecimento.

O mesmo foi feito no "Caso nº 12.328", a respeito dos relatos de tortura e maus tratos sofridos por adolescentes internos em estabelecimento da Fundação Estadual do Bem-Estar do Menor (FEBEM), complexo de Tatuapé, São Paulo.

O "Caso nº 12.378" envolveu, contra o Brasil, a denúncia de discriminação contra mães adotivas e seus respectivos filhos, em face de decisão definitiva proferida pelo STF, que negou o direito à licença gestante à mãe adotiva.

Por fim, os "Casos nº 12.426 e nº 12.427" são referentes aos "meninos do Maranhão", vítimas de assassinato, com violência e abuso sexual, no período de 1991 a 2000.

6.6 Violação ao direito de moradia

O "Caso Alcântara" trata da petição nº 82/06, em que representantes das Comunidades de Alcântara, o Centro de Justiça Global, e diversas sociedades civis denunciaram à Comissão a desestruturação sociocultural e a violação ao direito de propriedade e ao direito à terra ocupada pelas Comunidades brasileiras tradicionais de Alcântara. Tal situação foi gerada pela instalação do "Centro de Lançamento de Alcântara" e pelo consequente processo de desapropriação que vem sendo executado pelo governo brasileiro naquela região, bem como pela omissão do Estado em conferir os títulos de propriedade definitiva para aquelas comunidades.

Segundo os peticionários, os fatos caracterizam violações aos Direitos Humanos garantidos pela Convenção Americana de Direitos Humanos, em seus arts. 1(1), 8, 16, 17, 21, 22, 25, 26; e pela Declaração Americana dos Direitos e Deveres do Homem, em variados dispositivos. Admitida a petição em 21 de outubro de 2006, aguarda-se uma decisão a respeito.

7 Conclusões

A proteção internacional dos direitos humanos consiste no objeto primeiro do Direito Internacional, já que é o homem o seu valor essencial e o sujeito último do direito em qualquer esfera de atuação. O Sistema Interamericano de Proteção dos Direitos Humanos, neste sentido, avança por reconhecer o acesso dos indivíduos aos mecanismos de proteção dos direitos humanos consagrados nos Tratados internacionais sobre o tema, no âmbito da OEA.

A titularidade jurídica internacional dos indivíduos é hoje uma realidade irreversível, sendo fundamental o aprimoramento dos mecanismos de acesso às Cortes internacionais, de forma a efetivamente atingir-se o ideal de proteção e padrão mínimo de dignidade do ser humano, quando este "mínimo" não é devidamente assegurado no âmbito dos Estados nacionais.

A Convenção Americana de Direitos Humanos legitimou a Comissão Interamericana de Direitos Humanos, entre outras atribuições, a receber "petições individuais" contendo reclamações de violações dos direitos nela inseridos, além daqueles acrescidos pelos Tratados especiais de proteção aos direitos humanos no âmbito da OEA.

Desta forma, os direitos civis e políticos expressamente protegidos pela Convenção encontram-se aptos a uma análise prévia por parte da Comissão, sendo possível, até mesmo, a apreciação pela Corte Interamericana, caso a recomendação da Comissão não seja devidamente observada pelas partes.

No tocante ao art. 26 da Convenção, que trata dos direitos econômicos, sociais e culturais, há a tese de que, por tratarem de direitos a serem "progressivamente implementados" pelos Estados nacionais, não haveria autorização para as denúncias via "petições individuais" de possíveis violações a tais direitos. Posteriormente, o Protocolo de San Salvador tratou especificamente de tais direitos, não prevendo em seu texto, no entanto, a autorização para o acesso de indivíduos à Comissão Interamericana de Direitos Humanos, exceto no tocante ao direito à educação e direito sindical (art. 19, §6 do Protocolo), em flagrante falha sistêmica.

Na prática, não apenas as vítimas, mas grupos de indivíduos e ONGs têm usado da estratégia de elaborar uma petição contendo, em um primeiro plano, violações de direitos civis e políticos, garantindo-se, assim, a admissibilidade da reclamação. Contudo, indiretamente, são inclusas na referida petição as violações a direitos econômicos, sociais e culturais, as quais acabam, em grande parte das vezes, sendo apreciadas em conjunto, tanto pela Comissão como pela própria Corte — com destaque para o importante precedente "Baena Ricardo".

Não obstante, esta dificuldade de acesso à Comissão Interamericana, em se tratando de violação a direitos econômicos, sociais e culturais, não merece apoio e demanda urgente reforma no sentido de expressamente incluir, no Protocolo de San Salvador, o direito de "petição individual", em conformidade ao preconizado na Declaração e Programa de Ação de Viena, de 1993. Somente assim haverá o reconhecimento dos princípios da universalidade, indivisibilidade, interdependência e inter-relação dos direitos humanos.

Passados 60 anos da edição da Declaração Universal dos Direitos Humanos, propugna-se pela consolidação dos direitos e garantias do ser humano, em todas as suas dimensões, afinal, como já ponderava Montesquieu, nem o Estado, nem sua soberania são um fim em si mesmos, mas estão a serviço do homem e são limitados pelos direitos humanos!

Referências

BOBBIO, Norberto. *A era dos direitos*. Rio de Janeiro: Campus, 1992.

BONAVIDES, Paulo. *Teoria do Estado*. 3. ed. São Paulo: Malheiros, 1999.

CAVALLARO, James Louis; POGREBINSCHI, Thamy. Rumo à exigibilidade internacional dos direitos econômicos, sociais e culturais nas Américas: o desenvolvimento da jurisprudência do sistema interamericano. In: PIOVESAN, Flávia (Coord.). *Direitos humanos, globalização econômica e integração regional*: desafios do direito constitucional internacional. São Paulo: Max Limonad, 2002.

COMPARATO, Fábio Konder. *A afirmação histórica dos direitos humanos*. 4. ed. São Paulo: Saraiva, 2006.

HOBSBAWM, Eric. *Era dos extremos*: o breve século XX. São Paulo: Companhia das Letras, 2003.

PIOVESAN, Flávia. *Direitos humanos e justiça internacional*. São Paulo: Saraiva, 2006.

PIOVESAN, Flávia. *Direitos humanos e o direito constitucional internacional*. 7. ed. São Paulo: Saraiva, 2007.

REMEC, Peter P. The position of the Individual in International Law According to Grotius and Vattel. The Hague: Nijhoff, 1960, *apud* TRINDADE, Antônio Augusto Cançado. Direitos humanos: personalidade e capacidade jurídica internacional do indivíduo. *In*: BRANT, Leonardo Nemer Caldeira. *O Brasil e os novos desafios do direito internacional*. Rio de Janeiro: Forense, 2004.

REY CANTOR, Ernesto. *Celebración y jerarquía de los tratados de derechos humanos*. Venezuela: Universidad Católica de Caracas, 2006.

SILVA, José Afonso. *Direito ambiental constitucional*. 3. ed. São Paulo: Malheiros, 2000.

SUÁREZ, Francisco. *De Legibus ac deo legislatore*. Coimbra, 1612.

Informação bibliográfica deste texto, conforme a NBR 6023:2002 da Associação Brasileira de Normas Técnicas (ABNT):

GABRIEL, Amélia Regina Mussi. A Corte Interamericana de Direitos Humanos e os direitos fundamentais sociais. *In*: LUNARDI, Soraya (Coord.). *Direitos fundamentais sociais*. Belo Horizonte: Fórum, 2012. p. 15-39. ISBN 978-85-7700-567-3. (Coleção Fórum de Direitos Fundamentais, 8).

AÇÕES AFIRMATIVAS COMO INSTRUMENTO DOS DIREITOS FUNDAMENTAIS SOCIAIS À LUZ DO PRINCÍPIO DA IGUALDADE NO ORDENAMENTO JURÍDICO BRASILEIRO

DANIELA NUNES VERÍSSIMO GIMENES

1 Noções gerais

Uma das discussões festejadas por alguns e criticadas por outros, no ordenamento jurídico brasileiro, se refere à inclusão das ações afirmativas no sistema. As ações afirmativas, como direito de segunda geração, surgem como uma efetivação do princípio da igualdade, pois são mecanismos que visam atenuar as desigualdades, igualando as minorias. A Constituição Federal de 1988, em seu Título II, Capítulo I, intitulado "Dos Direitos e Garantias Fundamentais", mais precisamente, em seu art. 5º, *caput*, estabelece que: "Todos são iguais perante a lei, sem distinção de qualquer natureza, garantindo-se aos brasileiros e aos estrangeiros residentes no País a inviolabilidade do direito à vida, à liberdade, à igualdade, à segurança e à propriedade"[1] (...)

---

[1] Neste artigo, a Constituição da República Federativa do Brasil, ao prever o princípio da igualdade o fez, segundo Araújo e Nunes Júnior (1996, p. 13), de forma "exclusivamente formal". Ver também ARAUJO; NUNES JÚNIOR, 1998, p. 90. Neste sentido, José Afonso da Silva afirma (1997, p. 206): "As constituições só tem reconhecido a igualdade no seu sentido jurídico-formal: igualdade perante a lei. A Constituição de 1988 abre o capítulo dos direitos individuais com o princípio de que todos são iguais perante a lei, sem distinção de qualquer natureza (art. 5º, caput)".

O trabalho não pretende esgotar o tema, haja vista ser um instituto novo em nosso sistema, mas tem como escopo, apenas, elaborar uma pequena análise sobre o princípio da igualdade e as ações afirmativas no Brasil.

2 Considerações sobre os direitos fundamentais

A Constituição Federal Brasileira de 1988 deu grande importância aos direitos fundamentais, assim, como fez também, por exemplo, a Lei Fundamental de Bonn (1949), a Constituição Portuguesa (1976) e a Constituição Espanhola (1978) tanto que os disciplinou em seu capítulo inicial.[2]

Para Gilmar Ferreira Mendes, os textos constitucionais acima citados conferem eficácia imediata aos direitos fundamentais. Em particular, a Constituição de 1988 disciplinou que os direitos fundamentais estão gravados com a cláusula da imutabilidade ou com a garantia da eternidade, "permitindo, assim, que eventual emenda constitucional tendente a abolir determinado direito tenha a sua inconstitucionalidade declarada pelo Poder Judiciário".[3]

No que se relaciona à questão terminológica, a doutrina vem se utilizando de várias expressões com o mesmo sentido para conceituar *direitos fundamentais*. Logo, há as expressões, dentre várias outras, tais como, *liberdades públicas, direitos humanos, direitos subjetivos públicos* e *direitos fundamentais*.[4]

Estas expressões, muito embora usadas indistintamente pela doutrina, são analisadas, cuidadosamente por Luiz Alberto David Araujo e Vidal Serrano Nunes Júnior[5] que revelam, em suma, que o termo liberdades públicas não abrange todas as formas de proteção dos direitos fundamentais. Com esta expressão tem-se a ideia de que são, apenas, meios de defesa dos indivíduos perante o estado e não que sirvam para outros direitos, como por exemplo, os direitos sociais.

---

[2] MENDES, 1999, p. 35-36.
[3] MENDES, 1999, p. 36. No mesmo sentido: Sarlet (2003, p. 80): "Verificou-se que um dos esteios da fundamentalidade (formal e material), ao menos em nossa Constituição, é justamente a circunstância de terem os direitos fundamentais (ou, pelo menos parte dos mesmos, segundo entendem alguns setores da doutrina) sido expressamente erigidos à condição de 'cláusulas pétrea', integrando o rol do Art. 60, §4º, inciso IV, da nossa Carta Magna, constituindo, portanto, limites materiais à reforma da Constituição".
[4] Acerca das demais denominações (ARAUJO; NUNES JÚNIOR, 2003, p. 79; SILVA, 1997, p. 174-175; LORENZETTI, 1998, p. 289; GUERRA FILHO, 1999, p. 38-39; CANOTILHO, 2000, p. 393-395).
[5] ARAUJO; NUNES JÚNIOR, 2003, p. 79-80.

Por outro lado, o termo *direitos do homem*, que já foi utilizado, por exemplo, na Declaração de Direitos do Homem e do Cidadão, a Declaração de Direitos do Bom Povo da Virgínia e também na Declaração Universal de Direitos do Homem, razão pela qual já tem todo um sentido histórico e que, muito embora sejam importantes devido ao seu valor histórico e político, como salientam os autores, "não são textos de direito positivo, vale dizer, constantes de uma Constituição".[6]

E, finalmente, o termo *direitos fundamentais* é o mais recomendável, e aqui concordamos, pois além de a Constituição Federal de 1988 utilizá-lo, conforme se verifica no próprio Título II, intitulado "Dos Direitos e Garantias Fundamentais", à luz do Capítulo I, "Dos Direitos e Deveres Individuais e Coletivos", o vocábulo direito indica tanto os mecanismos de defesa do indivíduo perante o Estado, como, também os direitos sociais, políticos e difusos. Por outro lado, a expressão *fundamentais*, revela ser esses direitos imprescindíveis à condição humana de qualquer pessoa.[7]

Vale lembrar que os direitos fundamentais não se encontram somente sob a égide do Título II da Constituição Federal, inclusive, neste sentido, se manifestou o Supremo Tribunal Federal, afirmando que os direitos e deveres tanto individuais como coletivos não se limitam ao Art. 5º da Constituição Federal, pois existem outros artigos ao longo da Constituição que, também, são erigidos a direitos fundamentais da pessoa humana.[8]

Segundo Ricardo Luis Lorenzetti, "os direitos humanos e os qualificados como fundamentais são vitórias que os indivíduos e grupos

---

[6] ARAUJO; NUNES JÚNIOR, 2003, p. 80.
[7] ARAUJO; NUNES JÚNIOR, 2003, p. 80. Sobre essa nomenclatura Lorenzetti (1998, p. 156, 289), menciona que a expressão direitos humanos, "determinam a condição de homem". Já direitos fundamentais "se referem àqueles que são constituintes do ordenamento jurídico. Sua consideração se refere não só ao aspecto subjetivo relacionado com o 'direito a algo', mas também à dimensão objetiva: quais são as normas constituintes do ordenamento jurídico". Mais à frente, conclui que essa última expressão, direitos fundamentais, parece ser a mais apropriada, "por duas razões. Em primeiro lugar, não exclui outros sujeitos que não sejam o homem. Em segundo lugar, refere-se àqueles direitos que são fundantes do ordenamento jurídico e evita uma generalização prejudicial".
[8] Observar, neste sentido, o Rel. Min. Sydnei Sanches, no julgamento da ADIn nº 939-7/DF, que entendeu tratar de cláusula pétrea a garantia constitucional prevista no Art. 150, III, "b", afirmando que a EC nº 3/93, ao pretender subtraí-la da esfera protetiva dos destinatários da norma, estaria ferindo o limite material previsto no Art. 60, §4º, IV da Constituição Federal (LENZA, Pedro. *Direito constitucional esquematizado*. 7. ed. São Paulo: Método, 2004. p. 407-408). Ver também: ARAUJO; NUNES JÚNIOR, 2003, p. 85-86.

têm contra o Estado", não podendo ser derrogados por uma assembleia legislativa.⁹

No mesmo sentido é a observação de Luiz Alberto David Araujo e Vidal Serrano Nunes Júnior,¹⁰ quando afirmam que os direitos fundamentais se revelam como um amplo catálogo de dispositivos que reúnem meios de defesa do indivíduo perante o Estado, bem como, dentre vários outros, os direitos políticos, os relativos à nacionalidade e direitos sociais.¹¹

São, para Gilmar Ferreira Mendes, a um só tempo, direitos subjetivos e elementos fundamentais da ordem constitucional objetiva, vale dizer:

> Enquanto direitos subjetivos, os direitos fundamentais outorgam aos titulares a possibilidade de impor os seus interesses em face dos órgãos obrigados. Na sua dimensão como elemento fundamental da ordem constitucional objetiva, os direitos fundamentais — tanto aqueles que não asseguram, primariamente, um direito subjetivo, quanto aquele outros, concebidos como garantias individuais — formam a base do ordenamento jurídico de um Estado de Direito democrático.¹² ¹³

Corroborando essa definição de direitos fundamentais, Dimitri Dimoulis, ensina que "são os direitos subjetivos dos indivíduos que vinculam (e limitam) o exercício do poder do Estado através de disposições de nível constitucional".¹⁴

---

⁹ LORENZETTI, 1998, p. 151.
¹⁰ ARAUJO; NUNES JÚNIOR, 2003, p. 79. Nesse sentido (cf. MARINONI, 2004, p. 179-185).
¹¹ Vale lembrar, que para Miranda (2003, t. II, p. 8), existem direitos fundamentais em sentido formal e em sentido material. O primeiro, sentido formal, é conceituado, como "toda posição jurídica subjetiva das pessoas enquanto consagrada na lei Fundamental". Já o sentido material, "não se trata de direitos declarados, estabelecidos, atribuídos pelo legislador constituinte, pura e simplesmente; trata-se também dos direitos resultantes da concepção de constituição dominante, da idéia de Direito, do sentimento jurídico coletivo (conforme se entender, tendo em conta que estas expressões correspondem a correntes filosóficos-jurídicas distintas)". No mesmo sentido, observar Canotilho (2000, p. 354-355).
¹² MENDES, 1999, p. 36. Para Lopes (2001, p. 35), os direitos fundamentais "podem ser definidos como os princípios jurídica e positivamente vigentes em uma ordem constitucional que traduzem a concepção de dignidade humana de uma sociedade e legitimam o sistema jurídico estatal".
¹³ Nas palavras de Marinoni (2004, p. 166): "Essa norma permite, por meio da aceitação da idéia de fundamentalidade material, que outros direitos, ainda que não expressamente previstos na Constituição e, por maior razão, não enumerados no título II, sejam considerados direitos fundamentais. A Constituição, em seu Art. 5º, §2º, institui um sistema constitucional aberto à fundamentalidade material [...]. Se a Constituição enumera direitos fundamentais no seu título II, isso não impede que direitos fundamentais — como o direito ao meio ambiente — estejam inseridos em outros dos seus títulos, ou mesmo fora dela".
¹⁴ DIMOULIS, 2001, p. 13.

São direitos fundamentais ligados, como o próprio nome diz, a sua "fundamentalidade",[15] que podem ser estudados tanto em seu aspecto material como formal. Salienta o autor que o aspecto formal está diretamente ligado ao direito constitucional positivo, ou seja, a própria Constituição Federal.[16]

Tais direitos possuem aplicação imediata, conforme preceitua o art. 5º, §1º da Constituição Federal, são direitos fundamentais protegidos tanto pelo legislador ordinário como pelo poder constituinte reformador, levando em consideração as cláusulas pétreas.[17]

Já a fundamentalidade material está intimamente ligada à estrutura do estado e às sociedades, levando-se em consideração o §2º do próprio art. 5º que prevê que os "os direitos e garantias expressos nesta Constituição não excluem outros decorrentes do regime e dos princípios por ele adotados, ou dos tratados internacionais em que a República Federativa do Brasil seja parte".[18]

São direitos que visam a proteger a dignidade humana[19] em todas as esferas de sua vida; visam a tutelar ou "resguardar o homem na sua

---

[15] Nas palavras de Rothenburg (2000, p. 146), essa fundamentalidade, que é colocada dentre uma das características dos direitos fundamentais, "revela-se pelo conteúdo do direito (o que édito: referência aos valores supremos do ser humano e preocupação com a promoção da dignidade da pessoa humana) e revela-se também pela posição normativa (onde e como é dito: expressão no ordenamento jurídico como norma da Constituição). Concorrem, portanto, ambos os critérios (material e formal) para definir a fundamentalidade de um direito". No mesmo sentido, ver ainda: Canotilho (2000, p. 378-379) que, também, discorre sobre a fundamentalidade formal e material; (SARLET, 2003, p. 80-81).

[16] MARINONI, 2004, p. 166.
[17] MARINONI, 2004, p. 166.
[18] MARINONI, 2004, p. 166-167.
[19] O art. 1º da Constituição Federal Brasileira de 1988, menciona que a República Federativa do Brasil, constitui-se em Estado democrático de direito e tem como fundamentos, dentre outros, a dignidade da pessoa humana. O princípio da dignidade da pessoa humana, hoje em voga, e bastante discutida na atualidade, seja tanto no plano processual civil como penal. Proclama Bullos (2003, p. 81), ser "o valor constitucional supremo que agrega em torno de si a unanimidade dos demais direitos e garantias fundamentais do homem, expressos nesta Constituição. Daí envolver o direito à vida, os direitos pessoais tradicionais, mas também os direitos sociais, os direitos econômicos, os direitos educacionais, bem como as liberdades públicas em geral". Mais à frente, diz o autor: "Seja como for, a dignidade da pessoa humana é carro chefe dos direitos fundamentais na Constituição de 1988. Esse princípio conferiu ao Texto uma tônica especial, porque impregnou-lhe com a intensidade de sua força. Nesse passo, condicionou a atividade do intérprete. A propósito, insta lembrar que a constitucionalização da dignidade da pessoa humana vem plasmada em diversos ordenamentos jurídicos mundiais, o que comprova que o homem é o centro, fundamento e fim das sociedades contemporâneas. Daí a Lei Fundamental de Bonn de 1949, diploma que muito influenciou a Constituição espanhola de 1978, ter enfatizado, logo no Art. 1º, a 'dignidade da pessoa humana' (Menschenwürde), in verbis: 'A dignidade do homem é

liberdade (direitos individuais), nas suas necessidades (direitos sociais, econômicos e culturais) e na sua preservação (direitos relacionados à fraternidade e à solidariedade)".[20]

Para Hesse os direitos fundamentais "deben crear y mantener las condiciones elementales para asegurar una vida en libertad y la dignidad humana".[21] Explica Walter Claudius Rothenburg sobre a dimensão material da fundamentalidade dos direitos fundamentais, portanto relativa ao conteúdo, que: "à medida que consagram, a partir de um amplo consenso social, valores constitucionalmente definidos e, assim, subtraídos à discussão (política e judicial) ordinária, visto que dotados de uma legitimidade (constituinte) reforçada".[22]

Afirma ainda que:

> O modo (racional e participativo) de estabelecimento dos direitos fundamentais é importante e revela, em seu próprio desenvolvimento, a realização de direitos fundamentais, porém não basta uma legitimação exclusivamente através do procedimento.[23]

No entanto, no tocante à positivação dos direitos fundamentais, José Joaquim Gomes Canotilho, com a advertência de que se referem a "direitos jurídico-positivamente vigentes numa ordem constitucional", esclarece que o "local exacto desta positivação jurídica é a constituição".[24]

---

intangível. Respeitá-la e protegê-la é obrigação de todo poder público'. O mesmo acontece com a Constituição portuguesa de 1978, que também assegurou a dignidade humana (Art. 1º)". Ainda sobre a dignidade da pessoa humana, nunca é demais trazer à colação os ensinamentos de Nunes (2002, p. 49): "Então, a dignidade nasce com a pessoa. É-lhe inata. Inerente à sua essência. Mas acontece que nenhum indivíduo é isolado. Ele nasce e vive no meio social. E aí, nesse contexto, sua dignidade ganha — ou, como veremos, tem o direito de ganhar — um acréscimo de dignidade. Ele nasce com integridade física e psíquica, mas chega um momento de seu desenvolvimento que seu pensamento tem de ser respeitado —, sua imagem, suas ações, sua intimidade, sua consciência — religiosa, científica, espiritual — etc., tudo compõe sua dignidade". Ver ainda: TAVARES, 2002, p. 392-393.

[20] BULLOS, 2003, p. 81-82. E continuam os autores: "Formam, como afirmado, uma categoria jurídica. Isso significa que todos os direitos que recebem o adjetivo de fundamental possuem características comuns entre si, assim, uma classe de direitos. Nessa medida possuem peculiaridades individualizadoras, que forjam traços diferenciais das demais categorias jurídicas".

[21] HESSE, 2001, p. 89.

[22] ROTHENBURG, 2000, p. 146-147.

[23] ROTHENBURG, 2000, p. 146-147, conclui, que: "É ainda a fundamentalidade que impõe respeito a um conteúdo básico e mínimo aos direitos determinados, aquém do qual não se toleram contenções".

[24] CANOTILHO, 2000, p. 377.

A par disso, a positivação dos direitos fundamentais "significa a incorporação na ordem jurídica positiva dos direitos 'naturais' e 'inalienáveis' do indivíduo".[25] Por conseguinte, ao mesmo tempo em que coloca esta importante opinião, salienta, com propriedade, que não basta qualquer positivação, vale dizer, devem ser normas constitucionais. Caso isso não aconteça, não se tenha essa positivação jurídica de normas constitucionais, os "direitos do homem são esperanças, aspirações, idéias, impulsos, ou até, por vezes, mera retórica política, mas não direitos protegidos sob a forma de normas (regras e princípios) de direito constitucional (*Grundrechtsnormen*)".[26]

Feitas estas colocações, e adotando a expressão "direitos fundamentais", cabe agora consignar, neste breve estudo, algumas das características norteadoras desses direitos.[27] São elas, por exemplo: historicidade, universalidade, limitabilidade, concorrência e irrenunciabilidade.[28]

Os direitos fundamentais possuem caráter *histórico*, vale dizer, se analisarmos seus antecedentes históricos, veremos que os direitos fundamentais nasceram com o cristianismo. Em linhas gerais, o cristianismo assemelhava o homem a Deus, com a indicação da igualdade como um dos pressupostos fundamentais, elevando o homem a um novo patamar de dignidade.

---

[25] CANOTILHO, 2000, p. 377.
[26] CANOTILHO, 2000, p. 377. E continua o mestre citando agora Cruz Villalon: "onde não existir constituição não haverá direitos fundamentais. Existirão outras coisas, seguramente mais importantes, direitos humanos, dignidade da pessoa; existirão coisas parecidas, igualmente importantes, como as liberdades públicas francesas, os direitos subjectivos públicos dos alemães; haverá, enfim, coisas distintas como foros e privilégios".
[27] Nesse sentido, adverte Rothenburg (2000, p. 146), que: "A doutrina concorda, em essência, ao atribuir características aos direitos fundamentais, embora divirja sobre a quantidade e a nomenclatura. Tais características fornecem o regime jurídico dos direitos fundamentais, através do qual preenchem eles suas funções".
[28] Não longe disso Ferreira Filho (1997, v. 1, p. 22-23), também aponta como característica dos direitos fundamentais, a imprescritibilidade, ou seja, os direitos fundamentais, "não se perdem com o passar do tempo, pois prendem à natureza imutável do ser humano"; a inalienabilidade, "pois ninguém pode abrir mão da própria natureza"; a individualidade, "porque cada ser humano é um ente perfeito e completo, mesmo se considerado isoladamente, independentemente da comunidade (não é um ser social que só se completa na vida em sociedade" e finalmente estabelece, também, como característica dos direitos fundamentais, a universalidade, que "pertencem a todos os homens, e, conseqüência estendem-se por todo o campo aberto ao ser humano, potencialmente o universo"(SILVA, 1997, p. 179-180), também coloca como característica dos direitos fundamentais assim como Manoel Gonçalves Ferreira Filho, a inalienabilidade e a imprescritibilidade. (ROTHENBURG, 2000, p. 146-154), apresenta como características dos direitos fundamentais, a fundamentalidade, universalidade e internacionalização, inalienabilidade, indivisibilidade, historicidade, positividade e constitucionalidade, sistematicidade, inter-relação e interdependência, abertura e inexauribilidade, proteção positiva, perspectiva objetiva, dimensão transindividual, aplicabilidade imediata, dentre outros.

Após o advento do cristianismo e com o esquecimento dos direitos humanos no período, surgiram a *Magna Charta Libertatum*, de 1215, a Declaração do Bom Povo da Virgínia, em 1776, a Declaração dos Direitos do Homem e do Cidadão em 1789 e, finalmente, a Declaração Universal de Direitos do homem em 1948.

A *universalidade*, nada mais revela do que a certeza de que os direitos fundamentais são destinados a todos os seres humanos, como salientam Luiz Alberto David Araujo e Vidal Serrano Nunes Júnior, "constituem uma preocupação generalizadora da raça humana".[29]

De consequência, são os direitos fundamentais marcados pela característica da *limitabilidade*, ou seja, não são absolutos. Pode ocorrer que dois direitos fundamentais se choquem, quando isso acontece, geralmente, o exercício de um direito implica, na maioria das vezes, em uma invasão no âmbito de proteção do outro direito. Havendo isso teremos a "colisão de direitos fundamentais o que deverá ser resolvido mediante a exigência de uma cedência recíproca".[30]

Por outro lado, não havendo choque entre os direitos fundamentais, poderá haver então, a cumulação ou *concorrência* de direitos fundamentais, importa dizer, uma mesma pessoa pode acumular mais de um direito fundamental.

E finalmente, se direitos fundamentais, são inerentes à dignidade humana, serão também *irrenunciáveis*, não podendo ser objeto de disponibilidade por parte de seus titulares, o que se admite é o não exercício, mas nunca a renúncia a um direito fundamental.

De outra parte, não se pode deixar de trazer à colação, os três níveis de gerações dos direitos fundamentais que a doutrina assim aponta. Vê-se que, conforme já se mencionou acima, os direitos fundamentais, via de regra, passaram pelo menos por duas gerações até chegar à terceira geração ou quiçá à quarta geração, conforme entendem alguns autores.[31][32]

Já de antemão, importa ressaltar, que as sucessivas *gerações* de direitos fundamentais, segundo Paulo Bonavides, "traduzem sem dúvida um processo cumulativo e qualitativo".[33]

Os direitos fundamentais assim intitulados de primeira geração, também denominados, *direitos civis* ou *individuais* e *políticos*, ou, como prefere Manoel Gonçalves Ferreira Filho: "liberdades públicas",[34] produto peculiar do pensamento burguês do século XVIII,[35] marcado pelo individualismo, proclamavam a abstenção do Estado, no sentido

---

[29] ARAUJO; NUNES JÚNIOR, 2003, p. 83.
[30] *Ibidem*, mesma página.

de que são direitos de defesa do cidadão perante o Estado, são direitos que propugnavam o afastamento do Estado das relações individuais e sociais.

Salientam Luiz Alberto David Araujo e Vidal Serrano Nunes Júnior, "o Estado deveria ser apenas o guardião das liberdades, permanecendo longe de qualquer interferência no relacionamento social".[36] São em virtude disso, denominadas *liberdades públicas negativas* ou *direitos negativos*, tendo em vista a exigência de abstenção do Estado.

Os direitos de segunda geração são considerados uma evolução no campo dos direitos fundamentais e tem como desiderato a preocupação com as necessidades do ser humano. São direitos positivos, que visam à satisfação das necessidades mínimas do ser humano. Aqui, "o Estado, em vez de se abster, deve fazer-se presente, mediante prestações que venham a imunizar o ser humano de injunções dessas necessidades mínimas que pudessem tolher a dignidade de sua vida". São exemplos

---

[31] Importa destacar, que há uma enorme crítica, tanto da doutrina nacional como estrangeira, quando se afirma que os direitos fundamentais passaram por gerações. Conforme salienta Sarlet (2001, p. 49): "Com efeito, não há como negar que o reconhecimento progressivo de novos direitos fundamentais tem o caráter de um processo cumulativo, de complementaridade, e não de alternância, de tal sorte que o uso da expressão 'gerações' pode ensejar a falsa impressão da substituição gradativa de uma geração por outra, razão pela qual há quem prefira o termo 'dimensões' dos direitos fundamentais, posição esta que aqui optamos por perfilhar, na esteira da mais moderna doutrina. Nesse contexto, aludiu-se, entre nós, de forma notadamente irônica, ao que se chama 'fantasia das chamadas gerações de direitos', que, além de imprecisão terminológica já consagrada, conduz ao entendimento equivocado de que direitos fundamentais se substituem ao longo do tempo, não se encontrando em permanente processo de expansão, cumulação e fortalecimento. Ressalte-se, todavia, que a discordância reside essencialmente na esfera terminológica, havendo, em princípio, consenso no que diz com o conteúdo das respectivas dimensões e 'gerações' de direitos, já até se cogitando uma quarta dimensão". Ainda quanto à terminologia, observar: LOPES, 2001, p. 62-63; BONAVIDES, 1999, p. 525; GUERRA FILHO, 1999, p. 39-40.

[32] Quanto à evolução dos direitos fundamentais (cf. BULLOS, 2003, p. 101-103; WOLKMER, 2003, passim; ARAUJO; NUNES JÚNIOR, 2003, p. 87-89; LOPES, 2001, p. 63-65; MENDES, 1999, p. 37-63; SARLET, 2001, p. 50-60; CANOTILHO, 2000, p. 386).

[33] BONAVIDES, 1999, p. 517. Observar no mesmo sentido Flávia Piovesan (*Temas de direitos humanos*. São Paulo: Max Limonad. 1998. p. 27), que ensina: "partindo do critério metodológico, que classifica os direitos fundamentais em gerações, adota-se o entendimento de que uma geração de direitos não substitui outra, mas com ela interage. Isto é, afasta-se a idéia da sucessão 'geracional' de direitos, na medida em que se acolhe a idéia da expansão, cumulação e fortalecimento dos direitos humanos consagrados, todos essencialmente complementares e em constante dinâmica de interação".

[34] FERREIRA FILHO, 1997, v. 1, p. 15.

[35] SARLET, 2001, p. 50. Para Lorenzetti (1998, p. 153), a característica "é negativa, são obrigações de não fazer por parte do estado, em benefício da liberdade individual". Observar, ainda: GUERRA FILHO, 1999, p. 39-40.

[36] ARAUJO; NUNES JÚNIOR, 2003, p. 87.

desta categoria de direitos, "os direitos econômicos e os culturais, quer em sua perspectiva individual, quer em sua perspectiva coletiva".[37] São também denominados direitos sociais, ou seja, direitos que segundo José Afonso da Silva, catalogados como

> prestações positivas proporcionadas pelo Estado direta ou indiretamente, enunciadas em normas constitucionais, que possibilitam melhores condições de vida aos mais fracos, direitos que tendem a realizar a igualização de situações sociais desiguais. São, portanto, direitos que se ligam ao direito de igualdade.[38]

São direitos que visam à garantia da igualdade material. São direitos elencados, mas não conceituados, no art. 6º da Constituição Federal, que visam garantir a educação, a saúde, o trabalho, a moradia, o lazer, a segurança, a previdência social, a proteção à maternidade, à infância e a assistência aos desamparados.

Direitos estes, que correspondem aos "pressupostos do gozo dos direitos individuais na medida em que criam condições materiais mais propícias ao auferimento da igualdade real".[39]

Finalmente, os direitos fundamentais de terceira geração representam a preocupação com sentimentos de fraternidade e solidariedade, representam uma nova conquista da humanidade; há a ideia do ser humano não relacionado simplesmente ao indivíduo, mas sim a uma coletividade, é o direito à paz no mundo, ao desenvolvimento econômico do país, à preservação do meio ambiente, à tecnologia etc.[40]

---

[37] ARAUJO; NUNES JÚNIOR, 2003, p. 88. Nas palavras de Lorenzetti (1998, p. 153), essa segunda categoria de direitos possui como característica "obrigações de fazer ou de dar, por parte do Estado". Ver, ainda: GUERRA FILHO, 1999, p. 40. Para Lafer (1988, p. 127), "caracterizam-se, ainda, hoje, por outorgarem ao indivíduo direitos a prestações sociais estatais, como assistência social, saúde, educação, trabalho, etc., revelando uma transição das liberdades formais abstratas para as liberdades concretas".

[38] SILVA, 1997, p. 277.

[39] SILVA, 1997, p. 277.

[40] SILVA, 1997, p. 88-89; SARLET, 2001, p. 52, na qual esclarece que: "a nota distintiva destes direitos fundamentais da terceira dimensão reside basicamente na sua titularidade coletiva, muitas vezes indefinida e indeterminável, o que se revela, a título de exemplo, especialmente no direito ao meio ambiente e qualidade de vida, o qual, em que pese ficar preservada sua dimensão individual, reclama novas técnicas de garantia e proteção"; Lafer (1988, p. 131), diz que "esses direitos têm como titular não o indivíduo na sua singularidade, mas sim grupos humanos como a família, o povo, a nação, coletividades regionais ou éticas e a própria humanidade". Ver ainda, os conceitos de: LORENZETTI, 1998, p. 154; GUERRA FILHO, 1999, p. 40.

Contudo, para a maioria dos autores, de regra, temos três gerações ou dimensões, de direitos fundamentais,[41] conforme já se mencionou acima, mas não se desconhece, que, por exemplo, para Uadi Lammêgo Bulos[42] e Paulo Bonavides,[43] já existem os direitos fundamentais de quarta geração ou dimensão.

Esclarece Lammêgo Bulos que esses direitos de quarta geração são direitos relativos à informática, biociência, *softwares*, alimentos transgênicos, sucessão dos filhos gerados através de inseminação artificial, clonagem etc.[44]

Já Paulo Bonavides, utilizando a expressão *dimensões*, afirma ser esta quarta dimensão, o resultado da globalização dos direitos fundamentais, vale dizer, corresponde à universalização no plano institucional, que se resume na última fase de institucionalização do Estado Social. Para o autor, esta quarta dimensão é composta, basicamente, pelos direitos à democracia, à informação, bem como pelo direito ao pluralismo.[45]

Importante frisar, conforme opinião de Manoel Gonçalves Ferreira Filho, totalmente endossada por nós, que "é preciso ter consciência de que a multiplicação de direitos '*fundamentais*' vulgariza e desvaloriza a idéia".[46]

Afirma, ainda, Ricardo Luis Lorenzetti, que há uma *inflação* de direitos fundamentais, pois, "os que eram tão-somente direitos do

---

[41] Nesse passo, interessante a ementa do Supremo Tribunal Federal, Pleno, em sede de Mandado de Segurança sob o n° 22.164/SP, cujo Relator é o Ministro Celso de Mello, que sintetiza, muito bem, as três gerações de direitos fundamentais; assim dispõe a ementa, *in verbis*: "EMENTA: Enquanto os direitos de primeira geração (direitos civis e políticos) — que compreendem as liberdades clássicas, negativas ou formais — realçam o princípio da liberdade e os direitos de segunda geração (direitos econômicos, sociais e culturais) — que se identificam com as liberdades positivas, reais ou concretas — acentuam o princípio da igualdade, os direitos de terceira geração, que materializam poderes de titularidade coletiva atribuídos genericamente a todas as formações sociais, consagram o princípio da solidariedade e constituem um momento importante no processo de desenvolvimento, expansão e reconhecimento dos direitos humanos, caracterizados, enquanto valores fundamentais indisponíveis, pela nota de uma essencial inexauribilidade".
[42] BULLOS, 2003, p. 102.
[43] BONAVIDES, 1999, p. 524-526.
[44] BONAVIDES, 1999, p. 524-526.
[45] BONAVIDES, 1999, p. 524-526. Já para Lorenzetti (1998, p. 154-155), essa quarta geração se refere ao "direito de ser diferente" ou seja, "outros direitos existem, que surgem de um processo de diferenciação de um indivíduo em relação ao outro. Trata-se de questões tais como o direito à homossexualidade, à troca de sexo, ao aborto, a recusar tratamentos médicos que levem à morte [...] supõem um comportamento distinto ao dos demais indivíduos, por isso podem ser englobados sob o rótulo de 'direito a ser diferente'".
[46] FERREIRA FILHO, 1997, v. 1, p. 67.

homem, hoje o são de muitas categorias de indivíduos em situações diversas".[47] Contudo, salienta, ainda, que "é salutar que proliferem os direitos, porque dessa maneira as pessoas viverão melhor e haverá mais protegidos".[48]

Já a doutrina, em geral, segundo o autor supramencionado, "participa de idéia contrária: quanto mais se multiplica a relação dos direitos humanos, menos força terão como exigência".[49]

Em sendo o acesso à justiça um direito e uma garantia, incondicionada e indissociável da dignidade da pessoa humana, deve-se ter mecanismos efetivos de prestação de tutela aos cidadãos, seja a título individual como coletivo, como por exemplo, as formas de tutelas jurisdicionais diferenciadas, visando não o acesso à justiça, mas sim o acesso à ordem jurídica justa.

Todos, indistintamente, sejam brancos, negros, louros, pobres ou ricos, possuem o direito de bater às portas do poder judiciário e de, principalmente, ter mecanismos que façam alcançar rapidamente o bem da vida pretendido, haja vista ser um direito constitucionalmente assegurado.

Desta forma, não importa em qual das gerações ou dimensões que se esteja referindo, o que importa é que, tal direito, constitui um direito fundamental que deve ser garantido e efetivado como forma de se preservar a dignidade da pessoa humana que vigora em um Estado Democrático de Direito como o nosso.

3 Do princípio da igualdade

3.1 Conceito de princípio

Etimologicamente a palavra princípio, advém do latim *principium, principii*, que significa começo, origem. No dicionário de Aurélio Buarque de Holanda Ferreira:

> Princípio. [Do lat. principiu.] S. m. 1. Momento ou local ou trecho em que algo tem origem (...) 2. Causa primária. 3. Elemento predominante na constituição de um corpo orgânico. 4. Preceito, regra, lei. 5. P. ext. Base,

---

[47] LORENZETTI, 1998, p. 162: "No entanto, ainda dispõe que a doutrina, na maioria das vezes, [...] participa de idéia contrária: quanto mais se multiplica a relação dos direitos humanos, menos força terão como exigência".
[48] LORENZETTI, 1998, p. 162.
[49] LORENZETTI, 1998, p. 162.

germe (...) 6. Filos. Fonte ou causa de uma ação. 7. Filos. Proposição que se põe no início de uma dedução, e que não é deduzida de nenhuma outra dentro do sistema considerado, sendo admitida, provisoriamente, como inquestionável. [São princípios os axiomas, os postulados, os teoremas, etc. Cf. princípio do verbo principiar][50]

Analisando a expressão Manoel Antonio Teixeira Filho[51] assevera:

(...) os princípios constituem formulações genéricas, de caráter normativo, destinados não apenas a tornar logicamente compreensível a ordem jurídica e a justificar ideologicamente essa mesma ordem, como também a servir de fundamento para a interpretação ou para a própria criação de normas legais.

Miguel Reale[52] leciona que

(...) os princípios são "verdades fundantes" de um sistema de conhecimento, como tais admitidas, por serem evidentes ou por terem sido comprovadas, mas também por motivos de ordem prática de caráter operacional, isto é, como pressupostos exigidos pelas necessidades da pesquisa e da praxis.

3.2 Igualdade "perante a lei" e "na lei"

Também, aplicando-se um critério etimológico a expressão, "igualdade", observa-se que advém do latim *Aequalitate*, que segundo Aurélio Buarque de Holanda Ferreira, significa:

S. f. 1. Qualidade ou estado de igual; paridade. 2. Uniformidade, identidade. 3. Equidade, justiça. 4. Mat. Propriedade de ser igual. 5. Mat. Expressão de uma relação entre seres matemáticos iguais. Igualdade moral. Ét. Relação entre os indivíduos em virtude da qual todos eles são portadores dos mesmos direitos fundamentais que provêm da humanidade e definem a dignidade da pessoa humana.[53]

---

[50] Cf. *Novo Dicionário Aurélio da Língua Portuguesa*. 2. ed. Rio de Janeiro: Nova Fronteira, 1986. p. 1393. No plural a expressão princípios (...) Filos. Proposições de uma ciência, às quais todo o desenvolvimento posterior dessa ciência deve estar subordinado, mesma página.
[51] TEIXEIRA FILHO, 1999, p. 18.
[52] REALE, 1987, p. 299.
[53] *Novo dicionário da língua portuguesa*. 2. ed. rev. e ampl. 32. impr. Rio de Janeiro: Nova Fronteira, 1986. p. 915.

Neste diapasão, aqueles que se dedicam a escrever e estudar sobre o tema apontam que há diferença entre igualdade formal e igualdade material, muito embora, já seja pacífico que todos almejam e que o sistema jurídico deve privilegiar, justamente, é a igualdade material. Desta forma, a primeira se refere à igualdade "perante a lei" e a segunda à igualdade "na lei". Igualdade formal, ou para alguns, igualdade na lei, consiste na obrigação de aplicar a lei ao caso concreto da forma que apresenta, mesmo que essa aplicação cause uma discriminação.[54] Já a igualdade material ou também denominada substancial ou na lei, determina que as normas jurídicas não podem estabelecer distinções que a própria Constituição proíba.[55]

Em verdade, conforme salienta Luís Roberto Barroso,[56] na citação em jurisprudência do Supremo Tribunal Federal:

> O princípio da igualdade é auto-aplicável e deve ser considerado sob duplo aspecto: a) o da igualdade na lei; b) o da igualdade perante a lei. A igualdade na lei é exigência dirigida ao legislador, que, no processo de formação da norma, não poderá incluir fatores de discriminação que rompam com a ordem isonômica. A igualdade perante a lei pressupõe a lei já elaborada e dirige-se aos demais Poderes, que ao aplicá-la, não poderão subordiná-la a critérios que ensejem tratamento seletivo ou discriminatório.

Particularmente, para José Afonso da Silva,[57] tais diferenciações no ordenamento jurídico não subsistem ou não são necessárias, pois (...) "a doutrina como a jurisprudência já firmaram, há muito, a orientação de que a igualdade perante a lei tem o sentido que, no exterior, se dá à expressão igualdade na lei, ou seja: o princípio tem como destinatários tanto o legislador como os aplicadores da lei".

Ainda, no tocante ao princípio da igualdade, este conceito provocou várias teorias que tentavam explicar, a saber: a) teoria nominalista; b) teoria idealista e c) teoria realista.

Para os adeptos da teoria nominalista, a desigualdade é algo universal, ou seja, o homem sempre nasceu desigual, implicando um simples nome, sem nenhuma expressão ou significado no mundo real. Daí porque teoria nominalista. Por sua vez, a teoria idealista ressalta ser

---

[54] SILVA, 1997, p. 210; VILAS-BÔAS, 2003, p. 20-22.
[55] SILVA, 1997, p. 210.
[56] BARROSO, 2001, p. 15.
[57] SILVA, 1997, p. 210.

a igualdade algo absoluto entre as pessoas. É, nas palavras de Locke, citado por José Afonso da Silva, (...) "uma igual liberdade natural ligada à hipótese do estado de natureza, em que reinava uma igualdade absoluta".[58]

Rousseau, também citado por José Afonso da Silva, admitia duas espécies de desigualdades: "uma, que chamava natural ou física, porque estabelecia pela natureza, consistente na diferença das idades, da saúde, das forças do corpo e das qualidades do espírito e da alma; outra, que denominava desigualdade moral ou política, porque depende de uma espécie de convenção, e é estabelecida, ou ao menos autorizada pelo consentimento dos homens, consistindo nos diferentes privilégios que uns gozam em detrimento dos outros, como ser mais rico, mais nobre, mais poderoso".

E, finalmente, a teoria realista não nega que os homens são iguais, haja vista serem da mesma espécie, mas isso, não impede a possibilidade de várias desigualdades entre eles, denominadas fenomênicas, ou seja, naturais, físicas, morais, políticas, sociais etc.[59]

Para Celso Antônio Bandeira de Mello,[60] o princípio da igualdade não se restringe à garantia da igualdade dos cidadãos entre si, sendo também comando para que a própria norma não pode ser editada de forma a ignorá-lo, prestigiando desigualdades.

Há, para o autor, uma duplicidade de destinatários do comando isonômico. Assim, dirige-se aos aplicadores da lei, que não podem erigir critérios injustificadamente discriminatórios e ao próprio legislador, que deve garantir, quando da elaboração legislativa, que todos recebam tratamento igualitário.

Ainda, para o mesmo autor, a tão consagrada frase de Aristóteles segundo a qual a igualdade consiste em "tratar igualmente os iguais e desigualmente os desiguais" não resolve o problema da igualdade, pois não responde sem deixar dúvidas: quem são os iguais e quem são os desiguais?

Por força disso, para que se proceda aos critérios identificadores do desrespeito à isonomia, deve-se corroborar três critérios: 1. identificação do elemento discriminador; 2. justificativa lógica entre o elemento discriminador e a finalidade pretendida e 3. respaldo constitucional.[61]

---

[58] Ensayo sobre el gobierno civil, II, §§4 a 6; MONTESQUIEU. *De l' espirit des lois*, I, 2 e 3, *apud* SILVA, 1997, p. 207.
[59] SILVA, 2007, p. 207-208. Interessantes são os comentários sobre o "Princípio Constitucional da Igualdade e da Não Discriminação", de Carlos (2004, p. 19-26).
[60] *Apud* ARAUJO; NUNES JÚNIOR, 1996, p. 13.
[61] ARAUJO; NUNES JÚNIOR, 1996, p. 21.

A junção destes três critérios nada mais é do que a investigação pelo intérprete do que é adotado como critério discriminatório ou *discriminem*, somado ao respaldo racional e, finalmente, verificar se a correlação lógica entre o fator discriminatório e os valores do nosso ordenamento jurídico-constitucional brasileiro.

Não menos importante que o art. 5º *caput* da Constituição Federal de 1988, o Preâmbulo,[62] assim como vários outros incisos espalhados no texto constitucional, também estabelecem o princípio da igualdade como um dos requisitos do Estado Democrático de Direito. É ele conceituado como o documento de intenções de um Estado, (...) "consiste em uma certidão de origem e legitimidade do novo texto e uma proclamação de princípios, demonstrando a ruptura com o ordenamento constitucional anterior e o surgimento jurídico de um novo Estado"[63] resume os escopos da Constituição.[64]

O preâmbulo, diante do anúncio dos direitos que formam o estado democrático de Direito, adentram como carro chefe para elevar a igualdade como um dos escopos sociais almejados pela sociedade, enquanto garantidor das liberdades individuais e coletivas.

Também, não se pode deixar de trazer à colação, as normas programáticas que revelam os objetivos da República Federativa do Brasil, estampado no art. 3º da Constituição Federal, em que um dos seus incisos, IV, visa "promover o bem de todos, sem preconceitos de origem, raça, sexo, cor, idade e quaisquer outras formas de discriminação". Eis um dos fundamentos, no ordenamento jurídico Brasileiro, da legitimidade para as ações afirmativas.[65]

---

[62] A doutrina majoritária, insiste em dizer que o preâmbulo não é norma constitucional, não podendo servir de paradigma comparativo para ADIn, bem como não pode prevalecer contra texto expresso da Constituição Federal. No mesmo sentido observar: MORAES, 2002, p. 49, nota 3; FERREIRA FILHO, 1997, p. 16: "O preâmbulo da Constituição brasileira contém simplesmente afirmações de princípios. Estas desenham um ideal mas não fixam normas obrigatórias. No preâmbulo, ademais, fica bem claro o caráter compositório da inspiração da Constituição de 1988".

[63] MORAES, 2002, p. 48-49.

[64] "Nós, representantes do povo brasileiro, reunidos em Assembléia Nacional Constituinte para instituir um Estado Democrático, destinado a assegurar o exercício dos direitos sociais e individuais, a liberdade, a segurança, o bem-estar, o desenvolvimento, a igualdade e a justiça como valores supremos de uma sociedade fraterna, pluralista e sem preconceitos, fundada na harmonia social e comprometida, na ordem interna e internacional, com a solução pacífica das controvérsias, promulgamos, sob a proteção de Deus, a seguinte CONSTITUIÇÃO DA REPÚBLICA FEDERATIVA DO BRASIL".

[65] Observar nesse sentido o discurso do Ministro Marco Aurélio proferido no seminário de Discriminação e Sistema Legal Brasileiro promovido pelo Tribunal Superior do Trabalho em 20 nov. 2001. disponível no site: <http://www.gemini.stf.gov/netahtml/discursos/ma_palestraTST.htm>. Acesso em: 27 nov. 2001, p. 3 *Apud* VILAS-BÔAS, 2003, p. 54.

4 Considerações sobre as ações afirmativas (*affirmative actions*)

Historicamente as ações afirmativas surgiram nos Estados Unidos devido à utilização da expressão pelo então Presidente John F. Kennedy, por meio da Ordem Executiva nº 10.925, de 06.03.1961, com o escopo de ampliar a igualdade de oportunidades no mercado de trabalho entre negros e brancos norte-americanos.[66]

Nos dias atuais, essa expressão, "ações afirmativas", representam um termo de alcance bem amplo, que se refere ao

> (...) conjunto de estratégias, iniciativas ou políticas que visam favorecer grupos ou segmentos sociais que se encontram em piores condições de competição em qualquer sociedade em razão, na maior parte das vezes, de prática de discriminações negativas, sejam elas presentes ou passadas.[67]

Enfatiza Renata Malta Vilas-Bôas que existem outras denominações dadas às ações afirmativas, tais como: ações positivas, discriminações positivas, discriminações inversas e políticas compensatórias. Propugna ser "medidas de caráter temporário que visam a igualar as minorias, que, em razão de nossa herança sociocultural, ou do infortúnio, são discriminadas".[68]

Como bem conclui Paulo Lucena de Menezes,[69] são:

> (...) medidas especiais que buscam eliminar os desequilíbrios existentes entre determinadas categorias sociais até que eles sejam neutralizados, o que se realiza por meio de providências efetivas em favor das categorias que se encontram em posições desvantajosas.

Na verdade, o que se procura com tais ações afirmativas é a busca da igualdade material, que se vislumbra na necessidade de dar

---

[66] MENEZES, 2001, p. 27. Ainda, menciona o autor, que o sucessor de Kennedy, Lyndon B. Johnson, se empenhou em " dar ao termo um sentido mais próximo daquele que veio a ser posteriormente consagrado no meio jurídico". Por meio da Ordem executiva nº 11.246, estimulou que as firmas contratadas pelo Governo buscassem as ações afirmativas, com o escopo de garantir igualdade de oportunidades entre membros de minorias raciais, bem como, dos deficientes físicos, vedando a discriminação. Ver no mesmo sentido Vilas-Bôas (2003, p. 33-41).
[67] VILAS-BÔAS, 2003, p. 33.
[68] VILAS-BÔAS, 2003, p. VI. Prefácio
[69] VILAS-BÔAS, 2003, p. 27.

tratamento diferenciado àqueles grupos ou pessoas que são carecedores de igualdade, levando-se em consideração circunstâncias específicas.[70] Almejam combater discriminações ocorridas no passado, resgatando a igualdade estabelecida entre os brasileiros, sem se preocupar se estão entre as categorias hoje denominadas "minorias",[71] possibilitando, desta forma, que se atinja plenamente a cidadania.[72]

Visam segundo Eliana Franco Neme "uma outra relação de igualdade, em que os direitos individuais se equilibram diante das necessidades de grupos particulares, e as atividades de ação e omissão estatal".[73]

São, ainda, segundo a autora:[74]

> um conjunto de medidas legais, modo de vida e política sociais que visam eliminar a discriminação de determinados grupos sociais. Um esforço voluntário, ou obrigatório, imposto pelo Estado para eliminar a discriminação e para promover a igualdade de oportunidades principalmente, no acesso à educação, saúde, assistência social, esporte, cultura, lazer e trabalho.

No Brasil, atualmente, já há, por exemplo, projeto de lei do deputado do PMDB/RJ, Senador Sérgio Cabral, sobre a implantação de quotas em universidades públicas, determinando que 50% das vagas sejam destinadas a alunos que tenham cursado integralmente o ensino médio em escolas públicas.[75]

Ainda, segundo o Ministro Tarso Genro, em matéria feita e publicada pela *Folha Online*, o Presidente Luiz Inácio Lula da Silva "analisa um projeto feito pelo Ministério da educação (MEC) que obriga as universidades públicas e privadas a reservarem 20% das vagas a estudantes de baixa renda, principalmente aos negros, ainda neste ano". A matéria também traz que a declaração foi feita durante o Fórum Mundial de Educação São Paulo, "após protestos e reivindicações de representantes de alunos de universidade públicas (como USP, Unesp, Unicamp e

---

[70] VILAS-BÔAS, 2003, p. 21. MENEZES, 2001, p. 29.
[71] Interessante trabalho desenvolvido por Elida Séguin, em sua obra *Minorias e grupos vulneráveis: uma abordagem jurídica*, na qual ressalta que definir o termo "minorias" não é uma tarefa fácil, devendo observar além dos critérios étnicos, religiosos, linguísticos, também a realidade jurídica diante das conquistas modernas. (SÉGUIN, 2002, p. 9).
[72] VILAS-BÔAS, 2003, p. 30.
[73] NEME, 2005, p. 299.
[74] NEME, 2005, p. 299.
[75] Disponível no site da *Folha Online* 17 fev. 2004 (15h46min), intitulada de "Comissão de educação aprova cotas em universidades públicas": <http:// www1.folha.uol.com.br/folha/educação/ult305u15052.shtml>. Acesso em: 12. fev. 2004.

UERJ, entre outras), do MSU (Movimento dos sem Universidade) e da Educafro (ONG que trabalha com educação de negros)".[76]

No tocante às ações afirmativas e diversidade racial, como bem lembrado por Flávia Piovesan,[77] são "enquanto medidas especiais e temporárias, simbolizam medidas compensatórias, destinadas a aliviar o peso de um passado discriminatório, que fez o Brasil um dos últimos a enfrentar a persistência da desigualdade estrutural que corrói a realidade brasileira, por sucessivas décadas. Além disso, permitiriam a concretização da justiça em sua dupla dimensão: redistribuição (mediante a justiça social) e reconhecimento de identidades (mediante o direito à visibilidade de grupos excluídos)".

O que se deve ressaltar, que o sistema de quotas, conforme assevera Paulo Lucena de Menezes, é somente uma das modalidades de ações afirmativas.[78] Chama atenção o autor, por exemplo, para o art. 289 da Constituição Estadual da Bahia, a qual prevê no caso de publicidade estadual ser obrigatório, havendo a participação de mais de duas pessoas, a inclusão de uma de raça negra.

Essas ações são medidas legais e políticas sociais com o objetivo de "corrigir as desigualdades e promover a igualdade de oportunidades".[79] Com efeito, essas ações se voltam para políticas antidiscriminatórias que favoreçam grupos de negros, portadores de deficiência, idosos, portadores de HIV, homossexuais, dentre outros.[80]

Se de um lado busca-se a plena e efetiva igualdade material, de outro as resistências em se implantar o sistema das ações afirmativas se baseiam basicamente em pelo menos dois óbices: 1. essas ações não são capazes de promover a igualdade, porque as pessoas que se enquadram no grupo das minorias serão vistas pela sociedade como seres inferiores, pois não alcançaram a igualdade por meio próprio; 2) particularmente, no caso das quotas, discriminação racial, futuramente não ensejaria a volta do racismo.[81]

---

[76] Disponível no site da *Folha Online* 03. abr. 2004 (14h11min), intitulada de "Tarso quer cotas também em universidades particulares" (<http://www1.folha.uol.com.br/folha/educacao/ult305u15318.shtml>).
[77] STF e a diversidade racial. Disponível em: <http://www.mundojuridico.adv.br>. Acesso em: 15 maio 2004.
[78] MENEZES, 2001, p. 6. Segundo o autor, as cotas consistem no "estabelecimento de um número preciso de lugares ou da reserva de algum espaço em favor de membros do grupo beneficiado".
[79] CARLOS, 2004, p. 33.
[80] CARLOS, 2004, p. 33.
[81] VILAS-BÔAS, 2003, p. 34-35.

Esses argumentos, para Peter Singer,[82] são afastados, justamente, na medida em que afirma estar essas ações em perfeita consonância com o ordenamento jurídico, não violando qualquer tipo de direito fundamental das pessoas que são por ela excluídos, bem como não contraria nenhum princípio justo de igualdade. Para o autor, o que revela dúvida é justamente saber se estas ações irão funcionar ou não, contudo o que importa realmente é tentar.

Neste diapasão, em agudo magistério, por nós irrestritamente endossado, importa destacar a opinião de Flávia Piovesan sobre o tema, afirma ela que:

> As ações afirmativas, igualdade e democracia compõem um trinômio indissociável, em que as primeiras leva à igualdade que, por sua vez, assegura a democracia. Vale dizer, a democracia requer o exercício, em igualdade de condições, dos direitos fundamentais básicos, estando a busca democrática diretamente relacionada com a capacidade/possibilidade de representação/participação de grupos sociais vulneráveis nas instituições públicas e privadas. Se a igualdade não é um dado, mas um construto, uma invenção histórica (como dizia Hannah Arendt) que possamos formular alternativas reais que sejam capazes de transformar a paisagem brasileira, convertendo a igualdade formal em igualdade real.[83]

5 Conclusão

As ações afirmativas se encontram em perfeita harmonia com o sistema brasileiro (arts. 3º e 5º, I da CF), haja vista que o escopo precípuo está a possibilitar às minorias a busca da verdadeira igualdade, qual seja, a igualdade material efetiva, ou também denominada igualdade concreta. Repita-se, não basta a igualdade formal, devem os brasileiros buscar a igualdade efetiva na vida social, pois são objetivos fundamentais disciplinados nos incisos do art. 3º da própria Constituição Federal.

Referências

ARAUJO, Luiz Alberto David; NUNES JÚNIOR, Vidal Serrano. *Curso de direito constitucional*. São Paulo: Saraiva, 1998.

---

[82] *Ética prática*. São Paulo: Martins Fontes, 1998. p. 61 *apud* VILAS-BÔAS, 2003, p. 35.
[83] PIOVESAN, Flávia. Ações afirmativas e democracia. *Estado de S.Paulo*, São Paulo, 1997. Disponível em: <http://www.estadao.estadao.com.br/edição/pano/97/02/16/ARTMESG.htm>.

ARAUJO, Luiz Alberto David; NUNES JÚNIOR, Vidal Serrano. *Os direitos e deveres individuais e coletivos da nacionalidade, dos direitos políticos e dos partidos políticos*. São Paulo: CPC, 1996.

BANDEIRA DE MELLO, Celso Antônio. *Conteúdo jurídico do princípio da igualdade*. 3. ed. São Paulo: Malheiros, 1999.

BANDEIRA DE MELLO, Celso Antônio. *Discricionariedade e controle jurisdicional*. 2. ed. São Paulo: Malheiros, 1998.

BARROSO, Luis Roberto. *Constituição da República Federativa do Brasil anotada*: e legislação complementar. São Paulo: Saraiva, 2001.

BONAVIDES, Paulo. *Curso de direito constitucional*. 8. ed. rev. atual. e ampl. São Paulo: Malheiros, 1999.

BULOS, Uadi Lammêgo. *Constituição Federal anotada*. 5. ed. rev. e atual até a Emenda Constitucional nº 39/2002. São Paulo: Saraiva, 2003.

CANOTILHO, José Joaquim Gomes. *Direito constitucional e teoria da Constituição*. 7. ed. Coimbra: Almedina, 2000.

CARLOS, Vera Lúcia. *Discriminação nas relações de trabalho*. São Paulo: Método, 2004.

DIMOULIS, Dimitri. Dogmática dos direitos fundamentais: conceitos básicos. *In*: *Questões contemporâneas e o direito*. Cadernos do Curso de Mestrado em Direito da Universidade Metodista de Piracicaba, Piracicaba, 2001.

FERREIRA FILHO, Manoel Gonçalves. *Comentários à Constituição brasileira de 1988*. 2. ed. atual. e reformulada. São Paulo: Saraiva, 1997. v. 1.

FERREIRA FILHO, Manoel Gonçalves. *Direitos humanos fundamentais*. 2. ed. rev. e atual. São Paulo: Saraiva, 1998.

FERREIRA, Aurélio Buarque de Holanda. *Novo Dicionário Aurélio da Língua Portuguesa*. 2. ed. Rio de Janeiro: Nova Fronteira, 1986.

HESSE, Konrad. *Significado de los derechos fundamentales*. Barcelona: Marcial Pons Ediciones Jurídicas y Socieales, 2001.

LORENZETTI, Ricardo Luis. *Fundamentos do direito privado*. São Paulo: Revista dos Tribunais, 1998.

MARINONI, Luiz Guilherme. *Técnica processual e tutela dos direitos*. São Paulo: Malheiros, 2004.

MENDES, Gilmar Ferreira. *Direitos fundamentais e controle de constitucionalidade*: estudos de direito constitucional. 3. ed. rev. e ampl. São Paulo: Saraiva, 2004.

MENEZES, Paulo Lucena de. *A ação afirmativa (Affirmative Action) no direito norte-americano*. São Paulo: Revista dos Tribunais, 2001.

MORAES, Alexandre de. *Direito constitucional*. 11. ed. São Paulo: Atlas, 2002.

NEME, Eliana Franco. Os modelos americanos e as ações afirmativas. *In*: NEME, Eliana Franco (Coord.). *Ações afirmativas e inclusão social*. Bauru: Edite, 2005.

NUNES JÚNIOR, Vidal Serrano; ARAUJO, Luiz Alberto David. *Curso de direito constitucional*. São Paulo: Saraiva, 1998.

NUNES JÚNIOR, Vidal Serrano; ARAUJO, Luiz Alberto David. *Os direitos e deveres individuais e coletivos da nacionalidade, dos direitos políticos e dos partidos políticos*. São Paulo: CPC, 1996.

REALE, Miguel. *Lições preliminares de direito*. 15. ed. São Paulo: Saraiva, 1987.

ROTHENBURG, Walter Claudius. Direitos fundamentais e suas características. *Revista de Direito Constitucional e Internacional*, São Paulo, ano 8, n. 30, p. 146-158, jan./mar. 2000.

ROTHENBURG, Walter Claudius. *Princípios constitucionais*. Porto Alegre: Sergio Antonio Fabris, 1999.

SARLET, Ingo Wolfgang. *A eficácia dos direitos fundamentais*. 2. ed. rev. e atual. Porto Alegre: Livraria do Advogado, 2001.

SARLET, Ingo Wolfgang. Os direitos fundamentais sociais como "clausulas pétreas". *In*: SARLET, Ingo Wolfgang. Direitos fundamentais: crises e contra(a)ações. *Cadernos de Direito*, Curso de Mestrado da Universidade Metodista de Piracicaba, Piracicaba, 2003.

SÉGUIN, Elida. *Minorias e grupos vulneráveis*: uma abordagem jurídica. Rio de Janeiro: Forense, 2002.

SILVA, José Afonso da. *Curso de direito constitucional positivo*. 14. ed. rev. São Paulo: Malheiros, 2007

TAVARES, André Ramos. *Curso de direito constitucional*. São Paulo: Saraiva, 2002.

TEIXEIRA FILHO, Manoel Antônio. *Cadernos de processo civil*: jurisdição, ação e processo. São Paulo: LTr, 1999. v. 1.

VILAS-BÔAS, Renata Malta. *Ações afirmativas e o princípio da igualdade*. Rio de Janeiro: América Jurídica, 2003.

Informação bibliográfica deste texto, conforme a NBR 6023:2002 da Associação Brasileira de Normas Técnicas (ABNT):

GIMENES, Daniela Nunes Veríssimo. Ações afirmativas como instrumento dos direitos fundamentais sociais à luz do princípio da igualdade no ordenamento jurídico brasileiro. *In*: LUNARDI, Soraya (Coord.). *Direitos fundamentais sociais*. Belo Horizonte: Fórum, 2012. p. 41-62. ISBN 978-85-7700-567-3. (Coleção Fórum de Direitos Fundamentais, 8).

HUMANISMO METAFÍSICO E OS DIREITOS FUNDAMENTAIS (SOCIAIS)

ELIÉSER SPERETA

Este texto tem como objetivo explicitar, numa linguagem heideggeriana, os pressupostos ontológicos da discussão sobre os direitos fundamentais (sociais). Isso supõe percorrer as seguintes etapas: (i) mostrar que o fundamento dos direitos fundamentais (sociais) é o princípio da dignidade humana, um princípio radicalmente humanista; (ii) mostrar que a concepção heideggeriana do conceito de fundamento e do significado da posição do humanismo como fundamento de toda a realidade implica numa construção de tipo metafísico; (iii) explicar o sentido pelo qual a técnica, como consumação da metafísica, implica numa inversão da posição do homem na relação sujeito-objeto; o sujeito se torna abstrato (Estado) e o homem se torna objeto, bem como a totalidade da realidade; (iv) apontar os limites ontológicos do humanismo metafísico no interior de uma dimensão que ressignifica a posição do homem em sua relação com o ser.

Pode-se observar, com isso, que o trabalho tem um caráter eminentemente reflexivo, embora não dispense o caráter exegético natural a todo trabalho de qualidade filosófica. E é precisamente isso que justifica a necessidade do trabalho, a oferta de uma reflexão alternativa sobre os fundamentos dos direitos fundamentais (sociais),[1] ou dos direitos sociais como direitos fundamentais.

---

[1] Este trabalho segue a mesma linha de investigação desenvolvida e concluída em nossa tese de doutorado, na qual se buscou uma reflexão, em sentido heideggeriano, dos fundamentos ontológico-metafísicos da economia política, tal como foi criticada por Marx em

1 O princípio da dignidade humana e os direitos fundamentais

Vários trabalhos podem ser citados sobre a relação entre os direitos fundamentais e o princípio da dignidade humana, todos no sentido de afirmar que o princípio da dignidade humana é o princípio a ser tomado como conceito material fundamental para justificação dos direitos humanos como direitos fundamentais.

Ana Paula de Barcellos, uma das principais referências, afirma que "Um dos poucos consensos teóricos do mundo contemporâneo diz respeito ao valor essencial do ser humano" (BARCELLOS, 2002, p. 103), e que, não obstante as dificuldades práticas de realização, "o fato é que a dignidade da pessoa humana, o valor do homem como um fim em si mesmo, é hoje um axioma da civilização ocidental" (BARCELLOS, 2002, p. 103). Em seguida, a autora menciona quatro momentos relevantes sobre o pensamento da dignidade humana, a saber, o cristianismo, o iluminismo-humanista, a obra de Kant e o refluxo dos horrores da Segunda Guerra mundial.

Foi o cristianismo que, ao conceber o homem como imagem e semelhança de Deus, ou como filho de Deus — que deveria amar a Deus e a seus semelhantes — afirma pela primeira vez e decididamente o valor da pessoa humana. O humanismo renascentista e moderno, por seu turno, visa à revaloração do ser humano, em função do alto grau de valor atribuído à razão, da qual o ser humano é portador. Isso influencia o pensamento de Kant, cujo pensamento ético prescreve a ação que tome o ser humano sempre como fim em si mesmo, nunca como meio.[2] O resultado destes dois últimos momentos foi a própria construção do assim chamado Estado de direito, cuja função primordial é assegurar os direitos individuais do homem. Finalmente, os horrores da Segunda Guerra forçaram uma revisão do significado da palavra humanismo.

---

sua obra O Capital. A conclusão resume-se na afirmação de que o Capital é a representação econômica da metafísica e da técnica moderna. Buscamos agora, mutatis mutandis, a mesma investigação, tomando como objeto desta vez o conceito de direito, ou mais especificamente, dos direitos fundamentais.

[2] Ingo Sarlet (2001, p. 32-33) também reputa a Kant o núcleo do projeto moderno da dignidade humana: "...a autonomia da vontade, entendida como a faculdade de determinar a si certas leis, é um atributo apenas encontrado nos seres racionais, constituindo-se no fundamento da dignidade da natureza humana". Em seguida, cita trechos da Fundamentação da Metafísica dos Costumes, na qual Kant afirma que, em decorrência da natureza racional e da consequente autonomia da vontade, o homem existe como um fim em si mesmo, e nunca como meio para o uso arbitrário de uma vontade qualquer.

Após comentar sucintamente estes momentos, Barcellos, então, coloca a questão fundamental: "Mas o que é, em linhas gerais, a dignidade da pessoa humana?" (BARCELLOS, 2002, p. 110) — pergunta para a qual a resposta é o homem ter seus direitos fundamentais observados e realizados, ainda que a dignidade não se esgote neles (BARCELLOS, 2002, p. 111). Ora, é precisamente neste momento da exposição que o princípio da dignidade humana se apresenta como um problema filosófico. Afirmar que a dignidade da pessoa humana tem um correspondente jurídico quando do respeito que exige a realização dos direitos fundamentais é um passo importante, mas que toma o princípio da dignidade humana pelo seu sentido comum e mais amplamente aceito, qual seja, a ideia de que o ser humano e a vida humana têm um privilégio ontológico frente aos demais seres da natureza em geral. Mas justamente isso que o direito toma como princípio axiomático é que o perscrutar filosófico toma como um problema de grande magnitude, e carente de uma maior e mais apurada reflexão, sobretudo em nossa época.

O conceito de dignidade da pessoa humana é indubitavelmente um tema metafísico, pois supõe um tratamento das visões de mundo envolvidas, das compreensões sobre a totalidade do ente e dos respectivos modos de ser e, por fim, da posição do homem em meio a esta totalidade. Mas antes disso, devemos examinar ainda outros aspectos deste princípio e seu reflexo jurídico.

Um destes aspectos é a diferença entre os direitos individuais (de liberdade) e os direitos sociais, ambos direitos fundamentais. Os direitos individuais são os direitos de liberdade, garantidos ao indivíduo em face do arbítrio alheio e do arbítrio do próprio Estado, conquistados paulatinamente desde o fim dos regimes absolutistas:

> Os direitos individuais são comumente identificados como direitos de liberdade. Trata-se de um conjunto de direitos cuja missão fundamental é assegurar à pessoa uma esfera livre da intervenção da autoridade política ou do Estado. (BARCELLOS, 2002, p. 113)

Os direitos individuais são direitos fundamentais porque encerram uma compreensão da realidade política segundo a qual as liberdades públicas são requisitos essenciais para o pleno desenvolvimento da vida humana.

Os direitos sociais, por sua vez, designam aquela parcela dos direitos de caráter eminentemente econômico, quer dizer, dos direitos cuja realização depende de recursos econômicos; são direitos que supõem uma participação coletiva na produção econômica da sociedade, participação que pode se dar nas mais variadas formas: educação, saúde etc.

Estes direitos foram integrados a partir do fim do século XIX e início do XX,

> quando se verificou de forma clara que o homem idealizado pelo liberalismo — cuja única necessidade era a liberdade, suficiente para assegurar uma vida digna para si próprio e sua família — não existia. A garantia dos direitos individuais clássicos tornou-se insuficiente, na medida em que o Estado deixou de ser o único opressor. (BARCELLOS, 2002, p. 114)

Os direitos sociais se integram como direitos fundamentais em razão dos problemas econômico-sociais decorrentes do liberalismo econômico generalizado. O século XIX produziu as teorias socialistas e comunistas, cujo olhar estava voltado para as grandes massas vivendo na penúria e carência de recursos. A realização dos direitos de liberdade resolveu o problema das intervenções políticas, liberou o indivíduo para si mesmo, e atendeu eficazmente às diretrizes de uma sociedade orientada pela economia capitalista. No entanto, o desenvolvimento da economia capitalista gerou mazelas de ordem social, que demandou uma nova ordem de direitos, os direitos sociais. Na linguagem de Bobbio, os primeiros são direitos de liberdade (liberdade do Estado), os segundos direitos de poder (poder de exigir do Estado).

Podemos encontrar os primeiros sinais destes direitos na Declaração de 1848, na *Rerum Novarum* de 1891, na Constituição Mexicana de 1917 e na *Declaração dos Direitos do Povo Trabalhador e Explorado* da Rússia de 1918. Mas é principalmente na Constituição de Weimar de 1919 que os direitos sociais aparecerão de forma consciente e explícita, como parte integrante dos direitos fundamentais do homem. Após Weimar, podemos ainda destacar a *Declaração Universal dos Direitos humanos* de 1948.

Em todas estas declarações, está a defesa entusiástica dos direitos do homem, cujo fundamento é, sem dúvida, o princípio da dignidade humana. Deste princípio decorre o direito que o homem tem de ter direitos. Ter direitos é um direito do homem, para Hannah Arendt. Logo, poder-se-ia dizer, o fundamento dos direitos do homem, de seus direitos fundamentais, é o humanismo, entendido como o pensamento que confere distinção ontológica entre o homem e os demais seres, concedendo ao homem o posto privilegiado de ser superior à natureza em geral. E, como bem nota Sarlet, o humanismo tem seu solo na metafísica:

Da concepção jusnaturalista — que vivenciava seu apogeu justamente no século XVIII — remanesce, indubitavelmente, a constatação de que uma ordem constitucional que — de forma direta ou indireta — consagra a ideia da dignidade da pessoa humana, parte do pressuposto de que o homem, em virtude tão-somente de sua condição humana e independentemente de qualquer outra circunstância, é titular de direitos que devem ser reconhecidos e respeitados por seus semelhantes e pelo Estado. Da mesma forma, acabou sendo recepcionada, especialmente a partir e por meio do pensamento cristão e humanista, uma fundamentação metafísica da dignidade da pessoa humana, que, na sua manifestação jurídica, significa uma última garantia da pessoa humana em relação a uma total disponibilidade por parte do poder estatal e social. (SARLET, 2001, p. 37)

É de uma *fundamentação metafísica da dignidade da pessoa humana* que decorre o ser e existir como *titular de direitos*. *Ser* ou *existir* como titular de direitos é uma forma também metafísica (pois é uma definição ontológica do humano) de uma forma metafísica mais fundamental e originária: a de *ser* ou *existir* como um ente diferenciado e digno, posto que o ser humano não é um ente que segue leis naturais, mas, em virtude de sua competência racional, é capaz de representar as próprias leis.

No entanto, mesmo partícipes da *era dos direitos*, de modo quase inquestionável, pode-se constatar a existência de algumas vozes mais críticas, casos de Bobbio e Hannah Arendt. Em seu livro *A era dos direitos*, Bobbio questiona os fundamentos dos direitos do homem. Sem questionar propriamente o fato de o homem ter direitos e de que estes possam ser devidamente fundamentados, desloca sua atenção para o fato da possibilidade de um fundamento absoluto para os direitos. O que se entende por um fundamento absoluto? Bobbio assim se expressa:

Da finalidade visada pela busca do fundamento, nasce a ilusão do fundamento absoluto, ou seja, a ilusão de que — de tanto acumular e elaborar razões e argumentos — terminaremos por encontrar a razão e o argumento irresistível, ao qual ninguém poderá recusar a própria adesão. O fundamento absoluto é o fundamento irresistível no mundo das nossas ideias. (BOBBIO, 1992, p. 16)

Da busca pelo fundamento dos direitos, nasce a ilusão do fundamento absoluto, que é o fundamento irresistível para a razão. Ora, se os seres humanos são seres racionais, um fundamento absolutamente racional é um argumento diante do qual a razão necessariamente se dobra, pois não aceitá-lo implica em autocontradição racional, implica em loucura.

Na sequência, Bobbio irá mostrar que "toda busca do fundamento absoluto é, por sua vez, infundada" (BOBBIO, 1992, p. 17), porque: (i) os *direitos do homem* é uma expressão muito vaga; (ii) os direitos do homem são variáveis, como bem demonstram os últimos séculos; (iii) os direitos são muito heterogêneos entre si, às vezes incompatíveis (cf. BOBBIO, 1992, p. 17 *et seq.*). Logo, conclui Bobbio, o procedimento do racionalismo e do jusnaturalismo de encontrar um fundamento absoluto numa certa natureza humana é um *empreendimento sublime, porém desesperado* (cf. BOBBIO, 1992, p. 24).

Não obstante, a crítica de Bobbio se revela restrita à noção de fundamento último e absoluto, posto que reconheça, por outro lado, na esteira kantiana, que o discurso cada vez mais intenso sobre os direitos do homem revela uma tendência deste para o progresso moral e a racionalidade. Embora afirme não ser um *cego defensor do progresso*, tampouco é um *defensor igualmente dogmático da ideia contrária*. Numa época marcada pelo fim das utopias no assim denominado fim da história (da história como continuidade em direção de um *télos*), Bobbio não é pessimista nem otimista. Sua conclusão parece ser bem clara nesta passagem:

> não posso negar que uma face clara apareceu de tempos em tempos, ainda que com breve duração. Mesmo hoje, quando o inteiro decurso histórico da humanidade parece ameaçado de morte, há zonas de luz que até o mais convicto dos pessimistas não pode ignorar: a abolição da escravidão, a supressão em muitos países dos suplícios que outrora acompanhavam a pena de morte e da própria pena de morte. É nessa zona de luz que coloco, em primeiro lugar, juntamente com os movimentos ecológicos e pacifistas, o interesse crescente de movimentos, partidos e governos pela afirmação, reconhecimento e proteção dos direitos do homem. (BOBBIO, 1992, p. 54-55)

Com isso, pode-se concluir, Bobbio acredita nos direitos do homem, acredita que se possa e deva fundamentá-los, mas não com recurso aos fundamentos últimos, mas com fundamentos historicamente situados. Esta crença está baseada no fato de que o discurso sobre os direitos do homem revela um progresso do homem para o melhor, o que é plausível. O *ser titular de direitos*, marca distintiva[3] do Estado democrático de direito, no seio do qual os indivíduos possuem direitos

---

[3] Marca distintiva em relação ao Estado despótico, em que os indivíduos singulares só têm deveres e não direitos, e em relação ao Estado absoluto, em que os indivíduos possuem, em relação ao soberano, apenas direitos privados.

privados e públicos, é inegavelmente melhor que aqueles em face dos quais se diferencia.

Já Hannah Arendt, em *Origens do totalitarismo*, apresenta uma versão bem mais crítica em relação à própria noção de direitos do homem, que poderia ser assim introduzida:

A própria linguagem da Declaração da Independência americana e da *Déclaration des Droits de l'Homme* — "inalienáveis", "recebidos por nascimento", "verdades evidentes por si mesmas" — implica a crença em certa "natureza" humana que seria sujeita às mesmas leis de evolução que a do indivíduo, e da qual os direitos e as leis podiam ser deduzidos. Hoje estamos, talvez, em melhor posição para julgar o que é exatamente essa "natureza" humana; pelo menos, ela demonstrou potencialidades não reconhecidas e nem mesmo suspeitadas pela filosofia e pela religião do Ocidente, que a definiram por mais de 3 mil anos. (ARENDT, 1989, p. 331)

A crítica de Arendt começa pela própria suspeita — na época insuspeitada — dos confins do conceito de direitos humanos. É certo que este conceito emana de certa "natureza" humana, e de uma natureza cuja qualidade se diferencia da qualidade da natureza em geral, possibilitando ao homem, em função desta diferença, colocar-se diante da natureza em geral como seu senhor e portador de direitos. O homem tem direitos face à natureza, a qual tem deveres em relação ao homem. A dominação técnica do mundo é a concretização desta compreensão da realidade. Ao tomar consciência da própria natureza e se delimitar, o homem se emancipa da natureza em geral, tornando-se seu senhor. Contudo, não é este o ponto nevrálgico da crítica de Arendt,[4] e sim as implicações da noção de natureza (e dignidade) humana para a simples noção de direitos.

Arendt está se referindo ao fato de que o *direito de ter direitos* (ARENDT, 1992, p. 330), estando fundado na natureza humana, pode ser subtraído sem que se subtraia a dignidade humana. Apoiado nas análises de Edmund Burke, Arendt constata que os apátridas (*Heimatlosen*) perderam seus direitos justamente porque poderiam perdê-los sem que perdessem a natureza humana. Quer dizer, os direitos (naturais) tornam-se uma capa dispensável de algo que não se pode dispensar, mas que sem os respectivos direitos, nada é, ou é algo perigoso:

---

[4] Mas é o ponto a partir do qual poderemos desenvolver a reflexão propriamente heideggeriana.

O conceito de direitos humanos, baseado na suposta existência de um ser humano em si, desmoronou no mesmo instante em que aqueles que diziam acreditar nele se confrontaram pela primeira vez com seres que haviam realmente perdido todas as outras qualidades e relações específicas — exceto que ainda eram humanos. (ARENDT, 1992, p. 333)

E ainda:

Os sobreviventes dos campos de extermínio, os internados nos campos de concentração e de refugiados, e até os relativamente afortunados apátridas, puderam ver, mesmo sem os argumentos de Burke, que a nudez abstrata de serem unicamente humanos era o maior risco que corriam. (ARENDT, 1992, p. 333)

Nesta perspectiva, ser humano ou ter natureza humana tem um grau de periculosidade, caso certas *qualidades* ou *relações específicas* — no caso, a qualidade de ser membro de um Estado e ter uma identidade civil — sejam simplesmente perdidas. Ao se perder, por razões diversas, a existência plural de participação política, os indivíduos ficam à mercê de sua própria natureza, que fatalmente pode ser negligenciada em função do fraco vínculo entre a própria natureza e os direitos naturais correspondentes. Enfim, a crítica de Arendt aponta para a urgência do aspecto político (dos direitos políticos) dos seres humanos, muito mais do que do aspecto natural (dos direitos naturais). E, embora apele para os casos particulares dos judeus e outras raças, pode-se inequivocamente ampliar para todos os seres humanos em geral, uma vez que apoiar-se no conceito de natureza humana pode estipular um ideal natural a se impor a todos sob a forma de um poder vinculante (biopolítica). É como se o direito de ter direitos estivesse condicionado ao dever de participar de tal natureza idealizada.

2 Humanismo como fundamento da metafísica

A partir de agora, nosso objetivo é elaborar uma possível reflexão heideggeriana acerca dos direitos fundamentais e sociais e mais amplamente do Estado de direito. Não há no pensamento de Heidegger uma teoria do direito, nem tampouco uma teoria do Estado. Há, porém, notas sobre política que se deduzem de sua crítica à metafísica. Nossa intenção é retomar algumas considerações de Heidegger sobre a metafísica, sobre o humanismo como fundamento da metafísica e, em último lugar, explorar os aspectos políticos destes temas fundamentais, alcançando, tanto quanto possível, o tema dos direitos, tal como fizemos, numa pesquisa de mais longo alcance, em nossa tese de doutorado.[5]

Nossa hipótese sugere que, se o humanismo é o princípio fundamental do Estado de direito e, consequentemente, dos direitos fundamentais de liberdade e sociais, então temos que aceitar que há uma metafísica — no sentido de Heidegger — implícita na noção de direito como um todo, e mesmo nos direitos sociais. Assim, ao conceber que o pensamento metafísico culmina na técnica como domínio sobre a totalidade do ente, segue-se necessariamente que o conceito de Estado de direito, incorporado no conceito de técnica, é expressão do pensamento dominador da realidade, inclusive, e sobretudo, da realidade humana.

Em relação às críticas de Bobbio e Arendt, Heidegger se destaca porque, em relação ao primeiro, afirma-se, a partir de Heidegger, que o Estado de direito supõe sim um fundamento último, absoluto e inconcusso, e isto é necessário. Em relação à segunda, o pensamento de Heidegger se prestaria a explorar mais fortemente a relação intrínseca entre a noção de natureza (e dignidade) humana e a de poder.

Para Heidegger, a metafísica é o processo de entificação e esquecimento do ser a partir da substancialização de tudo. Este é o processo que subjaz a todo o edifício metafísico, de Platão a Nietzsche. Vejamos brevemente os principais capítulos da história desta construção e seu significado no âmbito da historicidade ou acontecência do ser como *Ereignis*.

Esta história começa, segundo Heidegger, com a metafísica de Platão. Em Platão a pergunta pelo ser dos entes é respondida pelo recurso às ideias, gêneros imutáveis que servem de causa da existência e cognoscibilidade das entidades sensíveis em geral. Em Aristóteles, elas

---

[5] Em nossa tese de doutorado investigamos a possibilidade de uma fundamentação metafísica da economia política, envolvendo, com isso, os pensamentos de Heidegger e de Marx. Após um exame do conceito heideggeriano de metafísica a partir do pensamento do Ereignis e, da menção, segundo este mesmo pensamento, à possibilidade de uma superação da metafísica a partir da superação de seu fundamento último (a vontade de vontade), o trabalho passou a uma análise ontológico-historial das soluções de Marx, a fim de mostrar os sentidos pelos quais o capital se insere na tradição metafísica. Finalmente, acenamos para uma análise ontológico-historial da noção marxista de crise e mostramos de que modo a ideia de crise pode ser vista no interior do problema do esgotamento da vontade. O resultado da pesquisa pode-se resumir na afirmação de que os principais conceitos que, segundo Marx, explicam o capital podem ser descritos numa linguagem originariamente metafísica. Quer dizer, todo o processo de produção capitalista é, igualmente, um processo que pressupõe uma certa maneira metafísica de conceber o sentido do ser: o ser como produção incondicionada do ente. Em segundo lugar, mostramos que a identificação marxista de que o fundamento do capital é a valorização incondicionada do valor está ligada ontologicamente à vontade de vontade enquanto vontade de valor e, por isso, o capital é um sujeito automático nos moldes do sujeito racional moderno, que culmina no sujeito absoluto de Hegel.

se representam pela substância e a *enérgeia*. Na metafísica medieval, pelo binômio essência e existência. Em suma, a primeira característica fundamental da metafísica é a necessidade da cisão entre dois mundos, um aparente e um outro autêntico. Em Descartes e na metafísica moderna em geral, especialmente Kant e Hegel, as coisas se passam da mesma forma, com a exceção de que a posição do fundamento não é mais uma entidade objetiva e externa, mas subjetiva, e as coisas não são mais vistas em si mesmas, mas convertidas em objeto (*Gegenstand*) (cf. HEIDEGGER, 1976, p. 418). Os gêneros e coisas sensíveis dos gregos são convertidos numa coisa só: o objeto. Para os modernos, então, representa-se a entificação pela objetividade do objeto representado (que preveem a condição extensa dos materiais sensíveis) e a subjetividade num sentido transcendental, não empírico.[6] A subjetividade, enquanto inconcusso, passa a ser o imutável por excelência:

> De onde vem a Descartes a firmeza do *firmum*? O mesmo ele disse: *punctum firmum et inconcussum. Inconcussum = inmutable*, quer dizer imutável para o saber, para a consciência, para a *perceptio* (com Descartes o saber se converte em *perceptio*). De agora em diante, o homem é instalado em sua posição de representante. (HEIDEGGER, 1976, p. 419)

Finalmente, a metafísica culmina com Nietzsche, para quem a entificação se representa pela valoração da totalidade do ente e, como fundamento da vontade de poder. Em primeiro lugar, sobre o caráter de fundamento destas metafísicas:

> O fundamento, dependendo do tipo de presença, possui o caráter do fundar como causação ôntica do real, como possibilitação transcendental da objetividade dos objetos, como mediação dialética do movimento do espírito absoluto, do processo histórico de produção, como vontade de poder que põe valores. (HEIDEGGER, 1979a, p. 71)

Agora, sobre o caráter substancial da subjetividade:

> Esta questão é, contudo, determinada historialmente: a subjetividade. Com o *ego cogito* de Descartes, diz Hegel, a Filosofia pisou pela primeira vez terra firme, onde pode estar em casa. Se com o *ego cogito*, como

---

[6] A subjetividade da filosofia moderna é uma subjetividade transcendental e neutra, não uma subjetividade empírica, pessoalmente determinada. Trata-se de uma subjetividade desencarnada da realidade, uma subjetividade meramente cognoscente.

subjectum por excelência, é atingido o *fundamentum absolutum*, isto quer dizer: o sujeito é o *hypokeímenon* transferido para a consciência, é o que verdadeiramente se presenta, o que na linguagem tradicional se chama, de maneira mui pouco clara, de substância. (HEIDEGGER, 1979a, p. 75)

Para Heidegger — a passagem deixa evidente —, a subjetividade é para onde é transferida toda a conceituação metafísica da antiguidade: substância, causalidade, fundamento etc. Segundo Heidegger, todo o percurso é o mesmo percurso, todo ele apresenta a mesma resposta, a saber, a substancialização de tudo. Mas em que consiste as diferentes respostas dos filósofos? As diferentes respostas se devem ao fato de que a essência vai se essencializando, isto é, vai se tornando ela mesma, vai se plenificando.

A metafísica vai se mostrando enquanto metafísica, isto é, vai se desvelando como um acontecimento cada vez mais encobridor. Heidegger, que faz o esforço de repetir a questão da metafísica, entende que ela vai rumando para seu ápice, a consumação de sua essência, uma essência que já estava posta desde o início, mas que alcança a sua totalidade no fim. E nesta essencialização, os pensadores vão participando e compreendendo e formulando suas respostas. Assim, cada resposta é o desdobramento *advindouro* de uma resposta que já estava preparada desde o *passado que ainda vigora*, e cada resposta instaura uma época do ser. Sobre isso Heidegger diz:

> O antigo significado de nossa palavra "fim" (*Ende*) é o mesmo que o da palavra "lugar" (*Ort*): "de um fim ao outro" quer dizer: "de um lugar a outro". O fim da Filosofia é o lugar, é aquilo em que se reúne o todo de sua história, em sua extrema possibilidade. Fim como acabamento quer dizer esta reunião. (HEIDEGGER, 1979a, p. 72)

O fim é o lugar onde se reúne a totalidade que possibilita a apropriação total da metafísica. Assim, Nietzsche, o último metafísico, compreende a totalidade da metafísica, uma totalidade já posta desde o início, mas só em Nietzsche desdobrada em última instância. Em Nietzsche, a metafísica atinge sua *última possibilidade* (HEIDEGGER, 1979a, p. 73).

Heidegger, portanto, nota que a subjetividade moderna é apenas um desdobramento da resposta de Platão e Aristóteles à questão do ser. A entificação do ser, em vigor desde Platão, adquire mais sentido na subjetividade de Kant, por exemplo. E por outro lado, a subjetividade kantiana já estava em Platão, ainda que de forma oculta. Heidegger descobre isso quando reelabora a questão do ser. A questão não é mais simplesmente *o que é o ser*, mas *por que a metafísica entifica o ser? Por que entificar o ser, ao invés de não entificá-lo?* Em termos heideggerianos: *por que há simplesmente o ente e não antes o nada?* Se para Leibniz a resposta é Deus, para Heidegger a resposta para esta questão pode ser encontrada em Nietzsche, o último metafísico: a vontade, a vontade de poder e, em última instância, a vontade de vontade enquanto subjetividade potencializada.

De fato, a opção pela entificação só pode ser um ato de vontade, não a vontade de Deus em Leibniz, mas a vontade da subjetividade, mesmo na filosofia medieval. Mas o problema é que esta explicação extrapola a simples metafísica. A simples metafísica explica somente o que é o ente, mas não por que há o ente. Este problema requer um outro expediente: a subjetividade metafísica. A vontade reside numa subjetividade, a subjetividade fundamentada por Descartes. Então por que há o ente e não antes o nada? Para a metafísica da subjetividade, há simplesmente os entes porque assim se quer, pela vontade de poder, de tudo controlar, de submeter a totalidade do ente a um domínio. Esta resposta de Heidegger foi motivada e até pressionada pela análise do fenômeno da técnica moderna, a qual não mais simplesmente visa conhecer o ente, mas operacionalizar o ente. Se antes o sentido do ser era posto pela noção metafísica de substância, agora Heidegger descobre o sentido ontológico-fundamental da própria noção de substância. A vontade de poder é então o sentido do sentido do ser.

Isso significa que, na prática, a metafísica da subjetividade antecede a própria metafísica clássica, o idealismo precede o realismo, porque sempre houve, desde Platão, a vontade de poder da subjetividade. As essências de Platão e Aristóteles só foram concebidas porque queridas, porque eram necessárias para o cumprimento do destino da vontade.

Mas qual é a implicação do humanismo no conceito de metafísica? Ora, para Heidegger, o humanismo, enquanto imposição da vontade (humana) de poder, é o fundamento último de toda a metafísica. Heidegger se propõe a questão do humanismo em função de sua importância para se pensar a questão do ser. Como se sabe, Heidegger desenvolve "seu humanismo" (com as devidas explicações) na *Carta sobre o humanismo*. Nesta carta endereçada a Jean Beaufret, Heidegger recoloca a questão do humanismo no interior da questão do ser, como sempre faz com qualquer questão. Após recolocar a questão do ser, sobretudo a partir da perspectiva do des-velamento do ser e do *Ereignis*, Heidegger critica o humanismo metafísico e enuncia o "seu humanismo".

A crítica é elementar no quadro geral da interpretação ontológica da tradição. Consiste em afirmar que todos os humanismos até hoje desenvolvidos, tanto o greco-romano quanto o biologicista ou o marxista, são todos metafísicos. Todos se baseiam, em última instância, na necessidade de que o homem se torne humano através do cultivo de sua racionalidade, de sua essência predeterminada como ser racional. Ele começa por falar do marxismo:

> Mas de onde e como se determina a essência do homem? *Marx* exige que o "homem humano", seja conhecido e reconhecido. Ele o encontra na "sociedade". O homem "socializado" é para ele o homem "natural". É na "sociedade" que a "natureza" do homem, isto é, a totalidade de "suas necessidades naturais" (alimentação, vestuário, reprodução, subsistência econômica) é equitativamente assegurada. (HEIDEGGER, 1979b, p. 152)

Marx exige que o homem seja reconhecido. Isto exige a saída de sua condição de barbárie e alcance o desenvolvimento pleno de suas potências produtivas em sociedade e, por conseguinte, de suas relações sociais de produção e superestruturas. Marx pensa o progresso do homem em sociedade e somente em sociedade. Entretanto, parte de uma concepção de ser humano, o mesmo conceito metafísico do homem como animal racional. Marx retoma o sentido greco-romano do humanismo, mas mediante o avanço das ciências naturais e da técnica, impõe sua aplicação ao desenvolvimento das potencialidades produtivas de construção do homem. Isso foi bastante característico não apenas na filosofia de Marx, mas de todo o pensamento do século XIX, o iluminismo e o positivismo.

Na romanidade, por sua vez:

> Contrapõe-se o *homo humanus* ao *homo barbarus*. O *homo humanus* é, aqui, o romano que eleva e enobrece a *virtus* romana através da "incorporação" da *paidéia* herdada dos gregos. Estes gregos são os gregos do helenismo, cuja cultura era ensinada nas escolas filosóficas. (HEIDEGGER, 1979b, p. 152)

Assim:

> O primeiro humanismo, a saber, o romano, e todos os tipos de humanismo que, desde então até o presente, têm surgido, pressupõem como óbvia a "essência" mais universal do homem. O homem é tomado com *animal rationale*. Esta determinação não é apenas a tradução latina da expressão grega *zōon lógon ékhon*, mas uma interpretação metafísica. Esta determinação essencial do homem não é falsa. Mas ela é condicionada

pela Metafísica, cuja origem essencial e não apenas cujos limites tornaram-se, contudo, em *Ser e Tempo*, dignos de serem questionados. (HEIDEGGER, 1979b, p. 153)

Por ser metafísico ou se postular como fundamento de uma metafísica, o humanismo é merecedor de um questionamento ontológico, tarefa já realizada em *Ser e tempo*. Na crítica ao humanismo metafísico, Heidegger sugere pensar o homem fora da metafísica, que entificou o ser do homem numa classe genérica *animal racional*. Esta representação nivela a totalidade dos seres humanos e ninguém é mais ninguém, todos são impessoais. E, em nome desta generalidade e seu aperfeiçoamento, a história passou a significar o percurso do desenvolvimento da espécie enquanto um processo civilizatório, seja segundo a perspectiva greco-romana e o ideal de uma civilização que se edifica aristocraticamente em termos de mérito, seja segundo a perspectiva marxista do desenvolvimento do homem em sociedade, seja segundo a perspectiva biologicista (darwinista) da origem das espécies através da seleção natural.

No entanto, acrescenta Heidegger, esta *determinação essencial do homem não é falsa*, mas é condicionada pela metafísica. Na realidade, a metafísica encobre o acontecimento fundamental do ser humano e, neste sentido, é falsa. Mas, se não é explicitada em suas origens, ela é apenas uma forma entre outras de interpretação do homem.

Quanto ao biologicismo, Heidegger diz:

O corpo do homem é algo essencialmente diferente do organismo animal. O erro do biologismo não está superado se ajunta ao elemento corporal do homem a alma, e à alma o espírito, e ao espírito o aspecto existencialista (o aspecto ôntico da existência E.S.), (...). O fato de a fisiologia e a química fisiológica poderem examinar o homem como organismo, sob o ponto de vista das Ciências da Natureza, não é prova de que neste elemento "orgânico", isto é, de que no corpo explicado cientificamente, resida a essência do homem. (HEIDEGGER, 1979b, p. 154-55)

A biologia é uma ciência também sustentada pela metafísica, pois concebe os processos orgânicos como movimentos sujeitos às leis do movimento, da causalidade, o que supõe a substancialização dos fenômenos, além de supor também a causalidade final no conceito de função. Para Heidegger, nem mesmo o corpo animal pode ser assim simplesmente definido. O corpo humano contém ainda diferenças ontológicas fundamentais em relação ao do animal, e o homem inteiro ainda mais abrangente que seu próprio corpo, donde resulta que está a grande distância das explicações fisiológicas (físico-química aplicada ao organismo: bioquímica), mesmo que estas explicações alcancem patamares positivos quanto aos seus resultados operativos.

O fato de que as respostas são positivas não significa que resida aí a essência do homem, pois não basta uma resposta ser eficaz para ser verdadeira. Dito de outra forma: não basta que seja possível lógico e ontologicamente (no sentido ôntico da tradição) para que seja efetivamente verdadeiro (no sentido ontológico de Heidegger). Muitas coisas não são contraditórias e mesmo assim não existem. E muitas coisas existem (onticamente) sem que sejam verdadeiras do ponto de vista ontológico. Isso implica em contradição ontológica? Para Heidegger, é preciso que sim. Mas ontologia é algo no nível das condições de compreensibilidade e não da efetividade, do que segue que há coisas realmente existentes, mesmo que em contradição ontológica.

3 O humanismo metafísico e os direitos do homem

Quais as consequências político-jurídicas destas considerações heideggerianas sobre a metafísica e o humanismo enquanto seu fundamento? Com certeza estas considerações heideggerianas têm um fundo também político, pois a política em Heidegger é sempre (conforme Pierre Bourdieu) ontologia política. Toda a segunda fase do pensamento de Heidegger é uma teoria contra todo tipo de totalitarismo,[7] seja ele o americanismo, o comunismo ou o nazismo. Quanto ao último, movimento ao qual aderiu e depois desacreditou e se afastou, representou inicialmente a possibilidade de recuperação da existência autêntica, perspectiva negada pelos seus desdobramentos ulteriores. Ele se afastou justamente porque o nazismo não ofereceu as bases para uma conciliação entre a técnica moderna e uma morada autêntica para homem, uma das tarefas mais importantes para a filosofia atual. Quer dizer, a recusa de Heidegger a todo tipo de totalitarismo é pela razão inversa; não é porque falta um sentido humanista, ou porque os direitos são negligenciados, mas porque há humanismo em demasia; o desejo de se afirmar conduz o homem a uma dominação planetária.

Atualmente estamos — já o dissera Heidegger em suas cartas a Marcuse — sob o manto onipresente do americanismo, um modo de

---

[7] Aqui a relação mais precisa, em relação à Hannah Arendt, entre o humanismo e a questão do poder.

vida e de compreensão que se impôs e continua se impondo a todo o mundo, tornando-se um novo modo de totalitarismo. Ele mesmo criticou o americanismo, enquadrando-o no mesmo patamar do nazismo em seus piores momentos.[8] Quanto ao comunismo, Heidegger tem também uma compreensão pejorativa, bastante enfatizada por Loparic em *Heidegger réu*, e também analisada por Ernildo Stein em *Seis estudos sobre ser e tempo*. Sem dúvida, Heidegger enquadra também o comunismo e o materialismo histórico dialético na tradição da metafísica, além de ser um movimento político perigoso.

Com base nisso, poder-se-ia perguntar: o que significa *existir* numa forma política que privilegia os direitos *do* homem? O que significa este *do*? O *do* poderia ser concebido num duplo sentido, a saber, o *do* como propriedade e o *do* como origem. Por um lado, os direitos do homem são direitos dos quais ele tem propriedade e mantém propriedade. Por outro, os direitos são originados do próprio homem, ele mesmo os criou para si. Em ambas as condições, o homem se destaca como o ente privilegiado, cuja forma de existência implica em ser portador de direitos, direitos que ele mesmo criou. Isso significa: em face da natureza, o homem tem direitos. Eis então a forma político-jurídica do humanismo metafísico analisado e criticado por Heidegger. Os direitos fundamentais e os direitos sociais estão embasados na natureza humana, uma natureza que lhe confere dignidade frente aos demais seres da natureza. Logo, o humanismo é o fundamento dos direitos do homem, um fundamento caracteristicamente metafísico, pois o fundamento é o próprio homem concebido como a subjetividade instauradora de todos os direitos, a subjetividade cuja essência é a vontade de poder.[9]

Além disso, é preciso ainda considerar que o humanismo, nesta perspectiva, não representa o homem concreto, o homem real, o homem das lutas com sua existência, mas sim o homem ideal, o homem na sua idealidade. Este homem é o homem da tradição, o animal racional, o homem que, pelo uso da razão, impõe a sua vontade. Ora, este homem está presente na racionalidade que permeou toda a história da filosofia e possibilitou construir os grandes sistemas da realidade, desde o mundo

---

[8] Sobre isso, ver cartas trocadas entre Heidegger e Marcuse (cf. MARCUSE, 1999).
[9] Em relação à análise de Bobbio, é possível ver no pensamento de Heidegger um fundamento absoluto para os direitos fundamentais. O fundamento não é simplesmente uma base empírica a partir da qual se podem erigir direitos. O fundamento, independente de quais direitos sejam, é o humanismo, enquanto concebe o homem como um ser racional cuja essência última é a vontade de vontade, isto é, o querer querer, o querer a si mesma da vontade.

platônico das ideias, a existência de um Deus cristão, até a ideia do Estado de direito. Note-se que em Kant e Hegel, por exemplo, o Estado de direito aparece como uma forma de existência marcada pelos ideais da razão, os ideais da justiça, da igualdade etc. Para Hegel, o Estado de direito é a ideia realizada em seu conceito.

Neste contexto, o Estado dos direitos, na medida em que não representa o homem concreto, mas o homem abstrato e idealizado, pode ser pensado como um ente autônomo, um fundamento absoluto da vida política em geral, que se impõe aos homens concretos como um destino. Ele se impõe como um ideal de existência a ser imposto aos homens em geral. Esta imposição poderia ser também designada pelo conceito foucaultiano de biopolítica, um exercício de poder do homem sobre a vida humana em geral, no sentido de uma organização tecnocrática completa. O Estado, poder-se-ia dizer, é a versão política da técnica moderna, pois se apresenta como uma forma de organização total do tecido social e, por que não dizer, também da realidade como um todo.

Neste caso, o que significariam os direitos sociais? Significariam a articulação de uma política de intervenção para assegurar os fatores necessários da continuada produção econômica dos entes. Os direitos sociais são os direitos dos proletários,[10] vez que os direitos burgueses (os direitos de liberdade) já haviam sido conquistados. O Capital, em sua ânsia inesgotável por mais valor, agravou a vida dos homens concretos, o que exigiu uma reflexão sobre os direitos sociais, que na verdade é o direito à existência. Os direitos sociais asseguram o mínimo existencial (o valor da força de trabalho?), a fim de que os seres humanos não sejam simplesmente engolidos pelo sistema e condenados ao desaparecimento, e também para que o sistema possa dar sequência ao processo de produção, uma vez satisfeitos os direitos fundamentais do trabalhador.

Nesta perspectiva, os direitos sociais são direitos fundamentais, na mesma medida — mas não segundo o mesmo destinatário — em que o são os direitos de liberdade. Também os direitos sociais são regidos pelo princípio do sujeito assujeitado da modernidade e da metafísica, isto é, do homem abstrato sujeito da história, e do homem concreto objeto, do homem ideal sistematizador de toda a realidade, e do homem assujeitado por este ideal. Os direitos sociais são uma outra forma de afirmar o *Homem* e a dignidade humana, e de afirmar concomitantemente a capacidade humana de organizar tecnicamente toda a realidade,

---

[10] O conceito de mínimo existencial pode ilustrar esta hipótese.

inclusive a própria realidade humana, através da noção de direitos sociais. Quer dizer, os direitos sociais são uma forma de organização técnica da realidade humana, uma solução técnica aos problemas que o Capital gerou — uma forma do querer humano.

É evidente que não se trata de uma crítica vulgar e leviana aos direitos ou ao Estado de direito. Heidegger em nenhum momento demonizou a técnica moderna, a metafísica ou as ciências modernas, e nem faria isso com o direito. Trata-se, ao invés, de refletir sobre os fundamentos da realidade, des-velar seus pressupostos, compreender a essência da história da humanidade, sem que isso implique em uma avaliação moral ou uma decisão moral. Para Heidegger, a decisão não está em nossas mãos. O que está em nossas mãos é apenas a atitude cuidadosa do pensar.

4 Renovar o humanismo

O humanismo precisa passar por uma renovação ontológica. Esta renovação significa inverter a relação homem-história. Não há primeiramente o homem e apenas o homem, para depois dele decorrer a história, seja enquanto a aristocracia grega, seja a seleção natural biológica ou o desenvolvimento produtivo marxista. Não há um humanismo do qual decorre, por derivação, um conceito de história. É o contrário. Heidegger retira o destino das mãos do homem e, com isso, a possibilidade da fundamentação de qualquer metafísica da subjetividade, ao colocar o homem no destino da história do ser ele mesmo. O conceito que designa o homem é a *ek-sistência*, o insistir ininterrupto na amplitude des-veladora do ser. O homem, enquanto *ek-sistente*, suporta a cada vez, as possibilidades do ser:

> Ao contrário, a frase diz: O homem desdobra-se assim em seu ser (*west*) que ele é a "aí", isto é, a clareira do ser. Este "ser" do aí, e somente ele, possui o traço fundamental da ec-sistência [ek-sistência], isto significa, o traço fundamental da in-sistência ec-stática [ek-stática] na verdade do ser. (HEIDEGGER, 1979b, p. 155)

A definição do homem é ainda esclarecida por Heidegger com metáforas como *pastor do ser*. O homem é pastor do ser porque permanece na guarda de sua abertura, esperando o momento da clareira:

> O homem não é senhor do ente. O homem é pastor do ser. Neste "menos" o homem nada perde, mas ganha, porquanto atinge a verdade do ser.

Ele ganha a essencial pobreza do pastor, cuja dignidade reside no fato de ter sido chamado pelo próprio ser para guardar a sua verdade. Este chamado vem como o lance do qual se origina a condição de ser-jogado do ser-aí. O homem é, em sua essência ontológico-historial, o ente cujo ser como ec-sistência [ek-sistência] consiste no fato de morar na vizinhança do ser. O homem é o vizinho do ser. (HEIDEGGER, 1979b, p. 163-64)

Do ponto de vista da linguagem, isso diz que o homem aguarda silenciosamente as indicações vindas do próprio ser, que se iluminarão na linguagem enquanto a casa do ser. Assim, Heidegger requer que o homem ouse superar sua apatridade, o estar fora da pátria enquanto a casa do ser, e transpor-se justamente para ela. Estar fora da pátria significa não ter ainda iniciado sua história, estar fora da história porque fora do ser. O homem iniciará sua verdadeira história quando resgatar esta morada, uma morada que é, ao mesmo tempo, o des-velamento do ser em sentido fraco e em sentido forte. O sentido forte tem uma formulação bem definida no conceito de mundo como quadro (*Geviert*), a reunião dos quatro: terra, céu, deuses e mortais. E enquanto o ser alcança a linguagem, o homem procura dizer no mesmo sentido (o homologein de Heráclito):

Estamos aqui talvez para dizer: casa, ponte, árvore, porta, cântaro, fonte, janela, e ainda: coluna, torre... Mas para dizer, compreenda, para dizer as coisas como elas jamais pensaram ser intimamente. (GMEINER, 1998, p. 151)

Quando o poeta nomeia uma *coisa*, ele referencia todo o mundo, a terra, o céu, os mortais e principalmente, os deuses, como foi dito. Esta reunião dos quatro é o mundo — mundo entendido como quadro (*Geviert*). Deve-se observar que o conceito de coisa designa uma verdade do ser dos entes na medida em que estes coisificam (cf. Heidegger, 1967, p. 46), isto é, reúnem um mundo. Heidegger dá vários outros exemplos, entre eles o exemplo da ponte. A ponte reúne um mundo, totaliza uma situação para a existência dos mortais, onde não só os quatro estão reunidos, mas através deles, todas as coisas se reúnem e se conjugam. Esta situação, Heidegger diz, é sempre e a cada vez diferente (*immer und je anders*), é flexível (*schmiegsam*) e por isso nada subsiste, tudo depende da conjuntura aberta a cada vez. Este lugar dá origem ao espaço (*Raum*), que não é o espaço da *res extensa*, mas é o da arrumação ou disposição dos lugares específicos dentro do quadro, circunstanciados pelo lugar principal — a ponte, onde o homem percorre seu caminho cotidiano.

Este espaço originário é chamado por Heidegger de dimensão, a dimensão entre os quatro do quadro. Nesta dimensão não há uma medição calculadora, mas uma medição que o homem opera para se conceber como o ser que está sob o céu, sobre a terra, aguardando os deuses e se compreendendo como mortal. É a justa medida que constitui o autêntico habitar, que é o habitar poético.

Mas mostramos aqui a poesia em sentido estrito, no sentido literário. Há ainda a poesia em sentido lato. Poeta não é simplesmente um escritor, mas todo aquele que habita poeticamente sobre a terra, isto é, que produz o desencobrimento do ser, a partir da acolhida de uma indicação. O oleiro, ao construir a jarra, o faz neste modo de habitação, nesta morada originária. Esta é a dimensão política da poesia em seu sentido mais próprio. O oleiro é poeta enquanto acolhe a indicação do ser ele mesmo, e sua resposta à indicação é política porque produz o ente a partir dos desígnios do ser, e torna-se excelente nisto. Esta produção do ente *como* coisa reúne, como a palavra poética, os quatro do quadro. Na verdade, pode-se dizer que o poeta e o produtor são o mesmo, fazem a mesma experiência da coisa.

Com base nisso, vemos que Heidegger, ao superar a metafísica (a filosofia) e a técnica, e adentrar na esfera da experiência do pensamento, não reduziu o pensamento à poesia. Eles têm funções diferentes, cada um a seu modo capta a indicação. E a passagem da linguagem metafísica e técnica à linguagem indicativa da poesia e do pensamento não é a passagem por uma ponte, mas, como já dissemos, é a passagem por meio de um salto. Esta passagem, deixando claro o abismo entre as linguagens, demonstra também uma irredutibilidade e impossibilidade de reconciliação entre elas. Com isso, podemos concluir que ou o homem habita tecnicamente ou poeticamente sobre esta terra. A primeira corresponde à expressão *cheio de méritos* da poesia de Hölderlin. A segunda à continuidade dela: *mas poeticamente habita o homem sobre esta terra*. O homem tem méritos por seu poder de projeto técnico e construção de coisas, porém ele tem uma habitação poética inegável.

Ora, é justamente no interior do pensamento e da poesia como instâncias nas quais o ser pode efetivamente ser recuperado em sua essência mais originária é que o processo de desdivinização operado pela técnica moderna encontra seu fim, e o homem pode finalmente esperar por um deus que virá para salvá-lo, conforme disse Heidegger em sua entrevista à *Der Spiegel*, já no final de sua vida.

Ao atribuir a tarefa da salvação (do niilismo) a um deus, o objetivo explícito de Heidegger é desestruturar a solução humanística desta tarefa, submetendo o próprio homem, enquanto *Dasein*, ao acontecimento historial desta salvação. Ao homem cabe apenas a *Gelassenheit*, a serena atitude do abandono (VOLPI, 1999, p. 96), justamente porque

...se o atravessar a linha do niilismo tem, como condição essencial, a superação da metafísica e do esquecimento do ser, essa superação não pode ser "querida". Seria recair numa determinação metafísica comprometida como (*sic*!) a vontade, e se acabaria por acreditar que o esquecimento do ser é simples "maquinação" do homem, algo de seu poder, quando ele depende mesmo é do ser e de seu modo de se referir ao homem. Exatamente em razão da finitude de seu destinatário, o entregar-se do ser nunca é absoluto, está sempre determinado quanto à época e, ao mesmo tempo, sempre aberto também a outra determinação epocal. Assim, ele é, simultaneamente, dar-se e recolher-se. Quando a "sujeitidade", isto é, o primado do homem como sujeito, assoma em primeiro plano e pretende ser a resposta definitiva à pergunta "que é o ente?", é porque o ser se "dá" à moda de subtração e esquecimento, ou seja, na forma da negação e do niilismo. (VOLPI, 1999, p. 93)

De fato, o homem só alcançará sua condição de *Dasein* quando se abandonar ao destino do ser, desde a correspondência plena à técnica moderna[11] até a correspondência a um possível esgotamento da vontade e da razão modernas, suposto que esta correspondência não seja, obviamente, um ato de querer humano,[12] mas um acontecimento do próprio ser. Somente quando o ser puder se manifestar em sua nadidade absoluta e em sua inelutável insubmissão à vontade e, quando o homem se colocar numa ausculta obediente a esta manifestação, então a superação da metafísica estará a caminho e alcançará o âmbito da linguagem. A linguagem não mais será a morada da vontade, em que a palavra *querer* é a palavra fundamental e sobredeterminadora.

Referências

ARENDT, Hannah. *Origens do totalitarismo*. São Paulo: Companhia das Letras, 1989.

---

[11] Condição supostamente satisfeita pelas expectativas de Heidegger em relação ao nacional-socialismo em seus inícios.
[12] Em outras palavras: o superar o niilismo não pode ser um ato de querer humano (o homem compreendido metafisicamente como animal racional), mesmo que o niilismo seja a representação do próprio querer humano. Quer dizer, o fim do querer humano não pode ser operado por um outro ato do querer, posto que o império da vontade não encontraria seu termo.

BARCELLOS, Ana Paula de. *A eficácia jurídica dos princípios constitucionais*: o princípio da dignidade da pessoa humana. Rio de Janeiro: Renovar, 2002.

BOBBIO, Norberto. *A era dos direitos*. Rio de Janeiro: Campus, 1992.

FERREIRA FILHO, Manoel Gonçalves. *Direitos humanos fundamentais*. São Paulo: Saraiva, 1998.

FOUCAULT, Michel. *Microfísica do poder*. Rio de Janeiro: Graal, 1979.

GMEINER, Conceição Neves. *A morada do ser*: uma abordagem filosófica da linguagem. Santos: Leopoldianum, 1998.

HEIDEGGER, Martin. *Carta sobre o humanismo*. São Paulo: Abril Cultural, 1979b.

HEIDEGGER, Martin. *Das Ding. Vorträge und Aufsätze*, teil II. Neske, 1967.

HEIDEGGER, Martin. *O fim da filosofia e a tarefa do pensamento*. São Paulo: Abril Cultural, 1979a.

HEIDEGGER, Martin. *Questions IV*. Paris: Gallimard, 1976.

LOPARIC, Zeljko. *Heidegger Réu*: um ensaio sobre a periculosidade da filosofia. São Paulo: Papirus, 1990.

MARCUSE, Herbert. *Tecnologia, guerra e fascismo*. São Paulo: Ed. Unesp, 1999.

SARLET, Ingo Wolfgang. *Dignidade da pessoa humana e direitos fundamentais na Constituição Federal de 1988*. Porto Alegre: Livraria do Advogado, 2001.

SPERETA, Eliéser. *Metafísica e capital*: um diálogo entre Heidegger e Marx. Tese (doutorado) – Instituto de Filosofia e Ciências Humanas, UNICAMP, Campinas, 2007.

STEIN, Ernildo. *Seis estudos sobre ser e tempo*. Petrópolis: Vozes, 1988.

VOLPI, Franco. *O niilismo*. São Paulo: Loyola, 1999.

Informação bibliográfica deste texto, conforme a NBR 6023:2002 da Associação Brasileira de Normas Técnicas (ABNT):

SPERETA, Eliéser. Humanismo Metafísico e os direitos fundamentais (Sociais). *In*: LUNARDI, Soraya (Coord.). *Direitos fundamentais sociais*. Belo Horizonte: Fórum, 2012. p. 63-84. ISBN 978-85-7700-567-3. (Coleção Fórum de Direitos Fundamentais, 8).

A QUESTÃO SOCIAL E O SOCIALISMO SEGUNDO A DOUTRINA CATÓLICA CONSERVADORA

EMÍLIO DONIZETE PRIMOLAN
PATRÍCIA KELI BOTARI

1 Introdução

A discussão em torno da chamada "questão social" se faz oportuna no contexto da globalização e do neoliberalismo em que vivemos, particularmente no Brasil, no qual impera um quadro de desigualdade social: ilhas de riqueza e regiões onde grassa a pobreza. E, por outro lado, empreendem-se lutas pela efetivação dos direitos sociais previstos no Texto Constitucional Brasileiro, levadas a efeito tanto no campo jurídico quanto pelos movimentos sociais. Para Telles (1999, p. 172), discutir sobre os direitos sociais é evidenciar as possibilidades de uma sociedade mais justa e mais igualitária.

A compreensão e consequente ação transformadora da sociedade tornar-se-á mais factível à medida que as discussões teóricas sejam enfocadas também sob o viés histórico. Deste modo, neste texto propõe-se a discutir a posição doutrinária de uma instituição que tem exercido forte influência sobre as decisões políticas dos Estados e sobre seus fiéis seguidores, como é o caso da Igreja Católica. Destaque-se que sua intensa e larga presença na história política do Brasil ainda está por se relatar com mais precisão.

A partir da encíclica *Rerum Novarum*, do Papa Leão XIII (1891), a Igreja oficialmente manifestou-se sobre a denominada questão social decorrente das transformações porque passava a Europa no final do século XIX. Além de manifestar-se sobre uma possível solução religiosa da questão social, também condenou a solução revolucionária formulada pelos socialistas que atraía para suas fileiras um contingente significativo de operários católicos na época.

Destaque-se que o propósito desta discussão limita-se a analisar o período que se inicia nos meados do século XIX e se encerra na década de 1960 quando da realização do Concílio Vaticano II. Neste, a Igreja reviu e atualizou em grande medida suas posições doutrinárias no campo social e econômico, sem, entretanto, abdicar das linhas fundamentais da tradição da doutrina social católica. Entretanto, o diálogo que a Igreja passou a manter com o mundo moderno a inseriu definitivamente nos caminhos da construção de uma sociedade mais cristã: justa e fraterna.

Ressalte-se ainda que, apesar da doutrina conservadora ter sido formulada no início do século XIX, em Roma, difundiu-se pelo mundo católico através da ação da hierarquia a partir do final do século XIX, no bojo do projeto eclesial de europeizar o catolicismo. O discurso da Igreja católica no Brasil reproduz, com muita fidelidade, aquele produzido pelos papas em suas encíclicas a partir do final do século XIX. É nessa ótica que a Igreja fará a leitura da questão social no Brasil também.

2 A origem da questão social

A partir da consolidação da sociedade industrial no século XIX, a relação concreta entre o capitalista, detentor dos meios de produção, e o operário, que lhe prestava trabalho, degenerou-se numa relação de exploração, fato que se convencionou chamar "questão social".

A problemática em questão necessitava de estudos e políticas que satisfizessem às reivindicações do proletário, até então vítima de crescente exploração, e, ao mesmo tempo, não descontentasse a burguesia capitalista industrial, no seu auge, decorrente da revolução produtiva.

Sobre a questão social acentua Karl Marx (*apud* FONSECA, 2003, p. 70) que,

> A estrutura econômica da sociedade capitalista nasceu da estrutura econômica da sociedade feudal. A decomposição desta liberou elementos para a formação daquela. O produtor direto, o trabalhador só pôde dispor de sua pessoa, depois que deixou de estar vinculado à gleba e de

ser escravo ou servo de outra pessoa. Para vender livremente sua força de trabalho, levando sua mercadoria a qualquer mercado, tinha ainda de livrar-se do domínio das corporações. [...] os que se emanciparam só se tornaram vendedores de si mesmos, depois que lhes roubaram todos os meios de produção e os privaram de todas as garantias que as velhas instituições feudais asseguravam a sua existência. E a história da expropriação que sofreram foi inscrita a sangue e fogo nos anais da humanidade.

A mesma questão foi analisada por Engels, (*apud* FONSECA, 2003, p. 71) sob outro aspecto:

Cada novo progresso da civilização é ao mesmo tempo um novo progresso da desigualdade. Todas as instituições que a sociedade cria, nascida da civilização, frustram seu fim primitivo [...], levam essa opressão até ao ponto em que a desigualdade, levada ao extremo, se muda de novo em sua contrária e chega a ser causa de igualdade; perante o déspota todos são iguais: iguais a nada [...]

Neste cenário ocorreu a propagação dos ideais socialistas que apontaram ao proletariado a possibilidade de ascender na esfera social e em última instância tomar o poder e instalar uma ditadura. Esses ideais ameaçavam a estrutura social existente, o que não interessava às classes dominantes.

Dentre as vozes que se levantaram em defesa do *status quo*, destacou-se a manifestação da instituição da Igreja Católica no intuito de se firmar novamente no poder, pois:

[...] É um fato histórico que os séculos XVIII e XIX foram marcados por uma luta, poder-se-ia dizer desesperada da Igreja Católica para se manter institucionalizada em face dos problemas que vinha enfrentando no âmbito da filosofia e da política, desde o renascimento [...] seu objetivo era recolocar a Igreja no centro do equilíbrio mundial. (MANOEL, 2004, p. 44- 45)

Baseado nesta manifestação, o presente estudo avalia os propósitos que levaram a Igreja Católica a assumir posição conservadora em relação aos interesses do proletariado no contexto do final do século XIX.

3 O catolicismo no século XIX

No decorrer da história da humanidade, a crença e a fé sempre estiveram presentes e eram buscadas a fim de fundamentar o que ia além da compreensão e domínio dos homens. A religião e sua instituição exercem grande influência sobre o comportamento e ideologia das pessoas, principalmente nos indivíduos menos favorecidos, o chamado proletariado, que na maioria das vezes, excluído do acesso ao sistema educacional, torna-se mais vulnerável aos apelos originados da autoridade religiosa.

A religião desenvolve um papel fundamental no desenvolvimento dos ideais e formação da personalidade das pessoas. Assim, as influências desta formação, em grande medida, conformarão as atitudes dos indivíduos no decorrer de sua vida: "a religião não é somente um fenômeno sociológico ou histórico, como também significa, um assunto pessoal, muito importante para a maioria das pessoas" (JUNG, 1965, p. 9).

Em algumas regiões do globo os deuses são temidos de tal forma a direcionar as atitudes radicais e comportamentos extremistas dos fiéis. Esta relação fiel-religião, tratando-se no caso específico deste estudo, da relação entre fiel-instituição católica, teve grande importância no decorrer da história, visto que a Igreja Católica esteve no topo da pirâmide da hierarquia desde o período feudal quando fora detentora de grandes extensões de terras e outras posses e pode, assim, influenciar as sociedades como controladora do saber e do poder político.

A hegemonia social e política da Igreja permaneceu até as vésperas da Revolução Francesa, embora ofuscada pela Reforma Protestante. No século XIX, entretanto, após a consolidação das relações sociais capitalistas e a substituição das monarquias pelos regimes democráticos no âmbito do exercício do poder, a Igreja Católica perdeu a supremacia sobre os governos locais. Restava organizar e exercer o poder religioso e, por meio dele, influenciar o poder político.

A figura do papa, durante o século XIX, apresentou-se, deste modo, apenas como autoridade moral e espiritual dos católicos, como intérprete da verdade e vontade divina: "a Cátedra de Pedro, depósito sagrado de toda a verdade, donde se difundem pelo mundo inteiro palavras de salvação" (PIO XI, 1962, p. 5).

Jung aborda o tema afirmando que: "nos últimos dois mil anos assistimos a instituição da Igreja Cristã assumir uma função mediadora e protetora entre os homens" (JUNG, 1965, p. 24).

Para o clero e os governantes, política e religião se fundiam e não se reduziam a atividades meramente humanas. Desde a Reforma, que deu origem ao protestantismo, o alicerce da Igreja Católica havia se abalado e, a partir do século XVIII com os ideais iluministas, as novas relações sociais de produção e novas relações políticas e culturais, originadas nas revoluções industrial e francesa, este "novo mundo" apresentava-se inadmissível à Igreja e esta começou a buscar uma forma de se reconduzir à liderança do contexto sociopolítico. O fator político-econômico passou a moldar o Cristianismo oficializado:

> A nova orientação da Igreja visava afastar os católicos das influências do mundo moderno, que, para os romanizadores, conduzia à descrença, sob o aspecto da fé e, à desordem social sob o âmbito da política. Na verdade a Igreja procurava garantir sua própria influência sobre a sociedade para poder influenciar na esfera do poder político [...] A Igreja busca reconstruir o cenário onde possuía completo domínio político e doutrinário: a idade média. (PRIMOLAN, 1993, p. 16-17)

Mediante a fragilização do proletariado subjugado e assediado pelos ideais socialistas, a Igreja vê a possibilidade de se aproximar da massa popular e, através desta, conseguir concentrar, sob sua influência toda a base da sociedade, orientando o proletariado a agir conforme sua doutrina. A redenção do proletariado se faria através de seu retorno ao seio da Igreja, de onde fora tirado pelos denominados "males do mundo moderno": protestantismo, liberalismo, república, democracia e socialismo.

4 O movimento socialista

O "Manifesto Comunista", publicado em 1848, por Karl Marx e Friedrich Engels, é um documento que evidencia a situação do proletariado na época, dando ênfase à denúncia da exploração, às condições subumanas do trabalho assalariado e um programa de revolução com o objetivo de construir uma sociedade socialista.

O socialismo é um movimento reivindicatório e revolucionário que "nasceu de teorias filosóficas históricas e econômicas elaboradas por representantes instruídos das classes possidentes, por intelectuais" (MANOEL, 2004, p. 87) e prega que "a riqueza dos capitalistas é originária da exploração de homens e, portanto, pertence a todos os homens" (MARX; ENGELS, 1979, p. 69). Desta forma, incita a substituição do sistema econômico capitalista vigente pela instituição de um regime no qual o Estado seria o detentor das propriedades e riquezas e caberia a este, sob a direção do proletariado, administrá-lo em prol dos que trabalham, para que usufruíssemos igualmente de seus benefícios:

> O capital é um produto coletivo e só pode ser colocado em movimento pela atividade comum de muitos membros da sociedade e, mesmo,

em última instância, pela atividade comum de todos os membros da sociedade. Portanto, o capital não é uma potência pessoal; é uma potência social. (MARX; ENGELS, 1979, p. 51)

Os socialistas, em sua concepção, condenaram a existência da propriedade privada, já que esta seria oriunda de riqueza originada da exploração do trabalhador. Assim: "A propriedade privada atual, burguesa, é a última e mais acabada expressão do modo de produção e apropriação baseado nos antagonismos de classe, na exploração do homem pelo homem" (MARX; ENGELS, 1979, p. 41).

Para alcançar o objetivo da emancipação, os socialistas pregavam a união dos trabalhadores, esclarecendo que a exploração à qual estavam submetidos se instaurou devido à perda da posse dos fatores de produção. Para transformar esta situação, os socialistas definiram que:

> O movimento operário é um movimento independente da imensa maioria, em proveito da imensa maioria. O proletariado, a camada inferior da sociedade atual, não pode levantar-se sem derrubar toda superestrutura formada pelas camadas superiores da sociedade oficial. (MARX; ENGELS, 1979, p. 42)

Por outro lado, Engels (1975, p. 10), expõe que:

> O proletariado não é só uma classe que sofre, mas que é precisamente a vergonhosa situação econômica que lhe é imposta que o empurra irresistivelmente para frente e o obriga a lutar pela sua emancipação final.

O movimento socialista atento à situação deplorável da classe operária diante da livre ação do mercado, à medida que aumentava a divulgação dos ideais dos adeptos do socialismo, deixavam explícitas as possibilidades de emancipação dos operários e de tomar para si as rédeas do controle do Estado e da economia, pois

> A revolução proletária é a elevação do proletariado a condição de classe dominante, em direção à conquista da cidadania. O proletário valer-se-á de sua dominação política [...] para centralizar todos os instrumentos de produção nas mãos do Estado, quer dizer, do proletariado organizado como classe dominante. Isso fará o conjunto das forças produtivas aumentar com maior rapidez. (MARX; ENGELS, 1979, p. 69)

Busca-se a união da classe a fim de conquistar condições mais justas de sobrevivência e aproveitamento de sua capacidade produtiva:

"Os operários devem, portanto, esforçar-se por encontrar uma saída para esta situação que os coloca ao nível do animal, para criarem para si próprios uma existência melhor, mais humana" (ENGELS, 1975, p. 267).

As reivindicações do proletariado entraram em conflito com os interesses da burguesia e passaram a representar uma ameaça à composição de classe da sociedade estabelecida, provocando a reação das elites dominantes, inclusive da Igreja Católica. Pois, "esses movimentos (marxismo e liberalismo) afetaram a base de sustentação da maior Igreja do Ocidente" (BARBOSA, 2002, p. 4).

Temerosa de uma possível revolução ou emancipação do proletariado e, esperançosa de aclamar as massas a seu favor, a Igreja Católica reagiu com uma orientação política voltada ao conservadorismo, a qual tinha implícito o objetivo de reconquistar a hegemonia do poder, como na época medieval, em que esta se encontrava, na hierarquia, acima dos reis, já que seu poder era justificado pela representação da vontade divina na terra.

5 A reação da Igreja Católica

Uma das formas de reação da Igreja se deu com a publicação de encíclicas, que são documentos pontifícios oficiais, através dos quais o Papa traz ao conhecimento público a visão defendida pela Igreja sobre determinada questão, contendo orientações doutrinárias ao clero e aos fiéis.

A partir daquele momento da história, os documentos pontifícios apresentavam uma doutrina conservadora e simpatizante dos regimes políticos autoritários, já que "se a posição política [da Igreja] era antiliberal, anticomunista e antidemocrática, restava-lhes a apreciação dos regimes totalitários" (PRIMOLAN, 1993, p. 39). Ao se buscar o retorno de toda humanidade à submissão ao papa, especialmente o proletariado para o seio da Igreja, expressa que "esses males têm a principal causa no desprezo e na rejeição dessa Santa Autoridade da Igreja que governa o gênero humano, em nome de Deus" (LEÃO XIII, 1958, p. 4).

A Igreja condenou a luta de classes e esclareceu quais seriam os deveres de patrões e empregados e como deveriam se relacionar para uma convivência pacífica: "As duas classes estão destinadas a unirem-se harmoniosamente e a conservarem-se mutuamente em perfeito equilíbrio" (LEÃO XIII, 1990, p. 20).

A solução estaria em reaproximá-los da própria Igreja, pois fora desta o esforço seria em vão: "o retorno de todos os indivíduos ao seio do catolicismo seria o caminho para se resolver os conflitos sociais" (PRIMOLAN, 2004, p. 2).

A questão social era concebida pela Igreja mais como problema de ordem moral e religiosa que econômica. Pois, de acordo com sua doutrina, "a terra é lugar de prova. [...] as pessoas deveriam buscar a salvação eterna" (PRIMOLAN, 2003, p. 257). Portanto, o sofrimento nesta vida transitória seria compensado pela salvação na outra vida:

> o homem deve aceitar com paciência a sua condição: é impossível que na sociedade todos estejam elevados ao mesmo nível [...] O melhor partido consiste em ver as coisas tais quais são e, procurar um remédio que possa aliviar nossos males. (LEÃO XIII, 1990, p. 19-20)

A visão do sofrimento e a passividade com que os cristãos, principalmente os proletários, deveriam aceitar sua condição, segundo a doutrina católica, consistia em que:

> a vida humana é um labirinto sem saída, um eterno girar sobre si mesmo, uma tortura infindável, mas de qualquer modo, uma situação imutável, contra a qual o homem nada pode fazer [...] a aceitação passiva do sofrimento seria o próprio penhor da salvação da alma. (MANOEL, 2004, p. 14, 20)

Para Primolan (1993, p. 32), a pregação da hierarquia apontava que "somente na abnegação, no sacrifício se encontraria a felicidade. Nessa visão de mundo não há espaço para luta por direitos ou reivindicações sociais".

Esta posição doutrinária por parte da Igreja Católica tenta desviar a atenção do proletariado, até então voltado à indignação e revolta, para a passividade e aceitação de sua condição social como necessária para a salvação eterna. Deste modo, mesmo condenando a doutrina liberal, o catolicismo conservador se colocou ao lado dos interesses da burguesia capitalista ao defender a manutenção da existência de classes sociais distintas, porém mantendo uma relação harmônica e complementar.

6 A doutrina social católica e o socialismo

A Igreja Católica mostrava aos seus fiéis que os adeptos do socialismo seriam os "inimigos de Deus e da Igreja, os maus cristãos e infiéis" (PRIMOLAN, 2003, p. 259).

Sua doutrina pregou a total intolerância ao socialismo e às ideias por eles veiculadas. Se fossem viáveis ou não, não seria a questão a ser focalizada. O que importava era enfatizar o interesse subentendido na condenação quando a igreja colocou que: "os comunistas são inimigos de toda ordem social [...] desferem a luta mais encarniçada contra a religião [...] desfraldadas ao vento as bandeiras satânicas da guerra contra Deus em todos os povos e em todos os recantos da Terra" (PIO XI, 1963, p. 4).

Entretanto, em diferentes momentos da história a própria Igreja teria colocado os seus interesses políticos e doutrinários acima da justiça e da moral e agiu conforme suas próprias regras: "a inquisição e as cruzadas foram tentativas sangrentas de reconquistar os povos desgarrados e novamente unificar a Igreja" (CAVALCANTI, 1994, p. 124) e, segundo Primolan (1993, p. 76), "a religião Católica, por bem ou pela força, terminava por vencer seus opositores e inimigos".

Em razão de sua posição frente ao proletariado, a Igreja abdicava de sua doutrina originária fundamental que consiste em princípios de solidariedade e zelo pelos menos favorecidos, pois "em seus ensinamentos [Jesus] há um constante apelo à simplicidade, uma condenação à ostentação e ao acúmulo de bens" (CAVALCANTI, 1994, p. 61).

Há que se questionar esta posição, porque a Igreja colocou os socialistas como inimigos de Deus. Porém, se a Igreja pregava Deus, a fraternidade, a igualdade, em algum momento a Doutrina Socialista deveria contar com paralelos com a Doutrina Católica, mas esta questão naquele momento da história não foi ponderada, ou seja, a melhoria da qualidade de vida do proletariado não foi colocada como prioridade.

Para a hierarquia Católica, o povo era supersticioso e ignorante e utilizava este argumento para firmar a necessidade de um líder forte, com poder centralizado, o que a democracia havia destituído e, voltados à fragilidade do povo, visava buscar seu objetivo que era se recolocar no topo da pirâmide de autoridade e poder no mundo. Assim:

> A ordem medieval era assentada sobre os princípios da desigualdade natural e da hierarquia [...] podemos representá-la por uma pirâmide, integrada por corporações de ofício, senhores feudais, reis, imperador e papa (no vértice superior). (CAVALCANTI, 1994, p. 114)

A instituição da Igreja Católica que, em seus inícios manteve uma identificação com os mais pobres, a partir do século IV passou a ter como base social de sustentação as classes dominantes e os poderes constituídos, usou seu poder para influenciar a história política, econômica e social da humanidade:

> Quando uma instituição como esta (Igreja Católica) anuncia a sua doutrina, e mais, quando desenvolve uma vasta ação política em âmbito mundial para consolidar esses preceitos doutrinários, ela arrasta consigo forças incomensuráveis, provoca jogos de poder e desencadeia envolvimentos que nem sempre pode controlar ou sequer prever resultados [...] A ânsia da hierarquia católica em aniquilar o comunismo, desmantelar o liberalismo e reconstruir a unidade do Todo Absoluto levaram-na a se aliar com quem quer que demonstrasse ser capaz de ajudá-la a cumprir seu projeto. (MANOEL, 2004, p. 126, 145)

A Igreja se afastou dos seus fundamentos e desvirtuou sua doutrina:

> A Igreja falhou ruinosa e vergonhosamente na queda do caráter de seu clero, podemos notar duas causas desta queda [...] privilégios e poderes sobre os homens e a enorme riqueza pertencente à Igreja e usufruída pelo Clero, particularmente pelos elementos da alta hierarquia [...] Uma terceira grande causa foi ter-se descuidado do povo sob sua responsabilidade. (NICHOLS, 1985, p. 128, 130)

Dada a repercussão dos documentos em meio aos fiéis através da pregação do clero e da ação de leigos organizados em associações, a semente antissocialista foi semeada pela Igreja, apoiada pelas elites e imposta aos proletários, sem ponderar até onde ela poderia ser remodelada, avaliada e aplicada, pelo bem da sociedade e, principalmente, para a minoração do sofrimento dos proletários e pela mitigação da desigualdade social. Enfim, a ação social católica não passou de atitudes assistencialistas que em nada contribuiu para a transformação do modo de vida das classes subalternas, especialmente do proletariado.

7 Considerações finais

O capitalismo é um sistema fundamentado na competição entre os agentes econômicos com a finalidade da obtenção do lucro. O socialismo, por sua vez, é um movimento revolucionário que se opõe à exploração dos trabalhadores pela burguesia. Quanto à atitude da Igreja Católica neste contexto, era de se esperar que o clero fosse a favor da libertação integral da imensa maioria excluída e explorada. Entretanto, a preocupação principal do catolicismo no século XIX voltava-se para a questão da salvação da alma e não da pessoa como um todo.

Naquele contexto observa-se, portanto, a adoção pelo catolicismo de uma doutrina de combate ao socialismo, à ideia de revolução e democracia. Os pontos de maior impacto são: quando o socialismo afirma que a luta de classes sempre foi uma constante, do outro lado a igreja pregava a harmonia entre as classes e as elas não teriam de ser inimigas. Se a propriedade privada é abominada pelos socialistas, como um reflexo da exploração, para o clero era tida como um direito natural do ser humano.

No Manifesto Comunista está evidente que o proletariado somente conseguiria se emancipar pela revolução, transformando a estrutura social existente. Para a Igreja Católica, todos deveriam se conformar com a realidade em que viviam. Buscar um remédio que amenizasse os sofrimentos neste mundo e esperar pela salvação da alma na outra vida.

A Igreja se afastou de seus propósitos originais, dos seus ideais precípuos, deixou-se seduzir pelos atrativos do poder. Esqueceu-se quem eram suas ovelhas e por quem deveria zelar. Pregou uma vida cheia de privações para uns e aprovou, indiretamente, uma vida luxuosa para poucos. Contribuiu, com seu poder, para manter o proletariado submisso aos seus exploradores, retardando e dificultando a conquista de direitos sociais e econômicos ao adotar uma postura conservadora e essencialista no que tange às questões sociais.

Referências

BARBOSA, Gustavo Henrique Cisneiros. *A encíclica Rerum Novarum e o direito do trabalho.* Disponível em: <http//:www1.jus.com.br/doutrina/texto>. Acesso em: 20 set. 2004.

CAVALCANTI, Robinson. *Cristianismo e política.* 3. ed. São Paulo: Temática Publicações, 1994.

ENGELS, Friedrich. *A situação da classe trabalhadora em Inglaterra.* Porto: Afrontamento, 1975.

FONSECA, João Bosco Leopoldino da. *Direito econômico.* 4. ed. Rio de Janeiro: Forense, 2003.

JUNG, C. G. *Psicologia e religião.* Rio de Janeiro: Zahar, 1965.

LEÃO XIII, Papa. *Encíclica Rerum Novarum*: a condição dos operários. 15. ed. Petrópolis: Vozes, 1990. Documentos Pontifícios 2.

LEÃO XIII, Papa. *Incrustabili de consilio*: sobre os males da sociedade moderna, suas causas e seus remédios. 3. ed. Petrópolis: Vozes, 1958. Documentos Pontifícios.

MANOEL, Ivan A. *O pêndulo da história*: tempo e eternidade no pensamento católico. Maringá: Eduem, 2004.

MARX, Karl; ENGELS, Friedrich. *O manifesto comunista.* 2. ed. São Paulo: Versus, 1979.

NICHOLS, Robert Hostings. *História da igreja cristã.* 8. ed. São Paulo: Presbiteriana, 1990.

OLIVEIRA, Pedro A. Ribeiro de. *Religião e dominação de classe*: Gênese, estrutura e função do catolicismo romanizado no Brasil. Petrópolis: Vozes, 1985.

PIO XI, Papa. *Caritate christi Compulsi*: sobre a crise social e religiosa da humanidade. 4. ed. Petrópolis: Vozes, 1963. Documentos Pontifícios.

PIO XI, Papa. *Quadragesimo anno*: sobre a restauração e aperfeiçoamento da ordem social. 6. ed. Petrópolis: Vozes, 1962. Documentos Pontifícios.

PRIMOLAN, Emílio Donizete. *A romanização do catolicismo na paróquia de Bauru*. 193 f. Dissertação (Mestrado em História) – Unesp, Assis, 1993.

PRIMOLAN, Emílio Donizete. Do retorno à Idade Média ao ideal histórico futuro. In: ARAÚJO, Luiz Alberto de; SEGALLA, José Roberto Martins. *15 Anos da Constituição Federal*. Bauru: Edite, 2003.

PRIMOLAN, Emílio Donizete. *Pensamento católico e conflitos sociais*. 2004. Artigo não publicado.

TELLES, Vera da Silva. *Direitos sociais*. Belo Horizonte: Ed. UFMG, 1999.

Informação bibliográfica deste texto, conforme a NBR 6023:2002 da Associação Brasileira de Normas Técnicas (ABNT):

PRIMOLAN, Emílio Donizete; BOTARI, Patrícia Keli. A questão social e o socialismo segundo a doutrina católica conservadora. In: LUNARDI, Soraya (Coord.). *Direitos fundamentais sociais*. Belo Horizonte: Fórum, 2012. p. 85-96. ISBN 978-85-7700-567-3. (Coleção Fórum de Direitos Fundamentais, 8).

# CONCRETIZAÇÃO DE POLÍTICAS PÚBLICAS NA PERSPECTIVA DA DESNEUTRALIZAÇÃO DO PODER JUDICIÁRIO

FLÁVIO LUÍS DE OLIVEIRA

1 Considerações iniciais

A crise do Estado Liberal, provocada pela insuficiência de seus próprios fundamentos, fez emergir a questão da justiça social. Um novo conceito de igualdade passa a dar à liberdade um outro valor. Assim, entende-se que o mínimo de condições materiais é pressuposto para a liberdade real, passando o Estado a objetivar a realização dos chamados direitos sociais. Nesse contexto, revela-se inolvidável que o administrador está vinculado ao cumprimento das normas de ordem social, o que resulta na obrigação à implementação das políticas públicas necessárias ao efetivo exercício dos direitos sociais. Logo, não há discricionariedade a respeito da oportunidade ou conveniência da sua realização, mas somente no que diz respeito à escolha da melhor forma de cumprimento da finalidade constitucional.

Entretanto, o Estado Social de Direito, além de não ter permitido a participação efetiva do povo no processo político, não conseguiu realizar justiça social. Desta feita, o fracasso na realização de políticas públicas que viabilizem a efetiva participação e inclusão social, essenciais à dignidade humana, materializa total desrespeito aos direitos sociais, devendo o Poder Judiciário assumir o papel que lhe compete na estrutura estatal.

Contudo, a concretização dos direitos fundamentais sociais exige alterações nas funções clássicas dos juízes que se tornaram corresponsáveis pelas políticas dos outros Poderes estatais, tendo que orientar sua atuação para possibilitar a realização de projetos de mudança social, o que conduz à ruptura do modelo jurídico subjacente ao positivismo jurídico.

Com efeito, dentre outros aspectos, a ausência de uma concepção crítica reflexiva frente à norma contribuiu para impedir que o juiz colocasse em prática alternativas que permitissem uma interpretação democrática dos enunciados normativos.

Logo, a argumentação jurídica está fundada, via de regra, em aspectos lógico-formais da interpretação jurídica, o que impede a influência de pontos de vista valorativos, ligados à justiça material. De fato, o positivismo jurídico formalista sempre exigiu a neutralização política do Judiciário, com juízes racionais, imparciais e neutros que aplicariam o direito legislado de maneira lógico-dedutiva.[1]

A análise desse aspecto deve levar em consideração a importância dos deveres do Estado, pois a vinculação de todos os Poderes aos Direitos Fundamentais contém não só uma obrigatoriedade negativa do Estado de não fazer intervenções em áreas protegidas, mas também uma obrigação positiva de fazer tudo para a sua concretização.

Nesse sentido, os atos emanados pelos Poderes estatais devem estar respaldados por um contexto jurídico-social, caracterizado pela nota da efetividade, no sentido plenamente material, portanto, substancial, para que, realmente, caracterize-se como um Estado Democrático de Direito.

Assim sendo, urge intensificar as diversas formas de participação do ser humano no processo de decisão. Destarte, a Constituição brasileira fundou o Estado Democrático de Direito, que deve concretizar a democracia de modo a efetivar um processo de convivência social numa sociedade livre, justa e solidária; envolvendo a participação crescente do povo no poder e pluralista, porque respeita a pluralidade de ideias, culturas e etnias.

Logo, a democratização da administração da justiça é uma dimensão fundamental da democratização da vida social, econômica e política. Esta democratização, portanto, não se deve limitar à constituição interna do processo e do procedimento, pois, apesar de amplas,

---

[1] Cf. STRECK, Lenio Luiz. *Jurisdição constitucional e hermenêutica*: uma nova crítica do direito. 2. ed. Rio de Janeiro: Forense, 2004. p. 185.

têm limites óbvios. Com efeito, o Poder Judiciário deve estar apto a eliminar os obstáculos econômicos, sociais e culturais inerentes às diferentes classes ou estratos sociais, de modo a ensejar a concretização dos direitos sociais.[2]

2 Os direitos fundamentais sociais

Considerados como direitos fundamentais de segunda dimensão, os direitos sociais são aqueles que garantem ao cidadão o poder de exigir prestações positivas por parte do Estado, sendo que o reconhecimento deles "foi o principal benefício que a humanidade recolheu do movimento socialista, iniciado na primeira metade do século XIX".[3]

Apesar do seu notável caráter histórico, típico dos direitos humanos, registre-se aqui a existência de uma divergência teórica acerca da natureza jurídica dos direitos sociais. No passado, havia a discussão no sentido de serem ou não pertencentes à categoria dos direitos fundamentais, sendo que, atualmente, o próprio ordenamento constitucional os consagra. Além do mais, não se pode perder de vista o estreito relacionamento dos direitos sociais com a dignidade humana, fundamento da República.

Como afirma José Afonso da Silva, "a Constituição assumiu essa posição, de sorte que, na sua concepção, os direitos sociais constituem direitos fundamentais da pessoa humana, considerados como valores supremos de uma sociedade fraterna, pluralista e sem preconceitos".[4]

Nesse sentido, importa destacar que, no ordenamento jurídico brasileiro, o art. 6º, da Constituição Federal de 1988, vislumbra um grande leque destes direitos ao estabelecer que "são direitos sociais a educação, a saúde, o trabalho, a moradia, o lazer, a segurança, a previdência social, a proteção à maternidade e à infância, a assistência aos desamparados, na forma desta Constituição".

Entretanto, ressalte-se que tais direitos não foram admitidos de modo pacífico nos ordenamentos mundiais, pois no Estado Liberal do início do século XX dava-se muita ênfase à liberdade do cidadão perante

---

[2] Cf. SANTOS, Boaventura de Sousa. *Pela mão de Alice*: o social e o político na pós-modernidade. 3. ed. São Paulo: Cortez, 1997. p. 177.
[3] COMPARATO, Fábio Konder. *A afirmação histórica dos direitos humanos*. 3. ed. rev. e ampl. São Paulo: Saraiva, 2003. p. 53.
[4] SILVA, José Afonso da. Garantias econômicas, políticas e jurídicas da eficácia dos direitos sociais. *Revista da Academia Brasileira de Direito Constitucional*. Curitiba, n. 3, p. 304, 2003. Anais do IV Simpósio Nacional de Direito Constitucional.

o aparelho estatal, esquecendo-se que não se pode admitir a liberdade sem a igualdade material. Daí que, como consequência da evolução dos direitos fundamentais, constata-se que os direitos individuais não podem ser considerados como os únicos direitos necessários para dar proteção efetiva ao princípio máximo da dignidade humana.

2.1 A insuficiência dos direitos fundamentais individuais

A primeira dimensão de direitos tinha como característica básica a exigência de abstenção por parte do Estado, com o fim de afastar os efeitos nefastos do absolutismo imperialista, protegendo, assim, o cidadão em face do poder estatal.

Já está sedimentado que "com a experiência absolutista viva na memória, os poderes públicos e, em primeiro lugar, a Administração, eram os inimigos potenciais das recém-conquistadas liberdades, daí surgindo a ideia de autolimitação do Estado".[5]

Daí surgem os chamados direitos civis e políticos que têm a finalidade precípua de resguardar o valor liberdade, invocando a não intervenção estatal na vida privada. São geradas as denominadas Constituições Liberais Defensivas, "orientadas para a defesa da liberdade social e para a rígida separação entre Estado e sociedade civil".[6]

Neste aspecto, são direitos com "marcado cunho individualista, surgindo e afirmando-se como direitos do indivíduo frente ao Estado, mais especificamente como direitos de defesa, demarcando uma zona de não-intervenção do Estado e uma esfera de autonomia individual".[7]

Frutos de um Estado Liberal, estes direitos, também designados como civis e políticos, apontavam para uma mínima interferência do Estado liberal-burguês nas atividades econômicas e sociais, de modo que vigia a supremacia dos objetivos do capitalismo, a plena liberdade contratual, a propriedade como direito absoluto, a ocupação de cargos e funções públicas apenas por homens, entre outras.[8]

---

[5] VALE, André Rufino do. *Eficácia dos direitos fundamentais nas relações privadas*. Porto Alegre: Sergio Antonio Fabris, 2004. p. 36.
[6] PIOVESAN, Flávia. *Proteção judicial contra as omissões legislativas*: ação direta de inconstitucionalidade por omissão e mandado de injunção. 2. ed. rev. atual. e ampl. São Paulo: Revista dos Tribunais, 2003. p. 31.
[7] SARLET, Ingo Wolfgang. *A eficácia dos direitos fundamentais*. 2. ed. rev. e atual. Porto Alegre: Livraria do Advogado, 2001. p. 50.
[8] DALLARI, Dalmo de Abreu. A luta pelos direitos humanos. *In*: LOURENÇO, Maria Cecília França. *Direitos humanos em dissertações e teses da USP*: 1934-1999. São Paulo: Universidade de São Paulo, 1999. p. 35.

De fato, esta sociedade liberal pregava o oferecimento ao homem da garantia de igualdade de todos perante a lei. Entretanto, por se tratar de uma isonomia meramente formal, ela "revelou-se uma pomposa inutilidade para a legião crescente de trabalhadores, compelidos a se empregarem nas empresas capitalistas".[9]

Assim, tem-se que, "na concepção liberal clássica, os direitos fundamentais estão caracterizados como normas públicas, positivadas na Constituição, de defesa da esfera privada contra ações do Estado".[10]

Em razão deste sistema liberal, conduziu-se o ser humano "a um capitalismo desumano e escravizador",[11] tendo em vista que patrões e empregados eram iguais perante a lei, podendo contratar da forma que melhor lhes aprouvesse, "com inteira liberdade para estipular o salário e as demais condições de trabalho".[12]

Diante de tal situação e almejando a estruturação de uma igualdade material, levando em consideração as evidentes diferenças existentes entre cada ser humano, surgem os direitos de segunda dimensão no sentido de que as pessoas devem ser tratadas de maneira igual, mas sempre levando em conta as desigualdades que as envolvem, ou seja, "devendo tratar-se por igual o que é igual e desigualmente o que é desigual".[13]

2.2 A necessidade dos direitos fundamentais sociais

Por conta da extrema liberdade contratual assegurada pelo Estado Liberal, o ser humano teve excluído o seu direito à dignidade. Note-se que "as condições de trabalho nas fábricas, minas e outros empreendimentos eram extremamente ruins, tanto para o corpo como para o espírito. Nada impedia o trabalho de mulheres e crianças em condições insalubres",[14] visto que, o que importava, era a busca pelo capital.

---

[9] COMPARATO, Fábio Konder. *A afirmação histórica dos direitos humanos*. 3. ed. rev. e ampl. São Paulo: Saraiva, 2003. p. 52.
[10] VALE, André Rufino do. *Eficácia dos direitos fundamentais nas relações privadas*. Porto Alegre: Sergio Antonio Fabris, 2004. p. 40.
[11] MAGALHÃES, José Luiz Quadros de. *Direitos humanos*: sua história, sua garantia e a questão da indivisibilidade. São Paulo: Juarez de Oliveira, 2000. p. 27.
[12] COMPARATO, Fábio Konder. *A afirmação histórica dos direitos humanos*. 3. ed. rev. e ampl. São Paulo: Saraiva, 2003. p. 52.
[13] CANOTILHO, José Joaquim Gomes. *Direito constitucional e teoria da Constituição*. 3. ed. Coimbra: Almedina, 1998. p. 390.
[14] FERREIRA FILHO, Manoel Gonçalves. *Direitos humanos fundamentais*. 2. ed. rev. e atual. São Paulo: Saraiva, 1998. p. 43.

Em razão da flagrante crise do modelo liberal estatal, surge a necessidade dos direitos fundamentais sociais, que vieram ao mundo com o fito de proteger o grupo social e não apenas o cidadão, de modo que outorgam a este o direito de exigir do Estado a implementação de determinadas políticas públicas com o fim de se alcançar a igualdade substancial entre as pessoas, já que a igualdade formal, garantida pela primeira dimensão de direitos, mostrou-se insuficiente.

Dessa forma, se antes o Estado tinha como proeminente o Poder Legislativo, que produzia dispositivos legais com o condão de proteger o cidadão contra as arbitrariedades estatais, no Estado Social é o Poder Executivo que sobressai, pois tem que concretizar as políticas responsáveis por alcançar a igualdade material entre os cidadãos.

Assim, "com pressões advindas da sociedade, principalmente dos novos movimentos sociais (operários em sua maioria), o Estado se viu na necessidade de assumir uma nova feição".[15]

No entanto, esta nova feição estatal não faz com que os direitos de igualdade se contraponham aos direitos de liberdade, visto que ambas as categorias se complementam. Esta complementação compreende tudo, "inclusive os valores materiais e espirituais, que cada homem julgue necessário para a expansão de sua personalidade".[16]

Daí que, para se promover esta garantia primordial, é que se destacam os direitos fundamentais, tanto individuais como sociais, sem se falar nos difusos e coletivos, extremamente necessários, pois estes possuem como "núcleo essencial intangível"[17] a dignidade da pessoa humana.

Em razão disto, no final do século XIX e, principalmente, no século XX, surgem nos ordenamentos jurídicos normas tendentes à proteção da pessoa mediante uma ação estatal.

2.3 Evolução normativa dos direitos fundamentais sociais

Apesar da existência de preocupações sociais presentes nas primeiras declarações de direitos e até mesmo na Constituição Brasileira

---

[15] HONESKO, Vinícius Nicastro. A alopoiese nos sistemas jurídicos dos países periféricos. *UNOPAR Científica: Ciências Jurídicas e Empresariais*, Londrina, v. 5, p. 5, mar. 2004.
[16] DALLARI, Dalmo de Abreu. *Elementos de teoria geral do Estado*. 19. ed. atual. São Paulo: Saraiva, 1995. p. 20.
[17] A denominação "núcleo essencial intangível" dos direitos fundamentais é consagrada pela doutrina constitucional alemã ao tomar por base o art. 19, II, da Lei Fundamental Alemã (Cf. GUERRA FILHO, Willis Santiago. *Processo constitucional e direitos fundamentais*. 4. ed. rev. e ampl. São Paulo: RCS, 2005. p. 62).

de 1824, que garantiam os "socorros públicos" e a "instrução",[18] o marco histórico legislativo de proteção dos direitos sociais foi o ano de 1848, com dois grandes textos jurídicos que, apesar da vida efêmera, "marcaram a história dos direitos com a incorporação de demandas socializantes",[19] importa dizer, a Constituição Francesa, revogada com o golpe de Bonaparte, em 1851, e a de Frankfurt, revogada em 1849.

A despeito disto, doutrinariamente, tem-se que a proteção normativa direta se iniciou com a Constituição Francesa de 1848, fruto da revolta de Paris com vistas à derrubada do rei e que acabou por instituir os "deveres sociais do Estado para com a classe trabalhadora e os necessitados em geral",[20] o que, mais tarde, viria a ser o denominado Estado do Bem-Estar Social.

Entretanto, sua efetiva consagração se deu nas Constituições Mexicana, de 1917, e Alemã, de 1919, além, ainda, em nível internacional, no Tratado de Versalhes, que estabeleceu a Constituição da OIT (Organização Internacional do Trabalho).

A Carta Mexicana, de 1917, "foi a primeira a atribuir aos direitos trabalhistas a qualidade de direitos fundamentais, juntamente com as liberdades individuais e os direitos políticos",[21] o que na Europa só veio a acontecer ao final da Primeira Guerra Mundial (1914-1918), com a Constituição de Weimar, instituidora da primeira república alemã.

O exame do texto mexicano e weimarista mostra uma visão aproximada sobre o sistema de direitos, tanto ao reafirmarem os direitos clássicos de liberdade quanto ao mostrarem sensibilidade com a igualdade substantiva pela ênfase que destacam às demandas das classes trabalhadoras, à funcionalização da propriedade e ao caráter prestacional do Estado, sobretudo em matéria de educação.[22]

Registre-se que, entre estas duas cartas constitucionais, ocorreu a Revolução Russa, que proclamou a Declaração dos Direitos do Povo Trabalhador e Explorado que, "na verdade, não enuncia direitos, mas sim princípios, como o da abolição da propriedade privada da terra, o

---

[18] Cf. FERREIRA FILHO, Manoel Gonçalves. *Direitos humanos fundamentais*. 2. ed. rev. e atual. São Paulo: Saraiva, 1998. p. 45.
[19] SAMPAIO, José Adércio Leite. *Direitos fundamentais*: retórica e historicidade. Belo Horizonte: Del Rey, 2004. p. 213.
[20] COMPARATO, Fábio Konder. *A afirmação histórica dos direitos humanos*. 3. ed. rev. e ampl. São Paulo: Saraiva, 2003. p. 166.
[21] COMPARATO, Fábio Konder. *A afirmação histórica dos direitos humanos*. 3. ed. rev. e ampl. São Paulo: Saraiva, 2003. p. 174.
[22] SAMPAIO, José Adércio Leite. *Direitos fundamentais*: retórica e historicidade. Belo Horizonte: Del Rey, 2004. p. 219.

confisco dos bancos, a colocação das empresas sob o controle dos trabalhadores (isto é, do partido), etc.".[23]

Na sequência, vários textos legislativos e constitucionais, em função do clamor social, foram proclamados com a previsão de normas de conteúdo social, como incremento aos direitos individuais dos cidadãos. Neste ínterim, evidencia-se o fato de que o Estado passou a exercer uma função ativa, participando do bem-estar social, pois não poderia mais se omitir diante dos problemas socioeconômicos. "Não se cuida mais, portanto, de liberdade do e perante o Estado, e sim de liberdade por intermédio do Estado".[24]

Para isto, necessários se mostraram direitos que garantissem ao Estado um comportamento ativo, para a efetiva realização do valor igualdade. Assim, aqui estão inseridos direitos relativos a prestações sociais estatais, "como o direito ao trabalho, à saúde, à educação".[25]

É neste contexto que "os poderes públicos assumem novas responsabilidades, comprometendo-se a intervir ativamente na ordenação das relações sociais, de modo a que se ajustem, na medida do possível, aos valores consagrados na Constituição".[26]

Constroem-se as Constituições Constitutivas Sociais ou, como prefere o constitucionalista português José Joaquim Gomes Canotilho,[27] as Constituições Dirigentes, em que "a igualdade procurada é a igualdade material, não mais perante a lei, mas por meio da lei".[28]

força dirigente e determinante dos direitos a prestações (econômicos, sociais e culturais) inverte, desde logo, o objecto clássico da pretensão jurídica fundada num direito subjectivo: de uma pretensão de omissão dos poderes públicos (direito a exigir que o Estado se abstenha de interferir nos direitos, liberdades e garantias) transita-se para uma proibição de omissão (direito a exigir que o Estado intervenha activamente no sentido de assegurar prestações aos cidadãos).

---

[23] FERREIRA FILHO, Manoel Gonçalves. *Direitos humanos fundamentais*. 2. ed. rev. e atual. São Paulo: Saraiva, 1998. p. 47.

[24] SARLET, Ingo Wolfgang. *A eficácia dos direitos fundamentais*. 2. ed. rev. e atual. Porto Alegre: Livraria do Advogado, 2001. p. 51.

[25] LAFER, Celso. *A reconstrução dos direitos humanos*: um diálogo com o pensamento de Hannah Arendt. São Paulo: Companhia das Letras, 1988. p. 127.

[26] VALE, André Rufino do. *Eficácia dos direitos fundamentais nas relações privadas*. Porto Alegre: Sergio Antonio Fabris, 2004. p. 44.

[27] Cf. CANOTILHO, José Joaquim Gomes. *Constituição dirigente e vinculação do legislador*: contributo para a compreensão das normas constitucionais programáticas. Coimbra: Coimbra Ed., 1994. p. 365.

[28] PIOVESAN, Flávia. *Proteção judicial contra as omissões legislativas*: ação direta de inconstitucionalidade por omissão e mandado de injunção. 2. ed. rev. atual. e ampl. São Paulo: Revista dos Tribunais, 2003. p. 31.

Desse modo, os direitos sociais passam a fazer parte da realidade constitucional dos Estados, estando presentes com a finalidade de possibilitar melhores condições de vida aos hipossuficientes, visando ensejar a necessária igualdade material que, por sua vez, é apta a garantir uma adequada justiça social.

3 A concretização das políticas públicas pelo poder judiciário

Apesar da presença dos direitos sociais nos textos constitucionais modernos, frutos do segundo pós-guerra, assim como também em vários pactos internacionais,[29] revela-se manifesto o fato que muitos deles são mais utopia que realidade, visto que a instituição dos serviços públicos tendentes a concretizá-los no plano social requer investimentos por parte do Estado.

Como diz André Rufino do Vale, "do Estado são exigidas medidas de planejamento econômico e social e uma intervenção direta e dirigente na economia, ensejando-se um sistema completo de prestações nas várias áreas da vida social".[30]

A proteção da dignidade humana, núcleo intangível dos direitos fundamentais, exige ação por parte do Poder Público, pois "a problemática dos direitos fundamentais não se sintetiza somente na fórmula, 'a lei apenas no âmbito dos direitos fundamentais'; exige um complemento, 'a lei como exigência de realização concreta dos direitos fundamentais'".[31] [32]

Entretanto, muitas vezes, os direitos e garantias permanecem nas normas, sem a devida realização no plano concreto social, de modo que cabe ao Poder Judiciário, com a sua função de aplicador da lei, exigir

---

[29] Cf. SARLET, Ingo Wolfgang. *A eficácia dos direitos fundamentais*. 2. ed. rev. e atual. Porto Alegre: Livraria do Advogado, 2001. p. 51.

[30] VALE, André Rufino do. *Eficácia dos direitos fundamentais nas relações privadas*. Porto Alegre: Sergio Antonio Fabris, 2004. p. 44.

[31] CANOTILHO, José Joaquim Gomes. *Constituição dirigente e vinculação do legislador*: contributo para a compreensão das normas constitucionais programáticas. Coimbra: Coimbra Ed., 1994. p. 363-364.

[32] Cumpre ressaltar que, como observa Andréas J. Krell, Canotilho modificou seu entendimento, declarando-se agora adepto de um "constitucionalismo moralmente reflexivo", o que se deu "em virtude do 'descrédito de utopias' e da 'falência dos códigos dirigentes', que causariam a preferência de 'modelos regulativos típicos da subsidiariedade', de 'autodireção social estatalmente garantida'" (KRELL, Andreas Joachim. *Direitos sociais e controle judicial no Brasil e na Alemanha*: os (des)caminhos de um direito constitucional "comparado". Porto Alegre: Sergio Antonio Fabris, 2002. p. 68).

do Poder Executivo o cumprimento das disposições normativas com a finalidade de se concretizar os direitos de cidadania. Cidadania não mais compreendida simplesmente no exercício dos direitos políticos, mas todo e qualquer direito relacionado "à dignidade do cidadão como sujeito de prestações estatais e à participação ativa na vida social, política e econômica do Estado".[33]

Desse modo, no atual Estado Democrático de Direito consagrado na Carta Magna de 1988, a expressão cidadania deve ser considerada como sinônimo de ser titular de direitos. "A concretização da democracia ocorre pela cidadania, ou seja, pela participação política nos destinos da nação. A cidadania plena surge com os direitos sociais. Não existe direito de liberdade de expressão sem o direito à educação".[34]

Para tanto, é imprescindível que o Poder Público tome uma posição ativa no que se refere à efetivação das políticas públicas, não somente legislando programaticamente, mas se mostrando como um agente social efetivo na implementação da igualdade substancial. E, como o Poder Executivo não se mostra apto para tal tarefa, cumpre ao Poder Judiciário, como guardião da Constituição, fazer com que todas as normas constitucionais tenham plena eficácia.

3.1 A desneutralização do poder judiciário

Tendo em vista a forma como os direitos sociais foram dispostos na Constituição de 1988, ou seja, no título destinado aos direitos e garantias fundamentais, tem-se que tais direitos "devem ser compreendidos por uma dogmática constitucional singular, emancipatória, marcada pelo compromisso com a dignidade da pessoa humana e, pois, com a plena efetividade dos comandos constitucionais".[35]

Assim, quando se fala em efetividade destes comandos, deve-se ter em mente a necessidade dos direitos sociais serem plenamente observados pelo Poder Público, com a materialização das políticas públicas necessárias para tanto, com o objetivo de fazer cumprir todo o disposto no Texto Constitucional de 1988.

---

[33] LIMA, Francisco Gérson Marques de. *Fundamentos constitucionais do processo*: sob a perspectiva da eficácia dos direitos e garantias fundamentais. São Paulo: Malheiros, 2002. p. 97.
[34] SIQUEIRA JUNIOR, Paulo Hamilton. Cidadania. *Revista dos Tribunais*, São Paulo, ano 94, v. 839, p. 727, set. 2005.
[35] CLÈVE, Clèmerson Merlin. A eficácia dos direitos sociais. *Revista de Processo*, São Paulo, ano 14, n. 54, p. 30, jan./mar. 2006.

Logo, quando isto não acontece de forma natural, seja por omissão do Poder Legislativo, que não exerce sua função quando deveria fazê-lo, seja quando o Poder Executivo não se desincumbe de suas obrigações, nasce para o Judiciário o dever de fazê-lo, exercendo exatamente a sua própria função, de fazer cumprir as normas.

Em face disto, os juízes devem ser criativos, pois a "criatividade poderá contribuir para o alargamento do controle judicial e o avanço da concretização da Constituição",[36] podendo, então, suprir as omissões dos outros Poderes.

Desse modo, o que se reclama do Poder Judiciário "é uma atuação política que orientada pelo texto constitucional se legitima fundamentalmente pela concretização de objetivos e metas previamente traçadas",[37] não lhe precisa atribuir "o poder de criar políticas públicas, mas tão-só de impor a execução daquelas já estabelecidas nas leis constitucionais ou ordinárias".[38]

Não há que se falar aqui em limitação de tal atuação em face da Teoria da Tripartição dos Poderes, tendo em vista que a vinculação dos poderes públicos aos direitos fundamentais "é suficiente para exigir deles a adoção de políticas voltadas para o seu cumprimento (num horizonte de tempo, evidentemente). Tais políticas podem ser, inclusive, exigidas judicialmente".[39]

Neste aspecto, a Constituição de um Estado Democrático de Direito leva em conta a sua finalidade de efetivar valores, ao passo que "o Poder Judiciário não pode assumir uma postura passiva diante da sociedade; [...] (deve) transcender as funções de *checks and balances*, *mediante uma atuação que leve em conta a perspectiva de que os valores constitucionais têm precedência mesmo contra textos legislativos produzidos por maioria eventuais*".[40]

---

[36] KRELL, Andreas Joachim. *Direitos sociais e controle judicial no Brasil e na Alemanha*: os (des) caminhos de um direito constitucional "comparado". Porto Alegre: Sergio Antonio Fabris, 2002. p. 83.

[37] TOJAL, Sebastião Botto de Barros. Controle judicial de políticas públicas. *Revista da Academia Brasileira de Direito Constitucional*, Curitiba, n. 3, p. 185-194, 2003. Anais do IV Simpósio Nacional de Direito Constitucional.

[38] KRELL, Andreas Joachim. *Direitos sociais e controle judicial no Brasil e na Alemanha*: os (des) caminhos de um direito constitucional "comparado". Porto Alegre: Sergio Antonio Fabris, 2002. p. 94.

[39] CLÈVE, Clèmerson Merlin. A eficácia dos direitos sociais. *Revista de Processo*, São Paulo, v. 14, n. 54, p. 37, jan./mar. 2006.

[40] STRECK, Lenio Luiz. Quinze anos da Constituição: análise crítica da jurisdição constitucional e das possibilidades hermenêuticas de concretização dos direitos fundamentais sociais. *In*: SCAFF, Fernando Facury. *Constitucionalizando direitos*: 15 anos da Constituição Brasileira de 1988. Rio de Janeiro: Renovar, 2003. p. 156-157.

De fato, a racionalidade inerente ao Estado Liberal, resultante da "dogmatização de princípios como os da imparcialidade política e da neutralidade axiológica",[41] revela um descompasso com a realidade. Com efeito, a concepção meramente formalista da interpretação jurídica reflete a necessidade de se repensar a função clássica dos juízes à luz das exigências decorrentes da Justiça Distributiva. Urge, assim, difundir a responsabilidade social prospectiva do magistrado no âmbito de uma sociedade profundamente estigmatizada pelas contradições econômicas, pelos antagonismos sociais e pelos paradoxos políticos.

Portanto, os postulados constitucionais e a realidade social "impõem" um Judiciário "intervencionista" capaz de exigir a consecução de políticas sociais eficientes, vinculado às diretrizes constitucionais. Em suma, torna-se necessária uma mudança de paradigmas de modo a ensejar ao Poder Judiciário a percepção da sua posição e função no Estado Democrático de Direito.

3.2 Os caminhos e os obstáculos para a desneutralização do poder judiciário

Embora a conceituação clássica da divisão dos poderes tenha exposto o Judiciário, de Montesquieu até os atuais dias, à resoluta função de decidibilidade dos conflitos segundo os métodos de aplicação do Direito dogmatizado e pragmático, o que o relegou a uma posição passiva prostrada à conjuntura normativa, a desneutralização em busca da efetividade dos direitos fundamentais sociais importa, além dessa relevante conquista, na conscientização do juiz no sentido de avançar sobre um conceito de justiça mais amplo que a mera regência jurisdicional pela batuta legalista.

Os meios para buscar esse ideal, no entanto, são obstados por diversos fatores. A ordem constitucional, em uma visão programática, visualiza o Poder Judiciário sob a ótica do Capítulo enfileirado a partir do art. 92 da Constituição Federal, estruturando-o apenas sob o ponto de vista organizacional, bem como dita explicitamente que a atuação jurisdicional está limitada à estrita legalidade (CF, art. 5º, II).

É sensitivo que o ordenamento jurídico, adotando a feição que privilegia os interesses capitalistas, desenha o Poder Judiciário dentro de um contexto que privilegiou os interesses patrimoniais como, *v.g.*,

---

[41] FARIA, José Eduardo (Org.). *Direitos humanos, direitos sociais e justiça*. São Paulo: Malheiros, 2002. p. 53.

verificou-se no formato do revogado Código Civil de 1916, bem como no Código de Processo Civil de 1973. Mais recentemente, o ordenamento, agora concentrado nos anseios neoliberais, deixa transparecer nitidamente sua preocupação com a distribuição veloz da justiça. Há uma inequívoca neurose e predisposição em entregar ao Poder Judiciário mecanismos que possibilitem a obtenção de soluções rápidas para os litígios que lhes são trazidos.

A instituição das súmulas vinculantes, das súmulas impeditivas de recurso, da possibilidade do juiz resolver o mérito antes da citação nas hipóteses de "causas repetidas", as disposições constitucionais que vinculam a promoção do juiz ao cumprimento de prazos e outras tantas passagens do ordenamento jurídico demonstram bem essa tendência. A racionalidade jurídica e a preocupação com os anseios de justiça, desse modo, cedem lugar à celeridade. É intuitivo que o Poder Judiciário está sendo alimentado por mecanismos que o tornem rápido, sem que, no entanto, seja observado que o preço dessa celeridade é a frustração da justiça e o sepultamento dos direitos fundamentais sociais. Há, nesse passo, um contragolpe na desneutralização à medida que a velocidade torna a jurisdição mecânica, como se a distribuição da justiça dependesse do acionamento da tecla "copiar/colar".

Esse panorama, fincado na proposição constitucional clássica de divisão dos poderes e na cultura que decorre dessa base acaba por formar uma parede à atuação prospectiva do Poder Judiciário, fixando-lhe os limites de atuação e prendendo-o ao texto legal sem permitir que se torne criativo a ponto de encampar o ideal do constitucionalismo contemporâneo afeito à concretização dos direitos fundamentais.

Marcelo Neves diagnosticou essa problemática e adverte que a Constituição no Estado Democrático de Direito fixa a repartição orgânica de competências, não como fórmula de isolamento, mas como modelo de horizontalidade orgânica e circularidade procedimental e conclui que "Respeitadas as regras constitucionais de organização e procedimento, as decisões judiciais, executivas e legislativas estariam legitimadas".[42]

Abandonar essa tendência direcionada à velocidade parece constituir desafio fundamental para a desneutralização do Poder Judiciário. Não basta esperar a realização do itinerário normativo para adequá-lo à realidade carente da efetivação dos direitos fundamentais. Antes, pelo

---

[42] NEVES, Marcelo. *Entre Têmis e Leviatã*: uma relação difícil: o Estado democrático de direito a partir e além de Luhmann e Habermas. São Paulo: Martins Fontes, 2006. p. 153.

contrário, a atuação deve ser positiva, para a frente, porquanto está-se a examinar a aplicação de questões de tal relevância que se relacionam aos direitos fundamentais do cidadão e direcionados, vale frisar, à proteção da dignidade da pessoa humana.

Luiz Werneck Vianna aduz que paralelamente ao reconhecimento de que a Constituição Federal deveras encapou os direitos fundamentais sociais, é preciso reconhecer que "a incorporação dos ideais de justiça pelo constitucionalismo moderno carece, em geral, de eficácia normativa, podendo tal incorporação ser entendida como uma 'legislação simbólica', visando a atender a 'finalidades políticas de caráter não especificamente normativo-jurídico'".[43] Valendo-se, ainda, da preciosa lição de Luiz Werneck Vianna, apoiada em Marcelo Neves, é possível visualizar essa tendência desneutralizadora:

> Pelo fato de serem prospectivos, e não disposições com eficácia normativa, os direitos fundacionais e sociais exigem uma implementação, salvo quando se inscrevem no texto constitucional apenas para cumprir a função de uma "legislação-álibi", isto é, quando, na caracterização de M. Neves, "o legislador, sob pressão direta, elabora diplomas normativos para satisfazer a expectativa dos cidadãos, sem que com isso haja o mínimo de condições da efetivação das respectivas normas". Mas, se a exigência de implementação é reconhecida no texto constitucional, legitima-se a desneutralização da função do Judiciário, ao qual "perante eles (os direitos sociais) ou perante a sua violação, não cumpre apenas julgar no sentido de estabelecer o certo e o errado com base na lei (responsabilidade condicional do juiz politicamente neutralizado), mas também e, sobretudo, examinar se o exercício discricionário do poder de legislar conduz à concretização dos resultados objetivados (responsabilidade finalística do juiz que, de certa forma, o repolitiza)".[44]

Há uma zona de atuação que deve ser preenchida pelo jurista aplicador do direito. Se o legislador, ao editar uma "legislação-álibi", não se posiciona na defesa dos direitos fundamentais, toca ao juiz, sim, adotar uma postura prospectiva, tanto que o texto em referência afirma existir de sua parte uma responsabilidade finalística, o que, por evidência, não se confunde com a faculdade de adotar esse padrão desneutralizado.

---

[43] VIANNA, Luiz Werneck. Poder Judiciário: positivação do direito natural e política. *Estudos Históricos*, Rio de Janeiro, v. 9, n. 18, p. 2, 1996.

[44] VIANNA, Luiz Werneck. Poder Judiciário: positivação do direito natural e política. *Estudos Históricos*, Rio de Janeiro, v. 9, n. 18, p. 3, 1996.

A esse movimento, a doutrina (Mauro Cappelletti e Luiz Werneck Vianna) tem se referido como *Welfare State*, cujo teor introduz na legislação um sentido promocional prospectivo, permitindo ao juiz a utilização da criatividade no ato interpretativo.

É interessante anotar que essa tendência não converge no sentido de deixar de aplicar a lei ou simplesmente ignorá-la. Bem ao contrário. O Poder Judiciário, atuando em defesa e pela aplicação plena dos direitos fundamentais atua em harmonia com os demais poderes em busca de conferir a envergadura que a ordem constitucional atribuiu aos direitos fundamentais, momento em que incorpora, sem sombra de dúvidas, o alinhamento do Direito em busca da justiça e não apenas o utiliza como mecanismo burocrático para a solução de conflitos.

É possível concluir que a concepção tradicional de separação dos poderes, em larga medida, cede lugar à necessidade de atuação jurisdicional intensa e marcada pela incessante busca pela efetividade dos direitos fundamentais sociais, especialmente em países periféricos em que milhões de pessoas permanecem à margem de qualquer proteção estatal, situação que impõe ao jurista a assunção de uma nova postura ideológica, a qual representará uma virada histórica na desneutralização do Poder Judiciário.

4 Considerações finais

Nessa linha, no processo de construção de igualdade e de consolidação de cidadania, revela-se essencial a reflexão acerca das estruturas e técnicas necessárias a ensejar a operacionalização de um modelo jurisdicional que viabilize o efetivo acesso aos direitos abstratamente proclamados pela ordem positiva.

A concretização desse desiderato, em termos genéricos, ocorrerá, dentre outros, através da redefinição das relações dos Poderes do Estado, bem como da tomada de consciência de que o descumprimento de um programa ou política social configura lesão ou ameaça a direito fundamental a ensejar, por consequência, a tutela jurisdicional, nos exatos termos do art. 5º, incs. XXXV e LXXVIII, da Constituição Federal.

Para tanto, a noção de direito fundamental à tutela específica dos direitos constitui pressuposto para a consolidação da Justiça Distributiva, através de um postulado hermenêutico desvinculado, inclusive, dos ideais patrimonializantes.

Nessa perspectiva, revela-se fundamental a "abertura" em relação ao processo hermenêutico e, por consequência, aos meios e técnicas processuais a ensejar a efetividade dos pronunciamentos judiciais. Portanto, tal visão em relação ao sistema jurídico-processual contribuirá para a consagração da democracia na perspectiva material, não meramente representativa de uma maioria eventual.

Por outro lado, o conceito de "mínimo necessário", diante da "reserva do possível", deve ser analisado à luz dos fatores sociais e econômicos que permeiam a realidade brasileira. Sendo assim, a atuação jurisdicional deve ser norteada pela concretização do "padrão mínimo social" para uma existência digna, haja vista, inclusive, os fundamentos da República.

Desta feita, da análise e enfrentamento dessas questões poderá resultar certa fratura ideológica que pode ter repercussões organizativas, sem perder de vista a lealdade aos ideais sociais e políticos da sociedade brasileira. Tal aspecto não deve ser visto como patológico, mas sim fisiológico.

De fato, as eventuais fraturas e conflitos decorrentes deste embate, além de serem inerentes à democracia, constituirão a verdadeira alavanca do processo de consolidação da justiça brasileira na perspectiva substancialista, portanto, de concretização dos direitos fundamentais sociais.

Entretanto, a imprescindível mudança de paradigmas ou "reforma ideológica", para se consolidar em termos reais, requer, dentre os vários aspectos já apontados, sem prejuízo de outros, o comprometimento dos docentes responsáveis pela formação dos futuros "operadores" do direito.

Assim, é preciso "iluminar" o ambiente acadêmico de maneira a permitir enxergar, na paisagem da vida, a imagem fotografada, mas ainda não revelada, na Constituição Federal.

Referências

CANOTILHO, José Joaquim Gomes. *Constituição dirigente e vinculação do legislador*: contributo para a compreensão das normas constitucionais programáticas. Coimbra: Coimbra Ed., 1994.

CANOTILHO, José Joaquim Gomes. *Direito constitucional e teoria da Constituição*. 3. ed. Coimbra: Almedina, 1998.

CLÈVE, Clèmerson Merlin. A eficácia dos direitos sociais. *Revista de Processo*, São Paulo, ano 14, n. 54, p. 28-39, jan./mar. 2006.

COMPARATO, Fábio Konder. *A afirmação histórica dos direitos humanos*. 3. ed. rev. e ampl. São Paulo: Saraiva, 2003.

DALLARI, Dalmo de Abreu. A luta pelos direitos humanos. *In*: LOURENÇO, Maria Cecília França. *Direitos humanos em dissertações e teses da USP*: 1934-1999. São Paulo: Universidade de São Paulo, 1999.

FARIA, José Eduardo (Org.). *Direitos humanos, direitos sociais e justiça*. São Paulo: Malheiros, 2002.

FERREIRA FILHO, Manoel Gonçalves. *Direitos humanos fundamentais*. 2. ed. rev. e atual. São Paulo: Saraiva, 1998.

GUERRA FILHO, Willis Santiago. *Processo constitucional e direitos fundamentais*. 4. ed. rev. e ampl. São Paulo: RCS, 2005.

HONESKO, Vinícius Nicastro. A alopoiese nos sistemas jurídicos dos países periféricos. *UNOPAR Científica: Ciências Jurídicas e Empresariais*. Londrina, v. 5, p. 5-10, mar. 2004.

KRELL, Andreas Joachim. *Direitos sociais e controle judicial no Brasil e na Alemanha*: os (des)caminhos de um direito constitucional "comparado". Porto Alegre: Sergio Antonio Fabris, 2002.

LAFER, Celso. *A reconstrução dos direitos humanos*: um diálogo com o pensamento de Hannah Arendt. São Paulo: Companhia das Letras, 1988.

LIMA, Francisco Gérson Marques de. *Fundamentos constitucionais do processo*: sob a perspectiva da eficácia dos direitos e garantias fundamentais. São Paulo: Malheiros, 2002.

MAGALHÃES, José Luiz Quadros de. *Direitos humanos*: sua história, sua garantia e a questão da indivisibilidade. São Paulo: Juarez de Oliveira, 2000.

NEVES, Marcelo. *Entre Têmis e Leviatã*: uma relação difícil: o Estado democrático de direito a partir e além de Luhmann e Habermas. São Paulo: Martins Fontes, 2006.

PALU, Oswaldo Luiz. *Controle dos atos de governo pela jurisdição*. São Paulo: Revista dos Tribunais, 2004.

PIOVESAN, Flávia. *Proteção judicial contra as omissões legislativas*: ação direta de inconstitucionalidade por omissão e mandado de injunção. 2. ed. rev. atual. e ampl. São Paulo: Revista dos Tribunais, 2003.

SAMPAIO, José Adércio Leite. *Direitos fundamentais*: retórica e historicidade. Belo Horizonte: Del Rey, 2004.

SANTOS, Boaventura de Sousa. *Pela mão de Alice*: o social e o político na pós-modernidade. 3. ed. São Paulo: Cortez, 1997.

SANTOS, Marília Lourido dos. *Interpretação constitucional no controle judicial das políticas públicas*. Porto Alegre: Sergio Antonio Fabris, 2006.

SARLET, Ingo Wolfgang. *A eficácia dos direitos fundamentais*. 2. ed. rev. e atual. Porto Alegre: Livraria do Advogado, 2001.

SILVA, José Afonso da. Garantias econômicas, políticas e jurídicas da eficácia dos direitos sociais. *Revista da Academia Brasileira de Direito Constitucional*. Curitiba, n. 3, p. 301-314, 2003. Anais do IV Simpósio Nacional de Direito Constitucional.

SIQUEIRA JUNIOR, Paulo Hamilton. Cidadania. *Revista dos Tribunais*. São Paulo, ano 94. v. 839, p. 723-735, set. 2005.

STRECK, Lenio Luiz. *Jurisdição constitucional e hermenêutica*: uma nova crítica do direito. 2. ed. Rio de Janeiro: Forense, 2004.

STRECK, Lenio Luiz. Quinze anos da Constituição: análise crítica da jurisdição constitucional e das possibilidades hermenêuticas de concretização dos direitos fundamentais-sociais. *In*: SCAFF, Fernando Facury. *Constitucionalizando direitos*: 15 anos da Constituição Brasileira de 1988. Rio de Janeiro: Renovar, 2003.

TOJAL, Sebastião Botto de Barros. Controle judicial de políticas públicas. *Revista da Academia Brasileira de Direito Constitucional*, Curitiba, n. 3, p. 185-194, 2003. Anais do IV Simpósio Nacional de Direito Constitucional.

VALE, André Rufino do. *Eficácia dos direitos fundamentais nas relações privadas*. Porto Alegre: Sergio Antonio Fabris, 2004.

VIANNA, Luiz Werneck. Poder Judiciário: positivação do direito natural e política. *Estudos Históricos*, Rio de Janeiro, v. 9, n. 18, 1996.

Informação bibliográfica deste texto, conforme a NBR 6023:2002 da Associação Brasileira de Normas Técnicas (ABNT):

OLIVEIRA, Flávio Luís de. Concretização de políticas públicas na perspectiva da desneutralização do poder judiciário. *In*: LUNARDI, Soraya (Coord.). *Direitos fundamentais sociais*. Belo Horizonte: Fórum, 2012. p. 97-114. ISBN 978-85-7700-567-3. (Coleção Fórum de Direitos Fundamentais, 8).

DA "JUSTIÇA" COMO METACÓDIGO E SUA POSSÍVEL RELAÇÃO COM A QUESTÃO DA EFETIVIDADE DOS DIREITOS FUNDAMENTAIS SOCIAIS – INTRODUÇÃO A UMA TEORIA JURÍDICA PÓS-POSITIVISTA

GUSTAVO SMIZMAUL PAULINO

1 Introdução

O objetivo do presente texto, dentro de uma obra coletiva a respeito dos direitos fundamentais sociais, é contribuir, sob uma perspectiva jusfilosófica, para uma melhor compreensão do conteúdo do significado desses direitos, assim como para desvendar alguns dos mecanismos jurídicos e psicossociais responsáveis por obstaculizar sua efetividade.

Tem por objetivo, também, introduzir o graduando no universo de indagação em que a Filosofia do Direito está situada, oferecendo um ponto de vista externo, isto é, que extrapola os estritos limites de uma abordagem dogmática, por exemplo, a respeito da Constituição Federal. No que tange ao profissional do Direito, pode servir de contraponto reflexivo, na medida em que acena para uma tomada de consciência a respeito da pretensa neutralidade do saber que professa bem como das práticas sociais que dele decorrem.

Em termos metodológicos, duas observações se fazem necessárias: (I) por se tratar de uma obra com um público destinatário bastante diversificado, tentamos, na medida do possível, tornar didática a nossa exposição, havendo, entretanto, passagens em que, mesmo com a manutenção do tom dialogal, os conceitos poderão parecer um tanto herméticos, o que se justifica pelo complexo instrumental teórico empregado. Cremos, todavia, que estes não serão obstáculos difíceis de serem superados pelo leitor mais atento e comprometido a recapitular tais "nódulos cognitivos", afinal é também uma forma de irmos nos acostumando ao proceder típico da Filosofia, que exige "maturação" das ideias; (II) por conter algumas reflexões e experimentações ainda iniciais, o texto, não obstante estar estruturado como artigo, tem a forma de ensaio como precondição de elaboração, em outras palavras, muito do que foi exposto necessitará de sucessivas retomadas para um melhor aprofundamento, o que pretendemos realizar em outros trabalhos.

Quanto à organização interna, o texto seguiu a seguinte lógica: no item 2, há uma primeira aproximação com o campo da Filosofia do Direito, estabelecida, primordialmente, a partir de uma breve análise histórica, para expor como foi compreendida e tratada *metodologicamente* pelo Ocidente a complexa relação entre Direito e Justiça. No item 3, buscou-se a circunscrição conceitual dos direitos fundamentais sociais. Já no item 4, o foco está centralizado no tema da interpretação constitucional, sendo que, em seus subitens, há um levantamento acerca da insuficiência do método dogmático como forma de acesso à Constituição (4.1) e uma especulação a respeito do método procedimental como forma de realização do ideário constitucional a respeito dos Direitos Fundamentais (4.2). Por fim, o item 5 cuida de levar essa especulação a uma análise e crítica mais detalhadas e sugere estar no pós-positivismo uma possibilidade teórica de melhor elaborar o nosso ordenamento jurídico-constitucional para um Estado Democrático de Direito mais efetivo.

2 Direito e Justiça – Escorço histórico-metodológico

Talvez inexista um tema, dentre tantos outros aptos a promover a confluência entre os saberes filosófico e jurídico, que seja mais emblemático (e enigmático) do que a ideia de Justiça. Afinal, o que é Justiça? Como torná-la realidade?

Desde a Antiguidade Clássica, compreendê-la, além de uma tarefa *metafísica* por excelência, significa um empreendimento no sentido de desvendar as suas relações com o Direito; daí porque a intersecção "Direito e Justiça" ter se configurado (ora de forma mais filosófica, ora de forma mais jurídica) em significativo núcleo temático de meditação para importantes pensadores, *v.g.*, Aristóteles — para ficarmos com o mais representativo sistematizador da (jus) filosofia desse período. Em linhas gerais, podemos acompanhar, no jusnaturalismo antigo, uma tentativa de conferir tratamento ao mencionado núcleo temático a partir da referência ao modelo organizador que servia de anteparo para as reflexões do pensamento grego: a natureza.

Essa, enquanto modelo propriamente dito, propiciava, na esteira da tradição mítica e religiosa, uma série de parâmetros responsáveis pela estruturação do conhecimento nos primórdios da civilização ocidental. Da admiração inicial, e por que não *devotamento*, ao mundo físico, razão pela qual os primeiros filósofos serem também conhecidos como *fisiocratas*, os gregos passaram a observá-lo já com uma outra consciência: por intermédio do *lógos*, decantaram os seus elementos e padrões constitutivos e a natureza tornou-se a pedra angular dos estudos filosóficos de então.

Tais elementos e padrões foram, por seu turno, rearticulados num tipo de discurso bastante específico e conhecido por ser a matriz do pensamento filosófico grego: a *cosmologia*.

Assim, tendo como base a cosmologia, bem como a tentativa de avançar na explicação de seu princípio estruturante — *arkhé* da *phýsis* —, a investigação sobre os fenômenos humanos e sociais, ou políticos, como propriamente eram conhecidos à época, foi se desenvolvendo na medida em que absorvia e reelaborava alguns dos principais conceitos daquela: ordem, equilíbrio, harmonia ou, como noção sintética aplicada às relações sociais, *igualdade* (percebida como justa medida).

Da ordenação da natureza à ordenação da cidade e, desse modo, o espaço de disputa entre filósofos e sofistas ia sendo delimitado.

Entre os primeiros, notadamente para o estagirita, na sequência de Platão, a Justiça é uma *virtude total*, mas também é uma *virtude particular*, isto quer dizer que, além de uma preocupação eminentemente teórica no que se refere à possibilidade de conceituar corretamente o que venha a ser Justiça, Aristóteles buscou trabalhá-la num plano mais próximo das práticas sociais, na esfera, portanto, do *justo particular*.

Como desdobramento da Justiça Total, o justo particular, por sua vez, podia ser reconhecido em duas esferas complementares: (I) na chamada *justiça distributiva* em que o critério de igualdade era o meio-termo proporcional (igualdade geométrica) e os componentes da alteridade eram a Comunidade como sujeito passivo da obrigação e o particular como sujeito ativo; e (II) na chamada *justiça comutativa*, ou corretiva, se incluirmos aqui a obrigação de reparar proveniente das transações involuntárias, em que o critério de igualdade era o meio-termo aritmético (igualdade simples ou absoluta) e como componentes da alteridade tínhamos tanto no polo ativo como no passivo os particulares.

Certamente, poderíamos destacar e aprofundar inúmeros aspectos da concepção aristotélica de Justiça, contudo, para os objetivos do presente item, devemos ficar adstritos aos elementos de caráter metodológico. Desse modo, resta-nos ainda cuidar, em Aristóteles, do ponto de vista da efetividade, da dificuldade concreta de se estabelecer o sentido da igualdade preconizada como parâmetro de determinação do justo, havendo necessidade, para tanto, de se proceder com base em critérios exteriores[1] à sua formulação.

De acordo com Tercio Sampaio Ferraz Jr.:

> A igualdade a que se refere o filósofo, se bem que lhe fornece o fio condutor do pensamento, garantindo-lhe a análise da justiça como um todo coerente, não pode levar-lhe a teoria a um acabamento. Com efeito, se a justiça distributiva nos dá a fórmula relacional dos méritos e bens, nada nos diz sobre quem deva ser tratado como igual, nem como desigual. O mesmo poderia se dito em relação à justiça diórtica. Ela fornece a fórmula de equiparação a ser utilizada pelo juiz na reparação do dano, mas não lhe diz nada sobre o modo concreto dessa reparação: pode-se dizer *a priori* o grau de atenuação de um roubo em face de um assassinato, mas não se pode afirmar igualmente a pena do ladrão e do assassino. A necessidade do exame do caso concreto é uma exigência de que não se furta o aplicador da justiça. (FERRAZ JR., 2002, p. 204-205)

Na tentativa de solucionar esse impasse, surge outro importante elemento para se tentar a compatibilização entre Direito e Justiça: a equidade. Em termos conceituais, a diferença entre equidade e Justiça aparece anuviada, o que, para Aristóteles, no entanto, torna-se bastante clara quanto ao papel que cabe àquela na atualização da Justiça, quando da prática judiciária:

> A fonte da dificuldade é que a eqüidade, embora justa, não é justiça legal, mas sim uma retificação da justiça legal. A razão disso é que a

---

[1] Trata-se de um problema semelhante ao que podemos encontrar na fórmula já bastante conhecida do *suum cuique tribuere* para se conceituar Justiça: a cada um o que é seu. Segundo Kelsen: "É fácil ver que a questão decisiva para a aplicação desta norma — o que é o 'seu', o que é que é devido a cada um, o que é o seu direito — não é decidida pela mesma norma. Como aquilo que é devido a cada um é aquilo que lhe deve ser dado, a fórmula do suum cuique conduz à tautologia de que a cada qual deve ser dado aquilo que lhe deve ser dado" (KELSEN, 1998, p. 8).

lei é sempre uma declaração geral; no entanto, existem casos que não podem ser abrangidos numa declaração geral. Por isso, em questões das quais seja necessário falar em termos gerais, mas não seja possível fazê-lo de forma correta, a lei leva em consideração a maioria dos casos, embora tenha consciência do erro que isso implica. E isso não a torna uma lei errada; porque o erro não está na lei nem no legislador, mas sim na natureza do caso: o material da conduta é essencialmente irregular. Assim sendo, quando a lei formula uma regra geral e depois disso surge um caso que é uma exceção à regra, *é correto*, ali onde o pronunciamento do legislador é imperfeito e errôneo por causa de seu poder absoluto, *retificar o defeito, decidindo como o próprio legislador decidiria* se estivesse presente na ocasião, e como ele teria decretado se fosse notificado do caso em questão. Por isso, embora o eqüitativo seja justo e seja superior a uma espécie de justiça, ele não é superior à justiça absoluta, mas apenas ao erro decorrente de sua declaração absoluta. Essa é a natureza do eqüitativo: é uma retificação da lei onde esta é imperfeita por causa de sua generalidade. (ARISTÓTELES, 2002, p. 16, grifos nossos)

Do que se nos impõe observação mais acurada, é justamente essa possibilidade de correção da Justiça legal, mediante a equidade, que aproxima o Direito de ser uma prática axiologicamente elaborada, na medida em que produto da reflexão e judicatura do *homem justo*:

Na luta pela determinação da igualdade, a justiça precisa completar-se com outros preceitos fundamentais, se se quer obter efetivamente preceitos de direito justo. A eqüidade é, nesse sentido, o preceito básico do direito justo, pois só por meio dela, que é o justo na concretude, a justiça se revela em sua atualidade plena. O homem justo, em Aristóteles, é, com efeito, o que é apto a executar, por escolha deliberada, ações justas, meio de equilíbrio entre dois extremos racionalmente determinados. (FERRAZ JR., 2002, p. 206)

Justiça, assim, assume uma configuração que a torna, em essência, dependente de uma disposição da razão humana em se dirigir para uma boa finalidade e, ainda mais, de conseguir realizá-la no plano da existência concreta. Trata-se, sim, de uma atividade indissociável do campo de indagação organizado pelo saber ético.

Desse modo, a alta imbricação entre Justiça e a prudência concernente à ação do homem justo e, *ipso facto*, do magistrado justo, que, apesar de sistematizada por Aristóteles, na verdade advém de uma consolidada tradição filosófica, acaba também por reforçar a insurgência e divergência "teórica" de um outro conjunto de pensadores igualmente dotados de certa tradição: os sofistas.

Os sofistas punham-se contrários a esse esforço de enxergar o justo como decorrente da correta interpretação das leis da natureza.[2] O seu ponto de partida era a evidente dicotomia entre os dois tipos de leis existentes: *phýsis* — leis da natureza — e *nómos* — leis humanas —, convencionadas em sociedade e, portanto, arbitrárias.

Essa arbitrariedade, por si só, bastava aos sofistas para demonstrar a total independência entre o mundo da natureza e o mundo da cultura: afinal, em assuntos humanos a relatividade era a nota dominante, pois muito do que se considerava como sendo o comportamento correto (e natural) na sociedade grega nada mais era do que o resultado de uma circunstância cultural peculiar. A comprovação poderia ser feita tanto por uma comparação interna, captando-se a evolução dos costumes, como por referência a outros povos.

Tendo o homem como medida de todas as coisas (Protágoras), a Justiça seria, dessa forma, relativa por pertencer ao mundo da cultura, regido pelas leis humanas. Os sofistas talvez tenham sido os primeiros a reduzir Justiça ao conceito de lei, isto é, Justiça como sendo a aplicação do conteúdo da lei enquanto esta perdurar no tempo — nada garante que o que se considera justo (ou legal) hoje continuará assim amanhã.

Deixando de lado toda a discussão sobre a qualidade intrínseca ao saber sofístico, se é mais válido ou não do que a filosofia, até porque muito do que podemos absorver sobre esse embate já vem "contaminado" pelos textos que compõem a nossa tradição cognitiva — sabemos dos sofistas por meio dos filósofos —, do ponto de vista metodológico, o "ceticismo" dos sofistas quanto ao que se pode esperar da Justiça, enquanto prática judiciária, bem como quanto ao que se pode esperar da filosofia como discurso apto a atingir a essência das coisas, é algo de bastante relevante e que deve ser melhor considerado.

Quando afastam, por reconhecerem a sua inviabilidade, a busca pela essência, pela verdade, pela penetração no universo, negam a validade da ontologia e focalizam, exclusivamente, o âmbito do efêmero,

---

[2] Em defesa da tradição filosófica, sem descurar do caráter convencional de algumas leis, Aristóteles considera que: "...Algumas pessoas pensam que todas as regras de justiça são meramente convencionais, porque enquanto uma lei da natureza é imutável e possui a mesma validade em toda parte, assim como o fogo queima tanto aqui como na Pérsia, constata-se que as regras de justiça variam. Não é verdade absoluta que as regras de justiça variem apenas em certas condições. Talvez entre os deuses isso não seja verdade, mas em nosso mundo, embora exista a Justiça Natural, todas as regras de justiça são variáveis. Não obstante, a Justiça Natural existe, assim como existe a justiça não determinada pela natureza; e é fácil perceber quais as regras de justiça, embora não absolutas, são naturais e quais são convencionais, sendo ambos os tipos variáveis" (ARISTÓTELES, 2002, p. 12, grifos nossos).

da aparência, da construção discursiva, a ser efetivada em praça pública, com o objetivo de persuadir, de comover e de produzir resultados práticos, eles nos conduzem ao campo da arte retórica. Para Eduardo Bittar e Guilherme Assis de Almeida:

> As palavras tornaram-se o elemento primordial para a definição do justo e do injusto. A técnica (*techné*) argumentativa faculta ao orador, por mais difícil que seja a sua causa jurídica, suplantar as barreiras dos preconceitos sobre o justo e o injusto e demonstrar aquilo que aos olhos vulgares não é imediatamente visível. (BITTAR; ALMEIDA, 2005, p. 60)

Abrem, com essa postura, um espaço metodológico mais adequado[3] ao tratamento das questões pertinentes ao humano e ao seu modo de viver, todavia, não se pode lhes imputar a responsabilidade sobre o que historicamente foi feito[4] a partir dos seus ensinamentos: dificilmente poder-se-ia afirmar que os sofistas concordariam na sua totalidade com alguns dos resultados do ceticismo (ou cinismo) ético-cognitivo que correntemente flui em nosso meio social, ressalte-se, qualificado jurídica e politicamente como Estado Democrático de Direito, expresso pela fórmula de que "qualquer postura ética é, em princípio, válida", o que poderia nos levar, erroneamente, dentro do horizonte estritamente jurídico, ao entendimento de que no tratamento de questões de cunho axiológico não se poderia perquirir por parâmetros de controle e de razoabilidade para os argumentos ali expostos, deixando-nos, destarte, expostos à crença numa instrumentalidade absoluta das práticas de controle do comportamento social. Ora, mesmo que admitamos, inicialmente, seja tomado o homem (ou *ser humano* como conceito mais adequado) como "medida de todas as coisas", ainda resta um campo bastante grande para o exercício da compreensão a respeito do conteúdo dessa "medida", vez que, enxergá-la de imediato como expressão

---

[3] Para um aprofundamento no estudo da arte retórica com relação ao discurso judiciário e consequentemente sobre sua adequação ao tratamento dos problemas jurídicos, cf., respectivamente: Aristóteles, 1966 e Adeodato, 2006, especialmente os capítulos décimo terceiro e décimo quinto. Há que se ressaltar ainda, quanto à última obra, o que o autor, na parte introdutória, nos explicita sobre os seus propósitos investigativos, uma vez que são conexos com os nossos: "O fio condutor deste livro, assim, é o milenar questionamento a que a retórica submete a filosofia. Isto se dá em dois planos principais. O primeiro deles é a crítica e o consequente ceticismo gnoseológico. O segundo é a tentativa ainda em curso no meu pensamento, de compatibilizar uma postura ética construtiva com esse ceticismo, o que venho denominando ética da tolerância, na busca de evitar que as dúvidas quanto ao conhecimento verdadeiro levem a uma indiferença ética ou a posturas negativistas sobre a situação humana no mundo" (ADEODATO, 2006, p. 3).
[4] A esse respeito, ver interessante reflexão de Silva, 2004.

dotada de univocidade só pode ocorrer se o Direito for considerado numa perspectiva epistemológica de *retoricismo*.

Mas, numa faceta positiva da aproximação com a arte retórica, obteríamos, metodologicamente, dessa propriedade de maior adequação aos assuntos humanos, uma maior permeabilidade a pontos de vista divergentes e, por assim dizer, uma disposição para a inclusão dialogal, tanto no âmbito estritamente cognitivo quanto no normativo, que seriam fundamentais para a configuração de um Estado Democrático de Direito e de uma Ciência Jurídica que lhe fosse compatível.

Mas, sobre isso retornaremos adiante. Cumpre-nos, por agora, acelerar em nossa abordagem histórica para dar conta de outro componente decisivo para a conformação dos limites da discussão atual sobre a relação entre Justiça e Direito, que é a positividade como traço distintivo e pressuposto do Direito moderno.

Nesse aspecto, como um marco teórico sobre a ressignificação do Poder para a Modernidade, temos a investida de Thomas Hobbes contra o poder temporal (político) da(s) Igreja(s) em sua obra mais famosa: *Leviatã*.

De certa forma, é possível verificar durante esse período a reedição da querela entre filósofos e sofistas, sendo que quem levantava a bandeira da busca pela essência (extramundana) em matéria de comportamento normativo eram os representantes da Igreja, os filósofos moralistas e até mesmo os juristas partidários do jusnaturalismo. Já os "sofistas", por seu turno, se faziam presentes nas figuras dos dirigentes políticos, de seus altos escalões e em pensadores como Hobbes, uma vez que a noção de instrumentalização da Política e do Direito era o ponto forte de seus argumentos: só assim a unidade do Estado e a paz social poderiam ser atingidas.[5]

Nesse sentido, é possível afirmar que Hobbes está muito mais próximo de um pensamento jurídico positivista que propriamente do jusnaturalismo reinante entre os seus pares intelectuais. Nessa fase, o jusnaturalismo se caracteriza pelo apelo à razão como elemento concatenador dos sentidos possíveis da interpretação jurídica, legitimando

---

[5] Como figura exemplar dessa ruptura com o pensamento político medieval temos Maquiavel que, por ser diplomata em Florença, estava envolvido com a questão política do ponto de vista dos bastidores, sendo, por essa perspectiva mesma, um profundo "descrente" da capacidade da Igreja de ordenar politicamente, de levar o povo à obediência civil e promover a unificação da Itália, profundamente fragmentada àquela época. Considerado por muitos como o "criador" da Teoria Política Moderna, Maquiavel rechaçava de forma veemente a adoção da "vida contemplativa" como modelo a ser seguido em sociedade e tentava, sempre, despertar a atenção para a *virtù*, isto é, a ação política eficiente. Nesse sentido, cf. Ames, 2006.

aquele que se revelar mais próximo das leis universais, das leis da natureza cujo intelecto é capaz de acessar. O Direito natural é racional.[6] Como o cenário em que vivia era devastado por guerras religiosas, nem as Leis das Sagradas Escrituras nem as Leis da Natureza teriam condições de obrigar e criar vínculos sociais fortes o suficiente para retirar o homem do "Estado de Natureza", que era o estado de guerra permanente de todos contra todos (*homo homini lupus*), e instituir a paz. Isso só poderia ser feito dentro de um Estado Artificial, o *Leviatã*, por intermédio de leis postas pela autoridade soberana.

Dessa forma, para a consecução da paz social tão almejada, no que se referia à conduta externa, já que, contrariamente à concepção antropológica de Aristóteles do homem como animal político (*zoon politkon*), Hobbes não via no homem uma disposição inata para vida em sociedade, a única razão aceitável para guiar a ação dos súditos seria a "razão de Estado" ou "consciência pública", cujo *locus* de controle dar-se-ia no *foro externo*, diferentemente, portanto, de todas aquelas regras cujo *locus* fosse o *foro íntimo*, como no caso das leis religiosas e naturais que deveriam ser, com mais propriedade, consideradas como meros preceitos de cunho moral, uma vez que não tinham respaldo numa autoridade exterior comum a todos os membros da sociedade. Assim, Direito válido é aquele posto pela autoridade soberana independentemente de seu conteúdo: "A lei civil é, para todo súdito, constituída por aquelas regras que o Estado lhe impõe, oralmente ou por escrito, ou por outro sinal suficiente de sua vontade, para usar como critério da distinção entre o bem e o mal, isto é, do que é contrário ou não é contrário à regra" (HOBBES, 2004, p. 207).

Com essa passagem de Hobbes, encerramos esse breve levantamento histórico,[7] deixando em suspensão, para ser averiguada mais à frente, a questão metodológica subjacente ao confronto entre duas posições distintas entre o que se pode esperar da Justiça em sua

---

[6] Isso não significa que tenha ocorrido uma desvinculação completa entre o Direito natural e os princípios teológicos, uma vez que para muitos autores a ética jusnaturalista não é mais do que a tradução racional da ética religiosa. Essa era a compreensão de Hobbes sobre o jusnaturalismo, daí porque, para ele, o Direito do Estado não poderia coincidir com o sentido atribuído pelos jusnaturalistas. Cf. CASTELO BRANCO, 2004, esp. o item III, Direito e Moral, p. 32 *et seq*.

[7] Em contraposição ao absolutismo de Hobbes, poderíamos tomar a Filosofia do Direito de Kant como um contraponto "jusracionalista" mais condizente com os ditames de um Estado Liberal e bem a contento dos interesses da burguesia. Entretanto, não faremos um aprofundamento nesse tópico porque retornaremos a ele, de certo modo, ao discutirmos algumas consequências decorrentes da adoção de um paradigma positivista marcado por inflexões neokantianas, quando tratarmos da interpretação jurídica em Kelsen.

relação com o Direito: (I) a necessidade de perquiri-la em sua essência assumindo-se como um segundo plano a preocupação de sua realização efetiva e de acordo com o "entendimento possível" do que venha sê-la nas relações sociais ou; (II) a necessidade de realizá-la de forma a se dar primazia ao seu caráter exclusivamente instrumental, ainda que venha, com isso, a se configurar como uma mera noção aparente. Qual deverá prevalecer?

3 Os direitos fundamentais sociais

Podemos, a partir desse momento, acrescentar mais um elemento para compor (e complexificar) a relação que vínhamos discutindo sobre Direito e Justiça: trata-se do qualificador "social" que, agregado à noção de Justiça, aponta para um outro patamar de exigência ético-normativa nas práticas sociais dos Estados Democráticos de Direito.

Como feixe organizador dessa nova configuração a respeito de como devem ser reguladas as ações individuais e institucionais no referido horizonte jurídico-político, temos os chamados Direitos Fundamentais, cujo desafio demarcado pelas profundas limitações em termos de efetividade nos parece chamar a atenção para o problema da concretização normativa vinculada fundamentalmente, pelo menos no Brasil e demais países periféricos, à questão da inclusão sociojurídica de seus titulares — e aí importa entender *de fato* quem são seus titulares — nas várias dimensões em que se manifestam.

Para uma elaboração mais precisa sobre os referidos direitos como alvo de nossa reflexão, cumpre-nos conferir-lhes tratamento dentro de um modelo epistemológico multidimensional, conforme nos ensina Willis Santiago Guerra Filho.

Sendo assim, como dimensão inicial, teríamos a *analítica*, que seria aquela responsável pelo "aparato conceitual a ser empregado na investigação, num trabalho de distinção entre as diversas figuras e institutos jurídicos"; num nível intermediário, cuidaríamos da dimensão *"empírica*, por ser aquela em que se toma por objeto de estudo determinadas manifestações concretas do direito, tal como aparecem não apenas em leis e normas do gênero, mas também — e, principalmente —, na jurisprudência"; e, finalmente, como terceira, que é a que se nos afigura como objeto de interesse imediato neste artigo,[8] consideraríamos a "normativa, enquanto aquela em que a teoria assume

---

[8] Mesmo que um horizonte de maior amplitude venha a ser delineado com apoio mais na segunda dimensão, vazada, aqui, pela monitorização crítica advinda não só da atividade judicial em si, mas da observação dos efeitos que esta produz em seu ambiente social.

o papel prático e deontológico que lhe está reservado, no campo do direito, [...] com o compromisso de complementar e ampliar, de modo compatível com suas matrizes ideológicas, a ordem jurídica estudada" (GUERRA FILHO, 2001, p. 26), ou, ainda, como propõe o mesmo autor (2001, p. 34), com melhor denominação de "crítico-normativa" por ser a que com mais propriedade pode lidar cognitivamente com os componentes axiológicos do Direito, mormente quando se trata dos Direitos Fundamentais.

Daí que uma primeira (e importantíssima) distinção a ser feita já deve dar conta de compreender os Direitos Fundamentais como expressão positiva dos Direitos Humanos. Isso porque o comum de se ver, em certa parcela da dogmática constitucional, são os Direitos Fundamentais não dissociados teoricamente daqueles, o que já seria um significativo obstáculo para o seu correto entendimento a partir da problemática da efetividade: a justificativa, eminentemente política e "quase em brado", de que tais direitos são universais, naturais, anistóricos, e, consequentemente, imprescritíveis e dotados de eficácia *erga omnes*, trata-se de uma quimera que, pragmaticamente, retira o compromisso da ação político-jurídica para implementá-los, fazendo de sua não realização, paradoxalmente, o motivo de manutenção da "integridade" de uma dada comunidade na vã esperança de um dia vê-los consolidados.

Isso traduz a face negativa do que Marcelo Neves compreende como força simbólica[9] do discurso normativo:

> A força simbólica de atos, textos, declarações e discursos de caráter normativo serve tanto à manutenção da falta de direitos quanto à mobilização pela construção e realização dos mesmos. Esta ambivalência significa que o simbólico não se reduz ao "ideológico" no sentido de ilusão negadora de outras alternativas ou ao "retórico" no sentido de uma mera persuasão descomprometida com o acesso aos direitos, pois também, paradoxalmente, incorpora o espaço da crítica ao modelo normativo de fachada. Além do mais, qualquer recurso à força simbólica é sempre arriscado. Por um lado, a afirmação simbólica de direitos e institutos jurídicos, sem qualquer compromisso com o real acesso aos mesmos ou à sua efetivação, pode levar à apatia pública e ao cinismo das elites, como também pode conduzir à mobilização social que contribua para a sua concretização normativa e efetivação. (NEVES, 2005, p. 5)

---

[9] Para um desenvolvimento mais extenso sobre esse tema, cf. Neves, 1994.

Desse modo, pelo lado negativo, a estratégia de validar Direitos Humanos positivando-os nas Cartas Constitucionais como Direitos Fundamentais não passa de artifício retórico. Mas nosso compromisso é outro, pois reconhecer os obstáculos é o movimento inicial para superá-los, tentando visualizar, no fenômeno de positivação, o efeito simbólico impulsionador de transformações sociais.

Para isso, outra categoria de distinção, que se requer seja projetada no plano dos Direitos Fundamentais, está consubstanciada no entendimento da palavra "dimensão" como sinônimo (mais coerente em termos teóricos, ressalte-se) de geração, trazendo-nos, assim, a necessidade de trabalharmos com uma Teoria dos Direitos Fundamentais que os compreenda diacronicamente, por meio de modelos conceituais capazes de integrar a experiência evolutiva acumulada tanto com relação à gênese quanto ao desenvolvimento e aplicação dos mencionados direitos.

Numa brevíssima esquematização, os Direitos Fundamentais de primeira dimensão (geração) são aqueles que exigem uma prestação negativa ou omissão, ou seja, devem ser entendidos como vedação ao Estado (em sua sanha absolutista) de intervir nas esferas da liberdade, da segurança, da propriedade etc., asseguradas aos cidadãos como liberdades públicas individuais. Os de segunda dimensão cuidam das chamadas prestações positivas por parte do Estado, criadas para dar conta de determinadas necessidades coletivas e asseguradas pelos Direitos Sociais, de nítida inspiração no modelo de Estado de Bem-Estar Social do período pós-guerra. Por fim, os de terceira dimensão seriam os Direitos mais condizentes com "ausência de fronteiras" preconizadas pela(s) tentativa(s) — e porque não constatação — de compreender o mundo atual como globalizado, na medida em que não se destinam a proteger destinatários determinados (ou determináveis *a priori*), mas sim uma "transindividualidade" capaz de, num nível elevado de generalização, englobar toda a humanidade: por exemplo, o direito ao meio ambiente saudável.

Para adiantar o nosso expediente, gostaríamos de antecipar a seguinte tese: a cada uma das dimensões (gerações) dos Direitos Fundamentais corresponde, grosso modo, uma forma específica de se conhecer (teoria) e de se trabalhar (praticar) o Direito, e, dessa forma, como seria a teoria mais adequada a lidar com essas três dimensões simultaneamente?[10]

---

[10] Seguindo lição de Willis Santiago Guerra Filho: "Que ao invés de 'gerações' é melhor se falar em 'dimensões de direitos fundamentais', nesse contexto, não se justifica apenas pelo

Além disso, especificamente no caso brasileiro, como fazer para que essa teoria seja capaz de superar os obstáculos de uma conjuntura na qual o sistema jurídico, ao atuar, parece dar conta, tendo-se em vista as três dimensões, apenas satisfatoriamente da primeira, insuficientemente da segunda e de modo pífio da terceira?

Nossa resposta provisória deve recair primacialmente sobre a análise dos direitos fundamentais sociais, por serem o elo lógico entre os de primeira e terceira gerações e que, portanto, não há como se assegurar os últimos sem um correto desenvolvimento dos anteriores, e também de que o modelo teórico ainda em uso como paradigma é aquele mesmo produzido numa concepção liberal de Estado, basicamente objetivando a restrição de sua atuação, incompatível, por isso, para o que se espera do referido ente político numa ambiência social (pós) Moderna.[11]

Para que tal hipótese de investigação frutifique e possa vir a subsidiar uma atuação do Estado e do sistema jurídico de modo condizente com os imperativos contemporâneos de um Estado Democrático de Direito, é mister a redefinição do que seja uma Carta Constitucional, bem como da forma pela qual a comunidade política, em especial, os

---

preciosismo de que as gerações anteriores não desaparecem com o surgimento das mais novas. Mais importante é que os direitos gestados em uma geração, quando aparecem em uma ordem jurídica que já traz direitos de geração sucessiva, assumem uma outra dimensão, pois os direitos de geração mais recente tornam-se um pressuposto para entendê-los de forma mais adequada — e, conseqüentemente, também para melhor realizá-los. Assim, por exemplo, o direito individual de propriedade, num contexto em que se reconhece a segunda dimensão dos direitos fundamentais, só pode ser exercido observando-se sua função social e, com o aparecimento da terceira dimensão, observando-se igualmente sua função ambiental" (GUERRA FILHO, 2001, p. 39).

[11] No mesmo sentido, (cf. GUERRA FILHO, 2002, p. 15 *et seq.*) e, recentemente, a entrevista concedida pelo Ministro do STF Carlos Ayres Britto, que afirma que a decisão favorável à instauração de ação penal no caso conhecido nacionalmente como "mensalão" foi motivada também por uma exigência da sociedade: "Foi o maior julgamento em duração, complexidade e magnitude da causa, pela qualidade das pessoas envolvidas, pelo papel social, político e empresarial dos envolvidos. Daí o seu caráter histórico. Ele foi essencialmente técnico, da própria técnica jurídica. Eu tenho certeza de que todo mundo decidiu fundamentadamente. Agora, é uma decisão que comporta outra leitura do ponto de vista ético-político. A tecnicalidade da decisão não nos impede de reconhecer isso: o STF está sintonizado com os novos ares republicanos, democráticos, que permeiam o momento histórico brasileiro. Há uma exigência maior de qualidade de vida política para o país, de uma política permeada de ética. Lancei oralmente um jogo de palavras [no julgamento] que reafirmo: 'Onde a ética na política não é tudo, a política não é nada'. Estamos no limiar de uma era que sinaliza para essa compreensão" (BRITTO, 2007). Que o STF esteja, definitivamente, "sintonizado" com esses novos ares, parece-nos, ainda, uma constatação precipitada, vez que o espectro decisional em que se pode questionar sua orientação "ideológica" é vastíssimo; contudo, isso não afasta o reconhecimento do peso decisório proveniente da pressão da sociedade civil no caso em tela.

juristas e profissionais do Direito, venha a conhecê-la e realizá-la. E, para isso, a questão da interpretação constitucional revela-se a nós como uma discussão catalisadora.

4 A questão da interpretação constitucional

Muitas das dificuldades de lidar teoricamente com o Direito estão consubstanciadas nas intrincadas conexões entre *práxis* e *theoría*, o que, se para aquele que lida com o Direito do ponto de vista da prática, em princípio, não constitui um "problema" no sentido teórico-metodológico, para o cientista do Direito revela-se tarefa extremamente complicada dada à impossibilidade de se exercer um (prévio) controle, extremamente preciso, sobre as variáveis que podem incidir sobre o seu objeto de estudo, o que de fato ocorre com qualquer ciência social aplicada; contudo, no caso da Ciência do Direito há uma intensificação dramática devido à sua repercussão por toda a comunidade que pretende disciplinar.

Há, invariavelmente, uma série de disputas pelo poder de disciplinar (e, muitas vezes, pelo poder de não ser disciplinado), pela priorização de certos fins econômicos e financeiros etc., que se revelam em concepções contrastantes de mundo e dos respectivos *habitus*, e que tentam, ao final da disputa, se impor "legitimamente" como ideologia hegemônica. Tudo isso não pode epistemologicamente "escapar", por assim dizer, do crivo de análise do cientista do Direito, ao menos daquele que se proponha fazer ciência do Direito em sua nova configuração.

Uma dessas dificuldades certamente está relacionada à atividade de se interpretar o Direito. Claro que enquanto atividade, a interpretação já se fazia presente desde muito tempo, inclusive numa sofisticada arquitetônica de técnicas interpretativas no caso do Direito Romano, entretanto, como problema "científico", isto é, como identificação da Ciência do Direito como uma ciência tipicamente hermenêutica, isso ocorreu mesmo no século XIX, donde destacaremos, para os nossos propósitos, o surgimento do positivismo jurídico como uma peculiar forma de se interpretar cientificamente o Direito.

Nesse sentido, é importante entender que *positivismo jurídico* é uma expressão que comporta mais de um significado, porém, mesmo sem adentrarmos especificamente nesse tema, podemos apontar alguns característicos pertinentes ao positivismo jurídico em geral e que serão úteis no sentido de circunscrever algumas das insuficiências atuais em termos de interpretação jurídica decorrentes da ampla utilização que se faz, ainda hoje, desse paradigma.

De acordo com Tercio Sampaio Ferraz Jr.:

> O positivismo jurídico, na verdade, não foi apenas uma tendência científica, mas também esteve ligado, inegavelmente, à necessidade de segurança da sociedade burguesa. O período anterior à Revolução Francesa caracterizara-se pelo enfraquecimento da justiça, mediante o arbítrio inconstante do poder da força, provocando a insegurança das decisões judiciárias. A primeira crítica a esta situação veio do círculo dos pensadores iluministas. A exigência de uma sistematização do Direito acabou por impor aos juristas a valorização do preceito legal no julgamento de fatos vitais decisivos. Daí surgiu, na França, já no século XIX, a poderosa "École de l'Exegèse", de grande influência nos países em que o espírito napoleônico predominou, correspondendo, no mundo germânico, à doutrina dos pandectistas. A tarefa do jurista circunscreveu-se, a partir daí, cada vez mais à teorização e sistematização da experiência jurídica, em termos de uma *unificação construtiva dos juízos normativos* e do *esclarecimento dos seus fundamentos*, descambando, por fim, para o chamado "positivismo legal" (Gesetzpositivismus), com a autolimitação da Ciência do Direito ao estudo da lei positiva e o estabelecimento da tese da "estatalidade do direito". Ernst Rudolf Bierling, dizia no findar do século passado [XIX], que o termo *direito*, em conformidade com a opinião dominante, só caberia ao direito positivo, isto é, o direito válido e vigente em algum tempo e lugar, limitado a um círculo de sujeitos e individualmente determinado. (FERRAZ JR., 1980a, p. 32)

A Ciência Dogmática do Direito, tal como a conhecemos e praticamos hoje, como modelo doutrinário (não teórico no sentido estrito do termo) integrador da hermenêutica e da aplicação do Direito, tem nesse quadro suas matrizes histórico-ideológicas.

Muito se poderia dizer a respeito dos ulteriores desdobramentos desse retrato histórico bem como das discrepâncias sociais que uma ferrenha adesão à concepção de mundo subjacente a esse modelo gera num contexto social como o nosso. Mas, para ficarmos adstritos ao nosso limite temático, pensemos na inadequação desse modelo de Ciência do Direito, formalizado para trabalhar exclusivamente com *regras*, para a interpretação e realização de uma Carta Constitucional como a nossa, que traz normas jurídicas que são regras e normas que são *princípios*.

Vejamos a distinção que Willis Santiago Guerra Filho faz, tendo como pano de fundo a *natureza processual* da Constituição e a sua inserção no contexto histórico contemporâneo, entre regras e princípios:

> As primeiras possuem a estrutura lógica que tradicionalmente se atribui às normas do Direito, com a descrição (ou tipificação) de um fato, ao que se acrescenta a sua qualificação prescritiva, amparada em uma sanção

(ou na ausência dela, no caso da qualificação como "fato permitido").
Já os princípios fundamentais, igualmente dotados de validade positiva e de um modo geral estabelecidos na constituição, não se reportam a um fato específico, que se possa precisar com facilidade a ocorrência, extraindo a conseqüência prevista normativamente. Eles devem ser entendidos como indicadores de uma opção pelo favorecimento de determinado valor, a ser levada em conta na apreciação jurídica de uma infinidade de fatos e situações possíveis, juntamente com outras tantas opções dessas, outros princípios igualmente adotados, que em determinado caso concreto podem se conflitar uns com os outros, quando já não são mesmo, *in abstracto*, antinômicos entre si. (GUERRA FILHO, 2002, p. 17)

Com base nessa diferença, tornar-se-ão mais inteligíveis as teses que passaremos a expor: (subitem 4.1) de que não basta a Ciência do Direito como uma hermenêutica dogmática para dar conta dessa nova concepção de Carta Constitucional no contexto contemporâneo; (subitem 4.2) e de que por se tratar, nessa concepção, de um texto jurídico-político eminentemente principiológico e finalístico, e, em decorrência disso, prospectivo, ele não pode ser compreendido e aplicado apenas no nível dos procedimentos hermenêuticos relativos a fatos passados já "devidamente" normatizados, demandando, para sua concretização normativa e efetividade social, um reconhecimento mais explícito de sua processualidade e a elaboração de uma reflexão mais profunda sobre a exigência atual de *procedimentalização* do Direito; e (item 5) de que, não obstante a necessidade de se reconhecer a procedimentalização como uma imposição da nossa realidade, devemos entendê-la como *realidade histórica*, situada mediante referenciais de tempo e espaço que, se por um lado, são delimitáveis com certa facilidade nessas coordenadas, por outro, a compreensão sobre sua densidade cultural específica é tarefa de inexorável dificuldade, apontando, assim, para uma inevitável imbricação entre as atividades de praticar o Direito e estudar (como teoria e não meramente como doutrina) o Direito, para conhecê-lo e realizá-lo, dentro de uma perspectiva até mesmo existencialista (filosófica) e não meramente praxeológica.

Para esse fim, poderemos aproveitar a interrogação que historicamente a filosofia (e a retórica) vem submetendo ao Direito, sob a orientação da pergunta pela Justiça, para, nos limites desse ensaio, tratá-la pragmaticamente como um metacódigo capaz de redimensionar o discurso jurídico para além do seu conteúdo tecno-formal, tomando-o não só como *tecnologia de controle social*, mas como capaz, também, de levar a uma transformação qualitativa para a vida em sociedade.

4.1 A insuficiência do "método" dogmático como forma de acesso à Constituição – Uma análise da interpretação jurídica em Kelsen

Para cuidar dessa insuficiência, tomaremos como modelo de positivismo jurídico, aquele proposto por Hans Kelsen, em sua obra fundamental — *Teoria pura do Direito* —, por ser o marco do assim chamado *positivismo normativista*, e que, não obstante sua ampla divulgação, via de regra é incompreendida até mesmo pelos "positivistas" mais dogmáticos.

Dessa forma, para Kelsen, a interpretação é uma operação do intelecto sempre presente durante o processo de aplicação do Direito.

É de se notar que o Direito quando é aplicado segue uma progressão natural das leis superiores (mais gerais) até às leis inferiores (mais particulares).

A interpretação não é uma atividade restrita, pelo contrário, atua em diversas esferas do mundo jurídico, desde a hipótese mais frequente que é a da aplicação da lei ao caso concreto por parte do poder judiciário, passando pela atuação da autoridade administrativa e atingindo até mesmo o particular que, não tendo que aplicar o Direito, deve observá-lo. Em suma, todas as normas jurídicas, independentemente do seu grau de hierarquia, devem ser interpretadas, tanto para sua aplicação quanto para sua observação.

Assim, é possível distinguir duas espécies de interpretação: (I) *interpretação do Direito pelo órgão aplicador;* e (II) *interpretação realizada não pelo órgão aplicador do Direito*, incluindo-se aqui o particular em sua atividade de observância das normas jurídicas e a Ciência do Direito em sua atividade cognoscitiva (linguagem descritiva).

Em sua concepção, Kelsen aponta que o Direito prestes a ser aplicado deve ser tomado como uma moldura dentro da qual há várias possibilidades de encaminhamento da interpretação, pois o Direito proporciona, em todas as vezes que vai ser aplicado (e antes dessa aplicação), uma série de possibilidades de "sentido", podendo-se, então, afirmar que será conforme ao Direito todo o ato que traga em si qualquer uma dessas possibilidades.

Segundo Kelsen: "se por 'interpretação' se entende a fixação por via cognoscitiva do sentido do objeto a interpretar, o resultado de uma interpretação jurídica somente pode ser a fixação da moldura que representa o Direito a interpretar e, consequentemente, o conhecimento das várias possibilidades que dentro desta moldura existem" (KELSEN, 2000, p. 390).

Ele entende, diferentemente da jurisprudência tradicional, que a função da interpretação jurídica (como ciência) se resume a *apontar* quais são as diversas significações que uma determinada norma jurídica pode dar ensejo. Não é partidário da teoria usual da interpretação que confere a essa atividade uma maior profundidade: a interpretação não é apenas capaz de descobrir os vários sentidos de uma norma jurídica, como também pode apontar qual é o sentido correto — existe uma única solução correta fundada na própria lei. Essa é uma possibilidade que de antemão afasta, de acordo com o rigor de seu posicionamento epistemológico, do campo da interpretação científica do Direito.

Ora, a confusão da jurisprudência tradicional estaria em caracterizar um ato de vontade do órgão aplicador do Direito (uma escolha "política", portanto) como sendo uma extensão da atividade intelectual de compreensão do Direito. A interpretação descobre os possíveis significados da norma jurídica; a "vontade" escolhe um deles para se tornar Direito positivo no ato do órgão aplicador.

Isso porque a tarefa de obter, a partir da lei, uma única decisão "justa", incluindo-se aqui tanto a sentença como o ato administrativo, não pode ser atribuída com exclusividade à atividade de interpretação:

> Na medida em que, na aplicação da lei, para além da necessária fixação da moldura dentro da qual se tem de manter o ato a pôr, possa ter ainda lugar uma atividade cognoscitiva do órgão aplicador do Direito, não se tratará de um conhecimento do Direito positivo, mas de outras normas que, aqui, no processo da criação jurídica, podem ter sua incidência: normas de Moral, normas de Justiça, juízos de valor sociais que costumamos designar por expressões correntes como bem comum, interesse do Estado, progresso, etc. (KELSEN, 2000, p. 393)

Isso significa que o aplicador do Direito não vai restringir sua atividade cognoscitiva apenas ao Direito positivo, posto que, também, deverá estendê-la a um outro campo de normas de cunho axiológico, fora, portanto, do âmbito de incidência do Direito positivo. Ao aplicar o Direito, ao decidir, levar-se-á em conta, além dos sentidos que a interpretação esclarece sobre determinada norma jurídica, critérios estranhos que vão se integrar no ato de aplicar o Direito, através da vontade (opção política), para aí então cristalizar uma nova norma de Direito positivo, que pode ser geral, como por exemplo, uma lei infraconstitucional fruto do órgão legislativo, ou ainda, uma norma particular resultante de uma sentença com trânsito em julgado ou de uma decisão administrativa.

Essa "interpretação" jurídica, feita por órgãos aplicadores do Direito que é uma mescla entre um ato de conhecimento (não só do Direito positivo) e um ato de vontade (escolha), é denominada *interpretação autêntica*. Em suma, da interpretação oriunda de um órgão aplicador do Direito, distingue-se qualquer outra interpretação, pelo fato de só aquela efetivamente *criar Direito*.

Concluindo o raciocínio exposto até agora, fica claro, portanto, que existe uma importante diferença entre a interpretação feita pela ciência jurídica (não autêntica) e a realizada pelos órgãos jurídicos: a interpretação jurídico-científica restringe-se basicamente a uma atividade de determinação cognoscitiva do sentido das normas jurídicas, não podendo fazer outra coisa.[12] Um advogado quando defende seu cliente, ou um doutrinador quando elege uma linha de raciocínio como a "correta", dentro das diversas significações que uma norma jurídica oferece, não fazem ciência, mas sim política.

A interpretação jurídico-científica deve evitar a ficção de que uma norma jurídica permite apenas uma interpretação — a correta. Em vista da polissemia da maioria das normas, fica evidente que a preconizada segurança jurídica, tão festejada pela jurisprudência tradicional, não passa de um mito, que pode ter vantagens no campo da política, contudo, não goza do mesmo prestígio junto ao meio acadêmico.

Por fim, há que se ressaltar que uma interpretação estritamente científica pode, no entender do autor, trazer uma benesse muito mais relevante do que a pretensa univocidade de sentido adotada pela política — o alerta para o legislador que sua atividade está longe de refletir a exigência técnico-jurídica de formulação de normas menos equívocas, e que, portanto, este deveria ser mais diligente para que, quem sabe assim, um nível mais satisfatório de segurança jurídica possa ser atingido.

Fica claro que Kelsen procurou construir uma teoria do Direito que pudesse "realmente" ser qualificada como ciência. Privilegiando um rigor metodológico e acima de tudo terminológico, ele estruturou sua teoria sobre fortes alicerces lógicos.

Contudo, sua distinção entre interpretação *autêntica* e *não autêntica* não alivia em coisa alguma a posição "delicada" da hermenêutica dogmática, posto que, afinal, de que serve o conhecimento dogmático do Direito, se o que torna efetivamente *determinado sentido* como "correto", dentre os inúmeros que uma norma pode apresentar, não é um ato de conhecimento, mas sim um ato de vontade do órgão (autoridade)

---

[12] Vale lembrar que Kelsen repudia a ideia de que através de uma interpretação de caráter meramente cognoscitivo, se possa criar Direito — jurisprudência dos conceitos. Ressalte-se que, o referido autor consigna que nem mesmo uma função integradora do Direito (preenchimento das lacunas jurídicas) pode ser atribuída à interpretação não autêntica.

competente? Não estaríamos com isso, explicitamente, ao abrirmos mão dessa competência na esfera da Ciência Jurídica, sendo postos à mercê de uma arbitrariedade tal que colocaria em xeque a própria noção de Estado Democrático de Direito? Será que deveríamos continuar nos contentando com o regular e combalido tratamento cognitivo em matéria de Ética e de Direito ou não seria oportuno pleitearmos um incremento científico também nesses campos da normatização da conduta?

Fica extremamente difícil de sustentar, numa época como a nossa, uma teoria do conhecimento do Direito que se coloca na posição de investigar o Direito, valendo-se de proposições jurídicas, seguindo um rigor metodológico e todas as demais exigências a que um verdadeiro sistema de conhecimento deve se ater para ser qualificado como científico, se o que se vê ao final é, no máximo, o reconhecimento dos limites da investigação científico-dogmática, deixando para o campo da política, aqui compreendida como antítese da ciência e, assim, livre inicialmente de preocupações com a qualidade das respostas que oferece, as questões concernentes à determinação do *sentido correto de uma norma jurídica*.

Willis Santiago Guerra Filho, ao tratar da "despedida do paradigma normativista", destaca que:

> É certo que não se pode admitir, nesse terreno, qualquer pretensão a uma interpretação "certa", isto é, verdadeira, verificável por sua correspondência a dados empíricos ou deduzidos de uma ordem objetiva e suprapositiva de valores. Ao mesmo tempo não se pode ir ao extremo oposto, atribuindo à hermenêutica jurídica apenas a tarefa de apontar os diversos significados possíveis de uma norma de uma constelação delas, pois cabe a ela também fundamentar a opção por um desses significados, com fatos e valores consagrados em normas e com a(s) norma(s) de maior grau que se puder relacionar em apoio. A compreensão do modo como se devem comportar pessoas, a qual, em última instância, é o que se pretende alcançar, implica, necessariamente, justificações normativas, que terminam por se converter em dogmas. Importante, para a salvaguarda do estatuto científico da dogmática jurídica, é não transformá-la em instrumento de imunização desses dogmas à crítica e contra-argumentações racionais (ou "razoáveis", já que não só fatos, mas também valores estão envolvidos). (GUERRA FILHO, 2002, p. 204-205)

Não podemos nos esquecer, ainda, de que esse modelo teórico finca suas raízes históricas, dentro de um esquema de análise bastante matizado, no momento em que a concepção liberal de Estado — a qual, como vimos, corresponderia à 1ª dimensão (geração) dos Direitos Fundamentais —, assiste ao aparecimento da versão social de Estado — a qual nos levaria à 2ª dimensão dos mencionados direitos —, portanto, insuficiente para dar conta das exigências normativas a respeito do Direito que se requer para as segunda e terceira dimensões.

4.2 O método procedimental como vetor de realização da Constituição – Mas, que método procedimental?

Pelo percurso que fizemos até aqui, fica evidente que o acesso dogmático à Constituição, isto é, aquele realizado por um método de conhecimento — a hermenêutica dogmática — derivada da teoria jurídica tradicional, é, no mínimo, deficitário em três esferas concêntricas: (I) em primeiro plano, porque não está estruturado para lidar com normas jurídicas que não sejam *regras*; (II) em segundo, porque tributário de um dado contexto histórico em que tanto ciência (saber) quanto política (poder) tinham por prioritários outros tipos de compromissos; e (III) em terceiro, mas não último, porque, em termos epistemológicos, o acesso dogmático à Constituição não permite ao estudioso do Direito um ponto de vista externo[13] capaz de contrapor aos resultados de uma visão mais abrangente que possa situá-lo, bem como a sua atividade, de forma mais consciente quanto à sua inserção funcional numa sociedade que se pretende organizar como um Estado Democrático de Direito.

De acordo com essas colocações, para avançarmos na observação da Constituição de um plano externo ao direito e à política, podemos nos valer da teoria dos sistemas sociais de Niklas Luhmann para conferir às normas constitucionais, mormente os princípios, uma significação em que a sua natureza procedimental fique evidenciada, possibilitando-nos, por essa perspectiva, uma chance de melhor incrementar a "força simbólica" do texto constitucional naquilo que ela tem de positivo. Afinal, nessa concepção teórica, a legitimidade do Direito seria muito mais o resultado do funcionamento dos procedimentos jurídicos do que a consagração da ordem instaurada pelo Direito, por ser a tradução de valores ou quaisquer outros componentes metafísicos.

Tercio Sampaio Ferraz Jr. sintetiza, de forma feliz, essa noção na seguinte passagem:

---

[13] Externo porque ainda se relaciona com o paradigma jurídico tradicional que leva ao ensimesmamento cognitivo. Quando as práticas inter e transdisciplinares forem algo de mais concreto, tal ponto de vista fará parte da própria formação intelectual do egresso dos cursos jurídicos deixando, assim, de ser externo. Para uma discussão a respeito da interdisciplinaridade como um "espaço fluido e instável de comutação discursiva"(cf. NEVES, 2005b).

O tratamento que dá Luhmann ao problema da legitimidade se põe no terreno puramente fático. Uma *estrutura jurídica é* para ele *legítima na medida em que é capaz de produzir uma prontidão generalizada para aceitação de suas decisões,* ainda indeterminadas quanto ao seu conteúdo concreto, dentro de certa margem de tolerância. A posição de Luhmann se insere, até certo ponto dentre as chamadas concepções decisionistas da legitimidade. Normas jurídicas concebidas como decisões só podem ser fundadas em outras decisões, havendo, então, uma decisão última que estabelece inapelavelmente a legitimidade da série. Como as decisões normativas são proposições deônticas, de dever-ser, a elas não cabe a alternativa verdadeiro/falso. Com isso, a possibilidade de se fundar a legitimidade em valores supremos é rechaçada. Isto porque, na série regressiva das decisões, sempre topamos com um pluralismo de valores que não se fundam em verdade, mas são, ao contrário, atos de crença, admitidos como fatos. Luhmann, contudo, é um decisionista mais arguto. Sem eliminar o caráter decisório da legitimidade, ele evita o problema do regresso a uma decisão última no início da série, mostrando que a legitimidade não está ali, mas no próprio processo que vai do ponto inicial do procedimento de tomada de decisão até a própria decisão tomada. É, assim, o procedimento mesmo que confere legitimidade e não uma de suas partes componentes. (FERRAZ JR., 1980b, grifos nossos)

Ora, esse tipo de enfoque, decisionista, é curioso porque, se por um lado, vai além dos limites cognitivos construídos pela dogmática, por outro lado, corre o risco de terminar justificando-a enquanto prática e produção teórica funcional do Direito como que a resguardar a sua dimensão puramente instrumental no plano fático.

Na verdade, a questão que se coloca é saber sobre o tipo de emprego que se dará às análises sobre o Direito advindas desse modelo teórico. Essa é uma celeuma que tem envolvido a teoria dos sistemas sociais autopoiéticos — a de ser ou não crítica da sociedade moderna —, a qual não iremos nos aprofundar além do que considerarmos oportuno para este artigo, mas que, em princípio, podemos dizer que a criticidade ou não dessa, bem como de qualquer outra teoria, segue-se muito mais vinculada ao tipo de *episteme* que propicia ao investigador (ou de que o investigador parte em direção à teoria) do que propriamente como resultado imediato da sua arquitetura interna. Em outros termos: qual o uso social que se faz de uma teoria social?

Sobre esse tema, retornaremos adiante (item 5), por ora convém estudarmos qual o papel que a teoria dos sistemas atribui à Constituição que, de acordo com Giancarlo Corsi, assume uma configuração completamente diferente da tradição jurídica de *fundamento último* do Direito. Por isso,

Desta perspectiva, a constituição é, mais que um vínculo, um fator de liberdade: o valor político das operações jurídicas e o valor jurídico das operações políticas concentram-se, apenas, na referência à constituição, que estabelece por sua vez os critérios de organização política do poder e os critérios de geração do direito. Como se pode notar, neste modo de se observar a constituição não é colocada a questão do vínculo último ou do fundamento dos ordenamentos jurídicos. Pelo contrário: aqui o direito é entendido como um sistema social que se vincula e se funda, por si mesmo, de modo contingente (isto é, sem a necessidade de normas externas ou moralmente superiores). (CORSI, 2001, p. 6)

Nessa passagem, o autor destaca que os textos constitucionais de um modo geral contêm dois grandes conjuntos de dispositivos: (I) os que abarcam os critérios de separação entre os poderes e a forma do Estado, bem como as regras de transformação da própria Constituição; e (II) os que tratam dos Direitos Fundamentais.

Ainda sobre os dispositivos constitucionais referidos em (I), destacamos a relevância das chamadas "organizações formais",[14] que, no caso específico do sistema jurídico, apontam para os Tribunais.

É essa instrumentalização o que possibilita que a comunicação com base no código especificamente jurídico — lícito/ilícito — seja produzida. Considerando o direito sob seu aspecto decisional,

Qualquer que seja o "fundamento" da sociedade e do "direito" apontado, este torna-se visível e praticável operacionalmente apenas no plano das organizações. A constituição demonstra isto de modo bastante evidente: por mais que ela seja colorida pelos tons da democracia e da justiça, e por mais que se declare dependente dos "princípios", toda constituição deve se desvincular destas referências ao estabelecer as premissas decisórias para a organização estatal. Os seus vínculos concretos são, sobretudo, vínculos organizacionais. Também as normas auto-referidas da constituição estabelecem vínculos que não se originam nos limites

---

[14] Para Giancarlo Corsi, esse tema traz à luz uma distinção implícita dos juristas entre: "sistema social do direito, entendido este como um subsistema da sociedade moderna, e organizações formais no interior deste. Por organização entendemos, aqui, simplesmente aquele tipo de sistema social que produz decisões e que, para fazê-lo, elabora seus próprios critérios, tais como: regras de pertinência, procedimentos, hierarquias, programas etc. No caso do direito, é evidente o caráter central dos tribunais, o que não faz com que outras organizações, mais periféricas, sejam menos relevantes. Certamente o direito não se exaure em suas organizações formais: qualquer disputa ou qualquer comportamento extra-organizacional que é selecionado tendo em vista a contraposição entre lícito e ilícito, consentido e proibido, entre razão e errado, ou entre constitucional e inconstitucional, contribui para a reprodução do direito. Ocorre, no entanto, que o aparato jurídico moderno seria inimaginável sem a contribuição das organizações" (CORSI, 2001, p. 8).

das estruturas organizacionais, ainda que os constituintes tenham tratado do problema da limitação das possibilidades de modificação da constituição. (CORSI, 2001, p. 10)

Todavia, o aspecto que mais nos interessa sobre as organizações, de acordo com o que nos propusemos a discutir neste texto, refere-se à fluidez do conteúdo dos Direitos Fundamentais. Nesse sentido, Corsi explica a importância das organizações no que se refere à vacuidade semântica dos Direitos Fundamentais, apontando a relevância destas "para a constituição também por um segundo motivo: estas permitem que *valores e princípios sejam traduzidos em programas de decisão*". Isso porque "tais princípios fundamentais (classicamente pensados como liberdade e igualdade) foram formulados de modo a não terem nenhuma consistência semântica: são vazios de conteúdo" (CORSI, 2001, p. 10).

Ora, nesse enquadramento teórico percebe-se um progressivo esvaziamento do conteúdo semântico e até certo ponto normativo dos Direitos Fundamentais em benefício de uma ampliação do seu aspecto procedimental, funcionando como verdadeiros guias para o exercício de um "futurismo" em âmbito jurídico, na medida em que possibilitam uma contínua reconstrução da "realidade".

Conforme destaca Corsi,

A extraordinária peculiaridade dos procedimentos organizados encontra-se, precisamente, na artificialidade com a qual a realidade é desconstruída e reconstruída, permitindo que se chegue a uma decisão. Os procedimentos judiciários são os casos mais evidentes — basta pensarmos na construção dos elementos de prova — mas isto vale para qualquer processo ativado nas administrações. Neste passo, torna-se indispensável a vacuidade semântica dos valores e dos princípios: o princípio da igualdade, para tomarmos o exemplo mais evidente, é universalmente aceito apenas porque, de fato, não especifica os critérios de sua aplicação; dizendo de outro modo, porque não oferece nenhum elemento para o seu reconhecimento. (CORSI, 2001, p. 11)

Essa aparente incongruência, pelo menos para quem a lê sob a perspectiva dogmática, é o que possibilita a existência da democracia mais próxima do plano empírico, uma vez que só a possibilidade e a garantia do *dissenso* (cf. NEVES, 2005, p. 9 *et seq*.) é o que torna a democracia como uma (super) ideologia permeável em seu interior a outras ideologias, inclusive àquelas que são ostensivamente antidemocráticas.

Não existe, dentro dessa perspectiva teórica, um critério material, *a priori*, de reconhecimento a respeito da igualdade entre os cidadãos, a não ser aquele formal que, por exemplo, numa demanda judicial deveria proporcionar igualdade de acesso às instâncias jurisdicionais — ainda que no Brasil isso seja uma constatação complicada.

Vejamos, a esse respeito, mais uma vez as colocações de Giancarlo Corsi:

> O reconhecimento da igualdade é deixado para o aparato organizacional e apenas através do procedimento podem ser construídos argumentos para que se decida se as diferenças encontradas são compatíveis com o princípio da igualdade. Desta forma origina-se a incerteza sobre a decisão final que caracteriza e justifica as modernas burocracias. A certeza do direito, neste sentido, não é certeza de justiça, pelo contrário: quem pensa ter suficiente razão para promover um processo experimenta um grande temor (de todo modo justificado) diante daquilo que pode ocorrer quando suas boas razões são reconstruídas pelo procedimento. [...] De outro modo, não seria necessário esperar-se por uma decisão, assim como não teria sentido algum o longo processo de abstração dos direitos fundamentais que, dos direitos dos pares (isto é, daqueles que pertenciam aos estratos elevados) tornaram-se direitos de todos (que, por sua vez, não são "pares"). (CORSI, 2001, p. 11-12)

Ressalte-se que esta incerteza quanto ao resultado do processo judicial é o que abre o Direito à diversidade de possibilidades de construção do futuro. Isso, entretanto, demanda das organizações, por meio de seus procedimentos, a promoção do que Corsi chama de "homogeneização do passado", o que implica numa atitude contínua no sistema social (e também nos subsistemas) de sucessivas formatações do passado, de modo que, segundo o autor, não se deva ter em mente o significado de esquecimento, mas apenas de "perda do caráter vinculante tanto do passado quanto das diferenças sociais (ainda existentes)" (2001, p. 16), e no caso específico do sistema jurídico temos que:

> mediante as constituições e o esvaziamento semântico dos seus valores, o direito moderno neutraliza o passado, expondo-se, desta forma, à dependência de um futuro que — exatamente enquanto tal — é imprevisível e ignorado. [...] A invenção da constituição forneceu ao direito um instrumento extremamente refinado para a relegitimação daquilo que já existia como aparato normativo, capaz de reorientar a dinâmica do sistema do direito em relação ao futuro, e não mais em direção ao passado. Isto torna-se possível com a inversão da regra segundo a qual a lei nova vem derrogar a lei velha: para a constituição, vale o contrário. [...] A complexidade dessa construção é muito refinada: no *presente* decide-se sobre uma constituição que deverá valer no *futuro* como um *passado* vinculante, mas apenas até que em um *presente futuro*

não se decida por modificá-la. Neste sentido, tudo poderia ser. Mas, se assim é, porquê os direitos fundamentais? (CORSI, 2001, p. 16-17)

Ao que tudo indica, seriam recursos simbólicos capazes de assegurar a funcionalidade do Direito positivo bem como a sua legitimidade por intermédio dos procedimentos, uma vez que, em sociedades altamente complexas, a dependência de um Direito exclusivamente pensado a partir de normas jurídicas gerais e abstratas não seria suficientemente adequado para lidar com os inúmeros interesses (sobretudo os de caráter coletivo ou transindividuais) e possibilidades de ações a requerer disciplinamento por parte do sistema jurídico (cf. GUERRA FILHO, 2002, p. 94). Destarte, segundo Giancarlo Corsi, respondendo à última pergunta, os Direitos Fundamentais existem:

> Certamente, não para que estes sejam respeitados, senão em casos muito particulares. Como acima já acenamos, os direitos fundamentais são expressos de acordo com um catálogo clássico que se contenta com a sua suposta universalidade, sem especificar como estes podem, na realidade, ser reconhecidos. Mas se aceitamos a idéia de que todo direito fundamental e todo valor têm sentido, apenas, porque deixam indeterminados os critérios de sua própria violação (ainda que lícitas, produzidas por procedimentos, derrogações ou exceções), podemos ver nestes um modo decisivamente particular de representar-se a indeterminação daquilo que, no sistema do direito, é possível. Em outros termos: mediante a sua constitucionalização, os direitos fundamentais tornam-se símbolos de futuras diferenças, são unidades que têm sentido apenas como diferenças ainda desconhecidas e sobre as quais dever-se-á (eventualmente) decidir. (CORSI, 2001, p. 17)

A essa altura de nossa reflexão, retomamos o problema levantado anteriormente com Marcelo Neves, acerca da força simbólica dos Direitos Humanos e, por extensão, dos Direitos Fundamentais, e podemos nos fazer os seguintes questionamentos: (I) em que medida essa preferência pela procedimentalização do Direito, apesar de abrir inúmeras possibilidades de entendimento e de atuação, não pode ser compreendida também como uma aceitação funcional meramente conformadora (e conformista) deste, ao menos nas sociedades periféricas?; (II) existe alguma garantia de que tais direitos, mesmo positivados, possam ser concretizados normativamente e efetivados empiricamente?; (III) haverá espaço, ainda, para se sustentar a esperança de Justiça e igualdade social ou será mais prudente, para evitar decepções, aceitar a fatalidade de um destino que, não obstante fruto de ações pretéritas, se apresenta como inevitável (ou com naturalidade)?; (IV) finalmente, será viável perquirirmos sobre uma orientação de sentido (ético?) para os "procedimentos" jurisdicionais que não seja tautológica, isto é, que não esteja fundada nos próprios procedimentos, escapando, assim, do destino de *Sísifo*? Tentaremos lidar com essas indagações no próximo item.

5 A "Justiça" como metacódigo e a superação do positivismo

De tudo o quanto foi visto até aqui, podemos, sob a orientação das últimas indagações, concatenar o nosso exercício reflexivo com base no seguinte eixo temático: o que cuida da relação entre Direito e Justiça e da "socialização" dessa relação por meio da problemática da efetividade dos Direitos Fundamentais.

Na verdade, quase à guisa de (in)conclusão, procuraremos encaminhar uma reflexão, ainda de certo modo embrionária e exploratória, a respeito da possibilidade de se avançar no entendimento dessa relação, difícil e complexa, entre Direito e Justiça, bem como na repercussão prática desse entendimento em termos de uma melhor configuração da legitimidade empírica — no sentido de vincular-se a algum grau de concreção — do Direito, isto é, que não seja meramente procedimental, ainda que isso não implique na desconsideração dessa dimensão.

Para prosseguirmos neste empreendimento, iremo-nos valer da estratégia subsequente: cuidar da discussão proposta pelo referido eixo temático a partir dos três principais aspectos que nortearam a construção do nosso texto: (I) estrutural-metodológico; (II) estrutural-pragmático; e (III) estrutural-empírico. Para cada um deles, será estabelecido um diálogo com os autores que nos inspiraram.

Sendo assim, no que se refere ao estrutural-metodológico (I), nosso interlocutor mais profícuo será João Maurício Adeodato,[15] haja vista que, por meio desse diálogo, poderemos tornar mais evidentes as razões de se tratar (e problematizar) a dogmática jurídica a partir de uma perspectiva jusfilosófica quando, na maioria das discussões doutrinárias em Direito — por serem intradogmáticas — essa variante sequer é cogitada.

Nesse sentido, para compreendermos o Direito dogmaticamente organizado como uma aquisição evolutiva de determinados Estados

---

[15] Em especial, o capítulo nono da obra já referenciada nas primeiras páginas deste artigo, intitulado: Do positivismo da Modernidade à crise de legitimidade da Pós-Modernidade, p. 181-212.

ocidentais — e não como a única forma possível de Direito contemporâneo, agora, globalizado[16] — precisamos transcender os obstáculos epistemológicos que a assunção espontânea (irrefletida) de sua filosofia, de sua metodologia e, principalmente, de sua prática acaba impondo a quem tenta se aproximar de um entendimento que não seja "leigo" a respeito do "mundo jurídico".

A esses obstáculos, o autor nomeia de abismos *gnoseológico*, cuja tarefa de solução cabe à epistemologia jurídica — e que não adentraremos aqui[17] —, e *axiológico*, em que o campo de incursão de tratamento refere-se, essencialmente, à ética jurídica (cf. ADEODATO, 2006, p. 184).

A ideia, então, de necessitarmos refletir acerca desse abismo axiológico aponta diretamente para a discussão, também levantada anteriormente, sobre a *legitimidade*, e que o autor nos mostra ser a tentativa de lidar com o referido abismo que mais tempo permaneceu no pensamento jurídico ocidental, tendo sido suplantada só mais recentemente com o advento do positivismo, em cujos fundamentos encontra-se a autodeterminação do Direito positivo — ou ausência de necessidade de legitimação exterior[18] (cf. ADEODATO, 2006, p. 190) —, solo teórico em que a dogmatização do Direito moderno acaba referendando a tese de legitimidade pelo procedimento.

E, sob esse argumento, retomamos o embate dos primórdios da modernidade entre o Direito Natural e o Direito Positivo e que pode ser resumido, nas palavras do autor, com a questão de se saber se: "o direito é fruto da vontade do poder empiricamente estabelecido, autodeterminado e autolimitado, ou se há direito acima e independentemente do poder efetivo. A questão atual da universalidade dos chamados direitos humanos é ilustrativa a respeito" (ADEODATO, 2006, p. 190).

Parece-nos que, para ampliar nossa capacidade de entendimento sobre o Direito moderno e a sua forma específica de atuação social, seria importante a teoria jurídica superar, como decorrência do positivismo, a excessiva centralização explicativa de vários aspectos concernentes ao fenômeno jurídico como, por exemplo, tratar da legitimidade como problema jurídico secundário, na medida em que a única concessão possível a esse tipo de indagação acaba sendo, por um viés intradogmático,

---

[16] Para uma visão panorâmica desse tema, (cf. FARIA, 2007).
[17] A respeito da problemática epistemológica, cuidamos com mais propriedade em nossa obra sobre a crise do ensino jurídico (cf. PAULINO, 2008).
[18] Nesse sentido podem ser lidos os conceitos de "dinâmica jurídica" de Kelsen ou de "autopoiese do Direito" de Luhmann.

o reforço da tese de que o Direito legitima a si próprio por intermédio dos seus procedimentos racionalizados (no sentido da racionalização burocrática de Weber).

Para pensarmos em alternativas ao recrudescimento da "impessoalidade" do mundo moderno (ou da "gaiola de ferro"), a perspectiva de deslocamento de técnicas, instrumentos e "motivações" de análise para uma compreensão mais percuciente das sociedades pode muito bem ser empreendida com o desenvolvimento da *etnometodologia* (cf. ADEODATO, 2006, p. 193), isto é, da assunção das práticas relacionais como foco das investigações sobre "normatividade", cujos conteúdos de significado são formulados pelos agentes (racionais?)[19] em sua existência cotidiana e, posteriormente, formalizados mediante um tratamento científico empírico-indutivo, contextual, portanto, e não meramente lógico-dedutivo (desenraizado e dogmático).

Na nova Ciência do Direito[20] o "mundo exterior" conta como realidade a ser conhecida e o Direito é visto como construção histórico-evolutiva, não como algo hipostasiado.

Mas, em termos metodológicos mais estritos e vinculados de forma mais rente aos nossos propósitos, temos a questão da obrigatoriedade da interpretação normativa, ou dos textos legais, uma vez que a norma precisa ser explicitada a partir desses textos, mas, nesse caso, interpretar significa extrair o conteúdo normativo do texto legal ou podemos falar também numa "produção" de sentido a partir dos textos?

Sobre a construtividade (ou construcionalidade) da interpretação jurídica não temos dúvida; o que nos chama a atenção é a explícita falta de *consciência metódica* quanto a essa propriedade da interpretação, o que leva não à ausência dessa propriedade na interpretação efetivada por quem não tenha consciência do que faz, mas às inconsistentes e, não raro, mais absurdas e descabidas decisões judiciais do ponto de vista de suas fundamentações.[21]

Nesse sentido,

Note-se, sobretudo, mas não unicamente nos países periféricos, que muitas vezes os próprios juízes e demais agentes jurídico-dogmáticos são limitados intelectualmente para essa difícil tarefa concretizadora

---

[19] Ver, adiante, considerações a respeito do "agente racional" no aspecto estrutural-empírico (III).
[20] Sobre os novos caminhos da Ciência do Direito, (cf. AGUILLAR, 2003).
[21] É claro que nesse quesito se inserem também as manifestações de advogados, procuradores, promotores etc.

e prendem-se a um formalismo silogístico que, já inadaptado a um regime ditatorial subdesenvolvido como aqueles que aqui e ali têm pontificado na América Latina e alhures, mostra-se inteiramente incapaz de responder às demandas sociais do direito dogmático que caracteriza as democracias modernas. (ADEODATO, 2006, p. 208)

Para afastarmos a falta de consciência aludida acima, precisamos trabalhar com a interpretação jurídica agregando o segundo aspecto: o estrutural-pragmático (II). Aqui o diálogo far-se-á com Tercio Sampaio Ferraz Jr., especialmente no que se refere à questão de sabermos se é possível se atingir a "verdade" numa interpretação normativa.

Utilizando-nos do universo linguístico como espaço de generalização da experiência jurídica, e tendo como ponto de partida uma concepção convencionalista da língua (cf. FERRAZ JR., 2001, p. 34 *et seq.*), podemos derivar o problema da verdade, no sentido de uma correspondência entre língua e "essência" das coisas no plano empírico (concepção essencialista da língua), para a correspondência de sentido dentro de uma dada comunidade linguística, assumindo, assim, como relevante, em termos de uma análise pragmática, a ligação entre significante e significado em relação ao emprego usualmente estabelecido dentro da comunidade. O problema que se nos apresenta então é menos o de saber sobre a verdade[22] da língua e mais o de entender como se dá o sucesso (funcional) de uma comunicação — o uso linguístico.

No caso de ser impossível perquirir sobre a verdade/falsidade de uma palavra, resta-nos a possibilidade de "definir de forma *estipulativa*, isto é, propomos um novo uso para o vocábulo, fixando-lhe arbitrariamente o conceito" (FERRAZ JR., 2001, p. 37). Daí que nesses casos o que vale é o exame da funcionalidade de uma definição, que é sempre medida de acordo com as intenções do estipulante:

> Quando essa estipulação, em vez de inovar totalmente (por exemplo, "ego", "superego", na psicanálise), escolhe um dos usos comuns, aperfeiçoando-o (*norma* como prescrição de um comportamento, dotada de sanção), então falamos em *redefinição*. As estipulações não podem ser julgadas pelo critério da verdade, mas por sua *funcionalidade*, o que depende, obviamente, dos objetivos de quem define. Assim, uma redefinição ou estipulação do que se entenda por "justiça" será funcional ou não, conforme o objetivo do definidor seja atendido. Ela poderá

---

[22] O que pode ser pensado, também pragmaticamente, no caso de definições lexicais, ou seja, aquelas que lidam com o uso já estabilizado de um vocábulo, afastando-se, ainda aqui, de uma noção "essencialista" de verdade.

ser clara e precisa, mas não funcional, se o objetivo, por exemplo, é persuadir um eleitorado heterogêneo a votar certas medidas (quando, então, o uso deveria ser difuso e obscuro, para cooptar o máximo de apoio). (FERRAZ JR., 2001, p. 37)

Essas considerações fazem, portanto, com que a problemática da interpretação verdadeira da norma jurídica seja deslocada para a de saber como ela pode ser funcionalmente bem-sucedida, isto é, põe às claras que o que está em jogo é uma disputa pelo poder e não pela verdade e, muito menos, pela Justiça.

A interpretação de um modo geral, e especificamente a jurídica, passa a ser vista como uma atividade de decodificação e recodificação de signos que, do ponto de vista dos jogos de linguagem, numa disputa pelo lugar de quem manda, tende, ao que parece, a se afastar da preocupação com a verdade (abismo gnoseológico) e com a ética (abismo axiológico) para privilegiar o "poder" como o grande código — ou metacódigo — organizador e doador de sentido para a atuação dos *players* no ambiente sociolinguístico, transformando o Direito e sua Ciência, respectivamente, em meras técnica e tecnologia de controle e de dominação social.

Nesse sentido, a Ciência do Direito perde o interesse, por ser disfuncional, em se aprofundar numa investigação capaz de avançar na tarefa de desvendar os possíveis conteúdos de significado de Justiça, conforme a tradição jusfilosófica do ocidente, bem como de projetar e construir novas possibilidades, por exemplo, as que agregam uma dimensão social à noção de Justiça (2ª dimensão dos Direitos Fundamentais).

O ingresso da Justiça, num cenário sociolinguístico em que a disputa pelo poder não é mais apenas política, mas acima de tudo econômica, dado o Mercado *ser*, em termos de uma versão que se pretende hegemônica a respeito da globalização, onisciente e onipresente, isto é, dotado de uma existência tenazmente contígua à nossa, tanto que até "calmo" ou "nervoso" se apresenta nos noticiários e jornais, acaba sendo como que um "artifício" retórico (aqui no sentido *pejorativo* do termo) de reforço dos efeitos simbólicos negativos dos Direitos Fundamentais: a dificuldade (quase) intransponível de romper com as desigualdades sociais naturalizadas justifica a manutenção do *status quo* ao mesmo tempo em que mantém aceso o finíssimo pavio da esperança como mecanismo de docilização das massas.

A disputa simbólica gera, no entanto, efeitos empíricos evidentes e, paradoxalmente, opacos no âmbito de uma gigantesca invisibilidade social. Estamos, agora, diante do aspecto estrutural-empírico (III) de nossa investigação e o diálogo centralizar-se-á em Jessé de Souza (2006, p. 23-53).

De acordo com o autor, a questão da desigualdade social — endêmica em países periféricos como o Brasil —, ao contrário do que sustentam as análises acadêmicas de maior prestígio nacional e internacionalmente, teria muito mais a ver não com a distorção do processo de modernização por meio de sua recepção insuficiente (e defeituosa) por parte dos países "atrasados", mas com a sua real incorporação sem o necessário ajustamento estrutural. Assim, a veiculação dos valores e o "correto" funcionamento das instituições modernas estariam ocorrendo de uma forma tão eficiente que seriam os grandes responsáveis pelo aumento do fosso da desigualdade nesses países, haja vista que a pergunta a ser feita deve ser sobre o abismo interno a cada país que separa um núcleo moderno de todo um entorno pré-moderno e amplamente massificado.

Ao invés de um problema de decomposição "personalista" dos programas de modernização importados do centro do sistema mundial, teríamos, em larga medida, uma concorrência de programas — um moderno e outro subdesenvolvido — tentando disputar a primazia no ambiente social, em que, o primeiro, por ser mais "sofisticado" em termos de dominação simbólica e estar vinculado às organizações burocráticas acaba se sobrepondo ao segundo do ponto de vista da visibilidade social — pois o centro é que dita o movimento — e o segundo, assim, acaba sofrendo as consequências da exclusão social por falta de visibilidade.

No entanto, este, por contar com um conjunto de (sub) *players* numericamente superior, acaba produzindo também um tipo de resposta (dentro do cenário definido pelo e a partir do centro), menos sofisticada simbolicamente e de natureza mais rude, seja pelo efeito de negação dos direitos sociais dessa população — educação de péssima qualidade, precariedade das condições de infraestrutura, abandono no que concerne à saúde etc. —, seja pelo aumento substancial da violência com que tentam sobreviver em sociedade: não possuindo requisitos simbólicos suficientes para disputar em "igualdade" de condições pelos recursos numa sociedade altamente competitiva e capitalista, só resta a alternativa de estratégia, ainda que seja a violência que, ao final, acaba vitimando a todos.

Como isso repercute na questão dos Direitos Fundamentais? Segundo Jessé Souza, em interessantíssima e complexa análise dos processos de interação simbólica, o foco está no problema de atribuição de reconhecimento social. Trabalhando com pensadores como Charles Taylor e Pierre Bourdieu, o autor chama a atenção para o critério construtor de hierarquias no Ocidente — "o compartilhamento de uma dada estrutura psicossocial" — e para como tal critério se torna o "fundamento implícito do reconhecimento social".

Para Jessé Souza,

> É essa estrutura psicossocial que é o pressuposto da consolidação de sistemas racionais-formais como mercado e Estado, e depois produto principal da eficácia combinada dessas instituições. É a generalização dessas mesmas pré-condições que torna possível falar-se em "cidadania", ou seja, um conjunto de direitos e deveres no contexto do Estado-nação compartilhado por todos numa pressuposição de efetiva igualdade. As considerações de Taylor sobre a "dignidade", enquanto fundamento da auto-estima individual e do reconhecimento social, remetem, portanto, à relação entre o compartilhamento de uma economia emocional e moral contingente à possibilidade de reconhecimento social para indivíduos e grupos: *para que haja eficácia legal da regra de igualdade é necessário que a percepção da igualdade na dimensão da vida cotidiana esteja efetivamente internalizada.* (SOUZA, 2006, p. 31)

No que concerne ao estudo do modo de implementação dessa nova hierarquia por meio do mercado e do Estado, bem como à sua eficácia, o autor sinaliza que a análise de Taylor não esclarece bem esse aspecto, e,

> Desse modo, para avançarmos ainda mais um passo no nosso esforço de concretização de análise, gostaria de usar as investigações de Pierre Bourdieu do modo a tematizar adequadamente a questão fundamental que permite pensar o reconhecimento social, objetivamente produzido e implementado institucionalmente, como núcleo mesmo da condição de possibilidade de se estabelecer *distinções sociais a partir de signos sociais opacos perceptíveis por todos de maneira pré-reflexiva.* (SOUZA, 2006, p. 31)

Para tentar entender como essa situação se processa num meio social moderno — central ou periférico — o autor toma o conceito de *habitus* de Bourdieu e o redefine, tendo por referencial um limite para baixo (*habitus* precário) e um limite para cima (*habitus* secundário).

Vejamos, de forma sucinta, o que significam esses conceitos:

> Assim, se o *habitus* primário implica um conjunto de predisposições psicossociais refletindo, na esfera da personalidade, a presença da economia emocional e das pré-condições cognitivas para um desempenho adequado ao atendimento das demandas (variáveis no tempo e no

espaço) do papel de produtor, com reflexos diretos no papel do cidadão, sob condições capitalistas modernas, a ausência dessas precondições, em alguma medida significativa, implica a constituição de um *habitus* marcado pela precariedade (SOUZA, 2006, p. 41)

A diferença entre as sociedades centrais e periféricas estaria, desse modo, na ampliação da abrangência conceitual do *habitus* primário, o que responderia por que para aquelas a marginalização se constitui num fenômeno real, mas de menor repercussão social, enquanto que em países como o Brasil torna-se uma verdadeira endemia.

Quanto ao *habitus* secundário, este estaria conectado com o extremo oposto (limite para cima), e muito mais próximo à questão da distinção social pela construção de uma identidade psicossocial diferenciada para além do patamar básico, isto é, do *habitus* primário, reelaborando a temática do reconhecimento social num outro nível.[23]

Nesse sentido,

> As lutas entre as diversas frações da classe dominante se dão, precisamente, pela determinação da versão socialmente hegemônica do que é uma personalidade distinta e superior. A classe trabalhadora [no horizonte de análise de Bourdieu], que não participa dessas lutas pela definição do critério hegemônico de distinção, seria um mero negativo da idéia de personalidade, quase como uma "não-pessoa", como as especulações de Bourdieu acerca da redução dos trabalhadores a pura força física deixa entrever. Nesta dimensão do *habitus* secundário, não me parece existir qualquer diferença de vulto entre as sociedades modernas do centro e da periferia. Nesta esfera da produção de desigualdades, ao contrário do que proclama a "ideologia da igualdade de oportunidades" nos países avançados, os dois tipos de sociedade estão no mesmo patamar. (SOUZA, 2006, p. 44)

E qual seria, então, o ponto de apoio para diferenciar as sociedades centrais das periféricas no que se refere à aquisição da cidadania bem como à efetivação de Direitos Fundamentais?

A distinção fundamental entre esses dois tipos de sociedades "modernas" parece-me se localizar na ausência de generalização do *habitus* primário, ou seja, ao contrário da universalização efetiva da categoria

---

[23] É claro que, aqui, subjaz a possibilidade de uma versão massificada e altamente superficial dessa distinção para cima, o que o autor também destaca, em que a única individualização que ocorre é momentânea e aparente como aquela produzida por um flash que, em seguida, se apaga.

de produtor útil e cidadão nas sociedades avançadas, nas sociedades periféricas. Nestas últimas, constitui-se, na verdade, um fosso moral, cultural, político e econômico entre as classes incluídas na lógica do mercado, Estado e esfera pública, e a "ralé" excluída. Em todas as sociedades que lograram homogeneizar transclassisticamente este aspecto fundamental, este foi um *objetivo perseguido como uma reforma política, moral e religiosa de grandes proporções, e não deixada ao encargo do "progresso econômico"*. (SOUZA, 2006, p. 44, grifos nossos)

Em síntese, após essas longas linhas, é chegado o momento de explicitarmos um pouco mais a nossa hipótese de investigação.

A tese que sustentamos é a de que os assim chamados Direitos Fundamentais, mormente os sociais (2ª dimensão), mesmo que processados numa dinâmica de entendimento que os expõe, do ponto de vista de uma análise sociológico-sistêmica, como vazios de conteúdo e que, portanto, acabam sendo operacionalizados como elementos simbólicos de legitimação do Direito mediante sua procedimentalização, ainda podem suscitar, no Brasil, um tratamento conexo com uma dimensão empírico-material, sob o risco de se deixarem empregar, se isso não ocorrer, exclusivamente como força simbólica de caráter negativo o que aumentaria as desigualdades sociais, enfraquecendo e afastando a possibilidade de implementação de um Estado Democrático de Direito.

No âmbito estrutural-metodológico (I), procuramos expor a importância de se lidar, no tocante a uma nova Ciência do Direito, com metodologias mais adequadas a propiciar um melhor entendimento da ambiência social por parte dos que militam no sistema jurídico.

No âmbito estrutural-pragmático (II), procuramos entender como a interpretação jurídica pode assumir uma função hermenêutica que, a pretexto de lidar racionalmente com as contingências de uma sociedade complexa, pode terminar por dissimular relações de "poder" fazendo do Direito uma tecnologia a serviço de seus titulares, nem sempre comprometidos com os ideais e valores que fazem circular de forma massificada.

No âmbito estrutural-empírico (III), procuramos desvelar os planos em que essa dominação simbólica ocorre, tentando compreender como as posições sociolinguísticas dos integrantes de uma dada sociedade são constituídas, quase sempre à revelia dos mesmos, ainda mais quando os limites dessa sociedade tendem a ser redefinidos por uma forma específica de se interpretar a globalização: a que prega a hipertrofia do Mercado.

Os três aspectos supracitados unem-se, agora, sob a égide da relação entre Direito e Justiça, sugerindo um possível encaminhamento para se tentar equacionar a questão a partir do sistema jurídico.

Significa tomar a Justiça não dentro de uma perspectiva de verdade essencial tampouco como artifício retoricista, mas sim, crítica e pragmaticamente, como um metacódigo capaz de redimensionar o Direito, do ponto de vista das interações simbólicas, como um instrumento de reconstituição da tessitura social e não simplesmente de manutenção do *status quo*.

Para isso, o Direito tem de ser pensado para além do texto normativo, numa postura de superação do excessivo apego à norma (como referência às *regras* jurídicas para lembrarmos da distinção proposta por Willis Santiago Guerra Filho) preconizada pela ortodoxia positivista, para engendrar, principalmente quanto aos Direitos Fundamentais (normas que são *princípios*), sua "construtibilidade" no plano das decisões jurídicas, fazendo, convergir, assim, concretização normativa e eficácia social.

Seria uma maneira de realocar a atual alopoiese do sistema jurídico brasileiro, tentando, por um lado, minimizar as interferências das posturas "economicistas" que assediam constantemente o Direito tentando impor sua racionalidade econômica como metacódigo, isto é, como padrão último (valoração) de decodificação e recodificação do código lícito/ilícito, bem a contento dos flancos neoliberais e, por um outro lado, tentar compensá-lo pela perspectiva de realização de uma Justiça social, reconhecendo, conforme o diálogo com Jessé Souza, a impossibilidade, ainda, de sustentarmos a autopoiese do Direito por falta de pré-condições que possibilitem o compartilhamento mais extensivo do *habitus* primário entre nós.

Ora, um exemplo mais gritante, segundo a arguta percepção de Jessé Souza, nos revela que

> seria a efetiva existência de um consenso básico e transclassista, representado pela generalização das pré-condições sociais que possibilitam o compartilhamento efetivo, nas sociedades avançadas, do que estou chamando de *habitus* primário, que faz com que, por exemplo, um alemão ou francês de classe média que atropele um seu compatriota das classes baixas seja, com altíssima probabilidade, efetivamente punido de acordo com a lei. Se um brasileiro de classe média atropela um brasileiro pobre da "ralé", por sua vez, as chances de que a lei seja efetivamente aplicada neste caso é, ao contrário, baixíssima. Isso não significa que as pessoas, nesse último caso, não se importem de alguma maneira com o ocorrido. O procedimento policial é geralmente aberto e segue seu trâmite burocrático, mas o resultado é, na imensa maioria dos casos, simples absolvição ou penas dignas de mera contravenção. (SOUZA, 2006, p. 45)

A questão não é de intencionalidade, mas de se averiguar por mecanismos e acordos implícitos de socialização e ressocialização que, numa sociedade em que o *habitus* primário não esteja devidamente difundido, tornam essas questões imperceptíveis, separando cidadãos de subcidadãos, isto é, aqueles com *habitus* primário daqueles com *habitus* precário e sem chance de participar de um contexto social em que se privilegia a "dignidade do agente racional".

Desse modo, ainda temos muito por fazer se quisermos realmente avançar rumo a um Estado Democrático de Direito, e, para isso, a dogmática tradicional – como corpo doutrinário – e a postura de "pretensa" neutralidade axiológica dela decorrente, ambas produzidas dentro de uma concepção de ciência jurídica em correspondência mais proveitosa a um modelo Liberal de Estado, não só não colabora como parece estar trabalhando contra, na medida em que mitifica consciências que acreditam estarem apenas, nos seus quefazeres jurídicos, cumprindo a "lei".

No atual estágio em que vivemos, o de uma sociedade globalizada e pós-moderna, uma teoria jurídica pós-positivista é um imperativo que se nos impõe ali mesmo, no mundo da vida, onde as trocas simbólicas e materiais adquirem significações as mais diversas possíveis e que demandam, por isso, do jurista e mesmo do "prático" do Direito um esforço e uma sensibilidade social mais intensos, sob pena de, no final das contas, o Direito correr o risco de se ver substituído por outras formas de regulação das ações sociais, como, infelizmente, por exemplo, a corrupção que assola o nosso País.[24]

Essa teoria pós-positivista, além da tentativa de equacionar o "abismo gnoseológico", ao buscar o reposicionamento do eixo epistêmico da Ciência do Direito, deve da mesma forma assumir como tarefa inarredável a recuperação da ética jurídica, para cumprir também uma missão ligada ao "abismo axiológico" no qual o Direito parece se ocultar para a maioria dos (sub) cidadãos brasileiros.

De alguma forma, as lições de Aristóteles acerca da Justiça parecem fazer ainda algum sentido, pois, mesmo proferidas num passado tão longínquo, ainda nos fazem indagar sobre qual o posto que efetivamente temos ocupado como profissionais do Direito.

A justiça é a virtude perfeita porque é o exercício da virtude perfeita; e é perfeita num grau especial, porque quem a possui pode praticar sua virtude em relação a outros e não apenas a si mesmo; pois há muitos

---

[24] Nesse sentido, (cf. ADEODATO, 2006, p. 15-39, em especial, p. 32-33).

homens que podem praticar a virtude em seus assuntos privados, mas não podem fazê-lo em suas relações com um outro. É por isso que aprovamos o dito de Bias, "o posto revela o homem", pois no posto a pessoa é colocada em relação com outros e se torna um membro da comunidade. (ARISTÓTELES, 2002, p. 7)

Referências

ADEODATO, João Maurício. *Ética e retórica*: para uma teoria da dogmática jurídica. 2. ed. São Paulo: Saraiva, 2006.

AGUILLAR, Fernando Herren. *Metodologia da ciência do direito*. 3. ed. rev. atual. e ampl. São Paulo: Max Limonad, 2003.

AMES, José Luiz. Religião e política no pensamento de Maquiavel. *Kriterion*, Belo Horizonte, n. 113, p. 51- 72, jun. 2006.

ARISTÓTELES. *Arte retórica e arte poética*. Rio de Janeiro: Edições de Ouro, 1966.

ARISTÓTELES. *Ética a Nicômaco*. *In*: MORRIS, C. (Org.). *Os grandes filósofos do direito*. São Paulo: Martins Fontes, 2002. Livro V.

BITTAR, Eduardo C. B.; ALMEIDA, Guilherme Assis de. *Curso de filosofia do direito*. 4. ed. São Paulo: Atlas, 2005.

BRITTO, Carlos Ayres. Pressão social por ética influenciou decisão do STF sobre mensalão. Entrevista concedida a Silvana de Freitas. *Folha de S.Paulo*, São Paulo, 03 set. 2007. p. A12, 2007.

CASTELO BRANCO, Pedro H. Villas Bôas. Poderes invisíveis versus poderes visíveis no Leviatã de Thomas Hobbes. *Revista de sociologia e política*, n. 23, p. 23- 41, nov. 2004.

CORSI, Giancarlo. *Sociologia da Constituição*. Tradução de Juliana Neuenschwander Magalhães. Belo Horizonte: Faculdade de Direito da UFMG, 2001.

FARIA, José Eduardo. Globalização é um problema, não um destino. Entrevista concedida a Carlos Costa e Emerson Fabiani. *Getulio*, São Paulo, ano 1, n. 2, p. 17- 23, mar. 2007.

FERRAZ JR., Tercio Sampaio. *A ciência do direito*. 2. ed. São Paulo: Atlas, 1980a.

FERRAZ JR., Tercio Sampaio. Apresentação. *In*: LUHMANN, Niklas. *Legitimidade pelo procedimento*. Brasília: Ed. UnB, p. 1-5, 1980b.

FERRAZ JR., Tercio Sampaio. *Introdução ao estudo do direito*: técnica, decisão, dominação. 3. ed. São Paulo: Atlas, 2001.

FERRAZ JR., Tercio Sampaio. *Estudos de filosofia do direito*: reflexões sobre o poder, a liberdade, a justiça e o direito. São Paulo: Atlas, 2002.

GUERRA FILHO, Willis Santiago. *Processo constitucional e direitos fundamentais*. 2. ed. rev. e ampl. São Paulo: Celso Bastos, 2001.

GUERRA FILHO, Willis Santiago. *Teoria processual da constituição*. 2. ed. São Paulo: Celso Bastos, 2002. Instituto Brasileiro de Direito Constitucional.

HOBBES, Thomas. *Leviatã ou matéria*: forma e poder de um Estado eclesiástico e civil. São Paulo: Nova Cultural, 2004. (Os pensadores).

KELSEN, Hans. *O problema da justiça*. 3. ed. São Paulo: Martins Fontes, 1988.

KELSEN, Hans. *Teoria pura do direito*. 6. ed. São Paulo: Martins Fontes, 2000.

NEVES, Marcelo. *A constitucionalização simbólica*. São Paulo: Acadêmica, 1994.

NEVES, Marcelo. A força simbólica dos direitos humanos. *Revista Eletrônica de Direito do Estado*, Salvador, Instituto de Direito Público da Bahia, n. 4, out./dez. 2005a. Disponível em: <http://www.direitodoestado.com.br>. Acesso em: 19 ago. 2007.

NEVES, Marcelo. Pesquisa interdisciplinar no Brasil: o paradoxo da interdisciplinaridade. *Revista do Instituto de Hermenêutica Jurídica*, Porto Alegre, Instituto de Hermenêutica Jurídica, p. 207-214, 2005b.

PAULINO, Gustavo Smizmaul. *O ensino do direito em crise*: reflexões sobre o seu desajuste epistemológico e a possibilidade de um saber emancipatório. Porto Alegre: Sergio Antonio Fabris, 2008.

SILVA, Markus Figueira da. Sedução e persuasão: os "deliciosos" perigos da sofística. Cad. *Cedes*, Campinas, v. 24, n. 64, p. 321- 328, set./dez. 2004.

SOUZA, Jessé. A gramática social da desigualdade brasileira. *In*: SOUZA, Jessé (Org.). *A invisibilidade da desigualdade brasileira*. Belo Horizonte: Ed. UFMG, 2006.

Informação bibliográfica deste texto, conforme a NBR 6023:2002 da Associação Brasileira de Normas Técnicas (ABNT):

PAULINO, Gustavo Smizmaul. Da "justiça" como metacódigo e sua possível relação com a questão da efetividade dos direitos fundamentais sociais: introdução a uma teoria jurídica pós-positivista. *In*: LUNARDI, Soraya (Coord.). *Direitos fundamentais sociais*. Belo Horizonte: Fórum, 2012. p. 115-153. ISBN 978-85-7700-567-3. (Coleção Fórum de Direitos Fundamentais, 8).

A MULHER E O DIREITO SOCIAL AO TRABALHO

JOSÉ CLÁUDIO DOMINGUES MOREIRA

1 Introdução

As dificuldades suportadas pela mulher, para exercer o direito social ao trabalho, assegurado no art. 6º da Constituição Federal, merecem profunda reflexão e abordagem nas suas mais variadas nuanças. A marcha pelo reconhecimento dos direitos fundamentais da mulher é a mesma difícil peregrinação ao rumo da consolidação dos chamados Estados Democráticos.

Refletir sobre o exercício, pela mulher, de seu direito social ao trabalho, é sedimentar conhecimento sobre o capitalismo, a legalidade, o Direito — como ciência social — e arriscar previsões, mesmo que tímidas, sobre o futuro de povos e nações. O direito social ao trabalho é construção definitivamente integrada ao patrimônio cultural da humanidade e se apresenta como uma linguagem de convivência pacífica em sociedade. O reconhecimento, à mulher, do direito social ao trabalho encontra as mesmas dificuldades para a conquista da igualdade às minorias e um capitalismo que não se confunda com escravidão que liquida os sonhos e as esperanças.

As pessoas, evidentemente, não são iguais, não foram "terminadas" e sofrem "mutações", por influências diversas: família, comunidade, momento histórico, tecnologia etc. A vida em sociedade sofre constante modificação. Neste contexto, o Direito é uma ciência social

— só há direito dentro do espaço social, a ciência do Direito resulta de um trabalho de construção teórica, o fenômeno jurídico existe dentro da tessitura social.

Manifestamente, o homem da antiguidade não é o mesmo da atualidade, nem assim será no futuro. O direito social ao trabalho, que deita raízes longínquas, acompanha a evolução da história da humanidade até os nossos dias, e acompanhará, na posteridade, sempre em estado de mutação. A disparidade na distribuição de riquezas — teorias jusnaturalistas que implicaram em restrições aos direitos civis e políticos das mulheres — era justificada pelo fato de se julgar que as mulheres, por natureza, eram inaptas para atividades políticas e econômicas fora do lar.

Esse fanatismo religioso trouxe injustiças e desigualdades entre pessoas, povos e nações, circunstâncias que também refletiram na esfera do direito social ao trabalho, no tocante à mulher. As modificações impostas pela aplicação do Direito, bem como pelo perfil do juiz, ao longo da história, refletiram, diretamente, na forma de interpretação dos direitos sociais durante séculos.

No mundo, quase todos os Estados inseriram em suas Constituições ao menos um núcleo de direitos sociais. Temas como "o Direito como ciência social", "o capitalismo", "a legalidade", "a questão da mulher, no exercício do direito social ao trabalho", "o princípio da igualdade", apresentam aspectos e problemas diversos merecedores de uma constante, individual e aprofundada análise.

Direitos sociais são um mecanismo de aferição do grau de democracia de uma sociedade, e, atualmente, direitos sociais eficazes e democracia são conceitos que se entrelaçam. A mulher tem de ser vista em contexto social, cultural, político, irreversivelmente globalizado, a ensejar uma ordem política cosmopolita, com direitos sociais universais, com autonomia plena para que defina, ela própria, o seu destino, com exercício pleno de seu direito social ao trabalho.

Essa deve ser a visão otimista e realizável que, em busca de se tornar realidade esse anseio, todos nós devemos nos engajar.

2 O Direito como ciência social

O Direito é um produto da convivência social e surge em função da diferenciação das relações sociais, observando-se as condições espaço-temporais localizadas em determinado território. Assim, somente existe direito dentro do espaço social.

A ciência do Direito é obra humana e, por isso, resultante de um trabalho de construção teórica, com proposições que não podem se revestir de caráter absoluto. O fenômeno jurídico sofre influências das inúmeras dimensões do espaço-tempo social, restando necessário um enfoque interdisciplinar da ciência do Direito. Neste contexto, a norma jurídica é um dos aspectos da elaboração do Direito. Na medida em que o Direito é uma ciência social, a eficácia da norma jurídica se mede por sua adequação às proposições teóricas da ciência do Direito e por sua correspondência às aspirações do meio social.

A todos interessa um Direito real, concreto, comprometido com as condições efetivas do espaço-tempo social, fatos que constituem a medida de sua eficácia. As normas jurídicas devem ser constituídas no meio social. Acontecimentos históricos recentes, como a queda do autoritarismo comunista no Leste Europeu, a reconstrução do Estado de Direito nos países latino-americanos, o fortalecimento do capitalismo, foram incapazes de assegurar à mulher o exercício pleno do seu direito social ao trabalho.

Confrontos étnicos na África, intolerância religiosa em diversos países, diferença salarial entre homens e mulheres, maior dificuldade para as mulheres de ascensão profissional, são exemplos de formas de dominação social que perduram, mesmo em sociedades democráticas contemporâneas.Os traços fundamentais da sociedade atual são a diferença e o desacordo, e o Direito, como ciência social, acaba reproduzindo uma concepção que dificulta, em muito, o exercício, pela mulher, do seu direito social ao trabalho.

3 O capitalismo e a legalidade

No capitalismo, a legalidade ganha plenitude e representa a vitória de um governo de leis e do mecanismo institucional, a partir da lógica econômica. Com o Iluminismo, sustentam-se a queda do absolutismo, a vitória das leis sobre o arbítrio, e a ascensão do capitalismo sobre as formas econômicas que lhe eram anteriores.

O princípio da legalidade entrelaçou-se com a liberdade no mercado e dessa união nasceram, dentre outros, a igualdade formal, o contrato (*pacta sunt servanda*). Com isso, o mundo se transformou em um grande mercado, no qual as pessoas são, apenas, compradores e vendedores — a exploração e a dominação social se convertem na vontade jurídica de patrão e proletários, sob o manto sagrado da legalidade.

A preocupação do grande mercado mundial é o lucro, agora amparado pela lei e resguardado pelas instituições. Mas, no capitalismo, a legalidade é formal, a equivalência social é falácia, enganadora, fraudulenta, pois não impede a injustiça real, a coerção econômica, a desigualdade social entre a pequena classe detentora dos meios de produção e a esmagadora maioria da população.

A legalidade e o capitalismo agravaram, ainda mais, as dificuldades da mulher para o seu pleno exercício do direito social ao trabalho. O Código Penal brasileiro, até recentemente, continha artigos que implicavam em verdadeira dominação da mulher no contexto social, p. ex., crime de sedução (CP, art. 217): "Seduzir mulher virgem..."

A mulher desvirginada não merece proteção?, argumentava-se. E do homem, porque não se exige virgindade?, pergunta-se.

Ainda mais, no artigo 319, do referido CP: "Raptar mulher honesta..."

Tal dispositivo se referia à liberdade sexual da mulher, mas, e as outras mulheres? Elas não necessitavam de proteção?

O Código Civil vigente até o limiar de 2003 continha artigos que bem demonstram que o Direito Privado tratava a mulher em condição de inferioridade em relação ao homem, situação que lhe dificultava o pleno exercício do seu direito social ao trabalho.

Destacando, o art. 219: "Considera-se erro essencial sobre a pessoa do outro cônjuge: (...) IV – o defloramento da mulher, ignorado pelo marido".

Esse absurdo, na medida que tal exigência não era feita em relação ao homem, surtiu efeitos legais até a vigência da Constituição Federal de 1988!

"No Brasil, foram necessários 462 anos, desde o início da colonização portuguesa, para a mulher casada deixar de ser considerada relativamente incapaz (Estatuto da Mulher Casada, Lei nº 4.121, de 27 de agosto de 1962); foram necessários mais de 26 anos para consumar a igualdade de direitos e deveres na família (Constituição Federal de 1988)",[1] (...).

Enfim, a dominação da mulher, com seus reflexos daninhos em seu direito social ao trabalho, foi algo autorizado através da legalidade e que interessa ao capitalismo, na medida em que o trabalho, no lar, é necessário e, no contexto social, não remunerado: algo importante para a

---

[1] DIAS, Maria Berenice; PEREIRA, Rodrigo da Cunha (Coord.). *Direito de família e o novo Código Civil*. Belo Horizonte: Del Rey, 2001. p. 143.

manutenção ou fortalecimento dos meios de produção e do lucro, como objeto único de desejo do "grande mercado mundial e globalizado".

4 A questão social

A legislação produzida sob o enfoque da experiência e interesses dos homens restou incapaz para a grande maioria da população feminina de incorporar sua perícia, adquirida na prática, no mercado de trabalho e de lhe assegurar autonomia para a ascensão profissional.

As democracias liberais adotaram estatutos contra a discriminação, com o objetivo de assegurar que as mulheres tivessem acesso à educação, ao emprego etc. No encadeamento dessas ideias sociais, aqueles estatutos não propiciaram a justiça almejada e verifica-se acentuada progressão na segregação da mulher no trabalho, com baixa remuneração, se comparada com a dos homens, maculando o seu pleno exercício do direito social ao trabalho.

O capitalismo, a legalidade, a religião, dentre outros fatores, legaram ao homem o trabalho remunerado e, à mulher, o doméstico, com resultados sociais profundamente desiguais para o sexo feminino. Resultou disso o grande número de mulheres carentes de qualificação relevante para o trabalho, concentrando-as nas prestadoras de serviço e mão de obra apenas em meio período normal e, consequentemente, com salários mais baixos.

Mesmo ingressando no mercado de trabalho, a mulher não deixou o trabalho doméstico, assumindo jornada dupla, que lhe dificulta, ao máximo, a qualificação profissional. Questões sociais que interessam ao capitalismo: trabalho doméstico não remunerado, salário baixo, dominação.

As restrições aos direitos civis e políticos das mulheres perduraram por muitos anos e eram sustentadas pelo argumento de que as mulheres, por natureza, eram inaptas para atividades políticas e econômicas fora do lar. Por décadas, a mulher foi tratada como incapaz, necessitada, portanto, da tutela masculina.

O jusnaturalismo, também, serviu como fundamento para a sujeição legal da mulher ao âmbito doméstico e familiar, tomando como base a maternidade e a necessidade da criação dos filhos. Indaga-se: será que, com a Constituição Federal de 1988, a questão social da mulher e o seu direito social ao trabalho apresentaram avanços reais?

5 O princípio da dignidade humana

A dignidade é o vértice do Estado Democrático de Direito e um dos fundamentos da República Federativa do Brasil, nos termos do art. 1º, III, da Constituição Federal.

A dignidade é um macroprincípio sob o qual irradiam e estão contidos outros princípios e valores essenciais como a liberdade, autonomia privada, cidadania, igualdade, alteridade e solidariedade. São, portanto, uma coleção de princípios éticos. Isso significa que é contrário a todo nosso direito qualquer ato que não tenha como fundamento a soberania, a cidadania, a dignidade da pessoa humana, os valores sociais do trabalho e da livre iniciativa, e o pluralismo político.[2]

A Constituição da República italiana, de 1947, em seu art. 3º preconizava que: "todos os cidadãos têm a mesma dignidade social e são iguais perante a lei, sem distinção de sexo, raça, língua, religião, opinião pública e condições pessoais e sociais". A Declaração Universal dos Direitos Humanos, de 1948, utilizou a expressão "dignidade da pessoa humana", com o sentido que ela tem hoje. A Constituição da República da Alemanha, de 1949, proclamava, em seu art. 1.1, que: "a dignidade do homem é intangível. Respeitá-la e protegê-la é obrigação de todo o poder público".

Todas as Constituições democráticas passaram a utilizar a supracitada expressão e, no Brasil, repete-se, ela está consagrada no art. 1º, III, da Constituição Federal. A dignidade é paradigma do Estado Democrático de Direito a determinar o funcionamento de todos os institutos jurídicos para impedir a dominação da mulher pelo capitalismo e para lhe possibilitar o pleno exercício do seu direito social ao trabalho.

6 O princípio da igualdade

O art. 5º, I, da Constituição Federal, estabelece que: "homens e mulheres são iguais em direitos e obrigações, nos termos desta Constituição".

A aplicação do princípio da igualdade pressupõe adentrar um pouco no complexo universo masculino e feminino que, entrelaçados os fatores culturais e econômicos, construiu uma ideologia autorizadora da

---

[2] PEREIRA, Rodrigo da Cunha. *Princípios fundamentais norteadores do direito de família*. Belo Horizonte: Del Rey, 2006. p. 99.

desigualdade dos gêneros sustentada em uma suposta superioridade masculina. A história da mulher no Direito é de um não-lugar, uma história de ausência, já que ela sempre esteve subordinada ao pai ou ao marido, sem autonomia e marcada pelo regime da incapacidade ou capacidade jurídica. Uma nova redivisão sexual do trabalho, alterando a economia doméstica e de mercado, influenciando também as noções e os limites do público e privado, têm, aos poucos, dado à mulher um lugar de cidadã.[3]

A igualdade material, necessária para reduzir as desigualdades sociais, assegurar a inclusão plena da mulher no mercado de trabalho e atenuar a dominação do sexo feminino pelo capitalismo pressupõe a existência de ações inclusivas, como os textos normativos que concedem às mulheres um tempo menor de trabalho para a aposentadoria, a licença-maternidade maior que a licença-paternidade, a Lei nº 9.029, de 13.04.1995, que proíbe a exigência de atestado de gravidez e esterilização, e outras práticas discriminatórias, para efeitos admissionais ou de permanência da relação jurídica de trabalho, bem como a Convenção sobre a eliminação de todas as formas de discriminação contra a mulher, Decreto nº 4.377, de 13.09.2002, dentre outros.Uma leitura diversa do capitalismo e das relações sociais (intersubjetividade) possibilitará à mulher um melhor exercício do seu direito social ao trabalho.

Ademais, as novas relações familiares não mais se regem pelos diplomas legais privatistas, nem pelo caráter patrimonial ou materialista, predominante no século passado e, logo, no Código Civil de 1916. Preponderam, sim, as relações de amor e afeto. Esse contexto se deve, inclusive, pelo contorno constitucional que recebeu a família, principalmente, com a emancipação da mulher e a igualdade entre os cônjuges. A autoridade familiar, antes exercida com exclusividade pelo marido, deu lugar à colaboração entre os cônjuges, o que transformou, invariavelmente, as relações familiares como um todo.[4]

7 Conclusão

O art. 6º, Constituição Federal, estabelece que o trabalho é um direito social. Homens e mulheres são iguais em direitos e obrigações, nos termos do art. 5º, I, da Constituição Federal. Porém, a legalidade, o

---

[3] PEREIRA, Rodrigo da Cunha. *Princípios fundamentais norteadores do direito de família*. Belo Horizonte: Del Rey, 2006. p. 142.
[4] BARROSO, Lucas Abreu (Org.). *Introdução crítica ao Código Civil*. Rio de Janeiro: Forense, 2006. p. 477.

capitalismo, questões sociais históricas, colocam a mulher em situação, no mínimo, injusta no mercado de trabalho.

A dominação da mulher, o serviço doméstico gratuito, a baixa qualificação profissional, correspondente a baixo salário, interessa ao capitalismo. A mera igualdade formal não é suficiente para garantir à mulher o pleno exercício de seu direito social ao trabalho.

Os traços fundamentais da sociedade democrática contemporânea são a diferença e o desacordo (ausência de homogeneidade). Justificam-se a existência e implantação de ações afirmativas em relação à mulher, objetivando o exercício pleno de seu direito social ao trabalho,enquanto expressão do princípio da dignidade da pessoa humana.

A sociedade é composta por um pluralismo consistente na diversidade de identidades sociais e de culturas étnicas, e referir-se ao pluralismo é afirmar a existência da diferença. Preferem-se as teorias que conferem prioridade à comunidade em relação ao indivíduo (comunitarismo).

Percebe-se que a Constituição Federal trouxe avanços reais a fim de assegurar à mulher o exercício pleno de seu direito social ao trabalho. No entanto, é imprescindível que haja conscientização do Estado e da sociedade para que se alcance a efetividade da legislação inserta em nossa Carta Magna. Trata-se de consolidar o Estado Democrático de Direito, bem como de efetivar a aplicação da justiça.

Referências

ARAUJO, Luiz Alberto David (Coord.). *Defesa dos direitos das pessoas portadoras de deficiência*. São Paulo: Revista dos Tribunais, 2006.

BARROSO, Lucas Abreu (Org.). *Introdução crítica ao Código Civil*. Rio de Janeiro: Forense, 2006. p. 477.

DIAS, Maria Berenice; PEREIRA, Rodrigo da Cunha (Coord.). *Direito de família e o novo código civil*. Belo Horizonte: Del Rey, 2001.

KLEVENHUSEN, Renata Braga (Coord.). *Direitos fundamentais e novos direitos*. Rio de Janeiro: Lumen Juris, 2005.

MASCARO, Alysson Leandro. *Crítica da legalidade e do direito brasileiro*. Quatier Latin do Brasil, 2003.

PEREIRA, Rodrigo da Cunha. *Princípios norteadores do direito de família*. Belo Horizonte: Del Rey, 2005.

Informação bibliográfica deste texto, conforme a NBR 6023:2002 da Associação Brasileira de Normas Técnicas (ABNT):

MOREIRA, José Cláudio Domingues. A mulher e o direito social ao trabalho. *In*: LUNARDI, Soraya (Coord.). *Direitos fundamentais sociais*. Belo Horizonte: Fórum, 2012. p. 155-162. ISBN 978-85-7700-567-3. (Coleção Fórum de Direitos Fundamentais, 8).

O DIREITO SOCIAL À SAÚDE E A CPMF – ANÁLISE DOS PROCESSOS DE POSITIVAÇÃO, INCIDÊNCIA, APLICAÇÃO E INTERPRETAÇÃO (ATUALIZADA CONFORME O PROJETO DE LEI COMPLEMENTAR Nº 306, DE 2008, QUE INCLUI A CONTRIBUIÇÃO SOCIAL PARA A SAÚDE – CSS)

JOSIANE DE CAMPOS SILVA GIACOVONI

1 Introdução

A República Federativa do Brasil requer, enquanto federação, a organização constitucional dos seus recursos financeiros, dentre os quais, os tributos — bem como algumas garantias ao mínimo existencial através de determinações de gastos mínimos aos entes políticos com necessidades primeiras do povo, como a saúde.

É nesta esteira que se analisa a introdução da Contribuição Provisória sobre Movimentação Financeira (CPMF) no sistema jurídico, sua saída e seu provável retorno, em data brevíssima, sob a nomenclatura Contribuição Social à Saúde (CSS).

E se fala em data brevíssima, considerando-se os discursos que ecoam desde os órgãos que compõem a Presidência da República, chefiada por Dilma Vana Rousseff, até o Legislativo Federal e os mais distantes Municípios brasileiros, que se fazem ouvir notadamente através da Confederação Nacional respectiva.

Tanto atual e presente o tema que no dia 29 de março de 2011 foi requerida a inclusão na ordem do dia da votação do Projeto de Lei Complementar nº 306, de 2008, em sequência a sucessivos pedidos do mesmo gênero, desde 2009, os quais esbarraram, contudo, no período eleitoreiro que marcou o ano de 2010.

Com a sucessão presidencial e as sucessões dos governos estaduais no início de 2011, os municipalistas e seus representantes junto ao Congresso Nacional se veem em um momento mais que oportuno a investir todas as pressões à aprovação da "nova" CPMF, chamada CSS. Daí a necessidade da análise jurídica, técnica, tanto da antecessora CPMF como da iminente sucessora, a CSS.

2 Histórico legislativo

Quanto à CPMF: a Emenda Constitucional nº 12, de 15 de agosto de 1996, autorizou a criação da CPMF, fixando o prazo máximo de dois anos para sua cobrança; a Lei nº 9.311, de 24 de outubro de 1996, instituiu a CPMF, entrando em vigor em janeiro de 1997; a Lei nº 9.539/97, de 12 de dezembro de 1997, prorrogou a vigência da Lei nº 9.311 até 23 de janeiro de 1999; a Emenda Constitucional nº 21, de 18 de março de 1999, prorrogou a vigência da distribuição da competência para a criação da CPMF por trinta e seis meses; a Emenda Constitucional nº 37, de 12 de junho de 2002, prorrogou novamente a vigência daquela autorização até 31 de dezembro de 2004; e a Emenda Constitucional nº 42, de 19 de dezembro de 2003, prorrogou, finalmente, a vigência da autorização até 31 de dezembro de 2007.

Quanto à CSS: o Projeto de Lei Complementar nº 306, de 2008, concentrou-se originalmente na regulamentação dos §§2º e 3º do art. 198 da Constituição Federal, alterados pela Emenda nº 29, e foi seguido de um Substitutivo que ampliou sua matéria, incluindo a criação da CSS, com a fixação de sua regra matriz de incidência tributária e regras sobre a aplicação dos recursos arrecadados.

Analise-se este emaranhado de linguagem jurídico-positiva, iniciando-se na sede constitucional para se alcançar a infraconstitucional.

Aliás, diante deste punhado de linguagens jurídico-normativas visamos questionar os processos de positivação, incidência, aplicação e interpretação das normas que veicularam a CPMF e a introduziram como tributo válido no sistema.

3 Do direito social à saúde

A Constituição Federal versa o direito à saúde em muitos dos seus tópicos, desde o Preâmbulo, passando pelos Direitos Sociais no Título II do II e chegando à Ordem Social, no Título VIII.

No Preâmbulo, a Constituição Federal destaca a necessidade de o Estado Democrático assegurar o exercício dos direitos sociais, bem como o *bem-estar* de todos,[1] expressão que certamente inclui o direito à saúde, a qual repetida no art. 193[2] que inaugura a Ordem Social.

No Título II, a Constituição Federal estabelece expressamente o direito à saúde entre os direitos sociais:

> Art. 6º São direitos sociais a educação, a saúde, o trabalho, a moradia, o lazer, a segurança, a previdência social, a proteção à maternidade e à infância, a assistência aos desamparados, na forma desta Constituição.

E se os direitos sociais são espécie do gênero direitos fundamentais, certo é que o direito à saúde é um dos direitos sociais insertos dentre os direitos e garantias fundamentais[3] que a doutrina moderna classifica em direitos fundamentais de primeira, segunda e terceira gerações.

Na primeira geração ficam as liberdades negativas que envolvem os direitos e garantias individuais no realce ao princípio da liberdade; na segunda, as liberdades positivas que envolvem os direitos econômicos, sociais e culturais, na exaltação do princípio da igualdade, aqui incluso, portanto, o direito à saúde; e, finalmente, na terceira, os direitos a um meio ambiente equilibrado, uma saudável qualidade de vida, ao progresso, à paz, à autodeterminação dos povos e a outros direitos difusos, na exaltação do princípio da solidariedade ou fraternidade.[4]

Na sintética e pontual lição de Manoel Gonçalves Ferreira Filho, "a primeira geração seria a dos direitos de liberdade, a segunda, dos direitos da igualdade, a terceira, assim, complementaria o lema da Revolução Francesa: liberdade, igualdade, fraternidade".[5]

---

[1] MORAES, Alexandre. *Direito constitucional*. 21. ed. São Paulo: Atlas, 2007. p. 806.
[2] Art. 193. *A ordem social tem como base o primado do trabalho, e como objetivo o* bem-estar *e a justiça sociais* (grifos nossos).
[3] Como espécie de direito fundamental, o direito social à saúde é autoaplicável (§1º do art. 5º) e suscetível de mandado de injunção em caso de omissão na sua regulamentação. MORAES, Alexandre. *Direito constitucional*. 21. ed. São Paulo: Atlas, 2007. p. 182.
[4] MORAES, Alexandre. *Direito constitucional*. 21. ed. São Paulo: Atlas, 2007. p. 26-27.
[5] FERREIRA FILHO, Manoel Gonçalves. *Direitos humanos fundamentais*. São Paulo: Saraiva, 1995. p. 57.

Enquanto nos direitos de primeira geração se pretende a abstenção do Estado em nome das liberdades individuais, nos de segunda geração são esperadas ações efetivas do Estado em nome da igualdade, sendo premente a necessidade de intervenção nos direitos individuais para a positivação da solidariedade social, com escopo à melhoria das condições de vida aos hipossuficientes, visando à concretização da igualdade social, fundamentos do Estado Democrático, pelo art. 1º, IV, da Constituição Federal.[6]

No Título VIII, a Constituição Federal versou sobre a Ordem Social, que entre vários temas inclui o direito à saúde, definido no art. 196 como direito de todos e dever do Estado, garantido mediante políticas sociais e econômicas que visem à redução do risco de doença e de outros agravos e ao acesso universal igualitário às ações e serviços para sua promoção, proteção e recuperação.

No art. 197 a Carta Magna classifica o direito à saúde como de relevância pública, incumbindo ao Poder Público, conforme a lei, sua regulamentação, fiscalização e controle, bem como execução direta ou através de terceiros, inclusive por pessoas físicas ou jurídicas de direito privado.

Temos, pois, o direito à saúde elevado a direito social fundamental que importa em dever inarredável do Estado Democrático brasileiro.

Para garantir o direito social à saúde, como direito fundamental, a Constituição Federal prestigiou o princípio da solidariedade na formação do Sistema da Seguridade Social, formado pelos atendimentos à previdência social, à assistência social e à saúde, determinando seu financiamento por toda a sociedade, no artigo 194:

> Art. 194 A seguridade social compreende um conjunto integrado de iniciativa dos Poderes Públicos e da sociedade, destinadas a assegurar os direitos relativos à saúde, à previdência e à assistência social.

No art. 198, o constituinte prescreveu que as ações e serviços públicos de saúde integram uma rede regionalizada e hierarquizada e constituem um sistema único, organizado de acordo com algumas diretrizes arroladas em incisos e parágrafos, dentre as quais o sistema de financiamento da saúde. Sobre tais, oportuna a sistematização de Alexandre de Moraes:

---

[6] MORAES, Alexandre. *Direito constitucional*. 21. ed. São Paulo: Atlas, 2007. p. 181.

- descentralização, com direção única em cada esfera do governo;
- atendimento integral, com prioridade para as atividades preventivas, sem prejuízo dos serviços assistenciais;
- participação da comunidade;
- financiamento do Sistema Único de Saúde nos termos do art. 195, com recursos do orçamento da seguridade social, da União, dos Estados, do Distrito Federal e dos Municípios, além de outras fontes. A Emenda Constitucional nº 20/98 estabeleceu que a lei complementar definirá os critérios de transferência de recursos para o sistema único de saúde e ações de assistência social da União para os Estados, o Distrito Federal e os Municípios, e dos Estados para os Municípios, observada a respectiva contrapartida de recursos (CF, art. 195, §10);
- liberdade de assistência à saúde para a iniciativa privada;
- possibilidade de as instituições privadas participarem de forma complementar do Sistema Único de Saúde, segundo diretrizes deste, mediante contrato de direito público ou convênio, tendo preferência as entidades filantrópicas e as sem fins lucrativos;
- vedação à destinação de recursos públicos para auxílios ou subvenções às instituições privadas com fins lucrativos;
- vedação à participação direta ou indireta de empresas ou capitais estrangeiros na assistência à saúde no país, salvo nos casos previstos em lei.[7]

Acerca do custeio das ações e serviços de saúde, como registrado na doutrina acima, todos os atendimentos de competência da Seguridade Social devem ser financiados pelas contribuições a estas destinadas, conforme criação autorizada no art. 195 da Carta Maior, à União, bem como pela aplicação de recursos mínimos de cada ente federado, derivados da aplicação de percentuais sobre os tributos que a lei complementar indicar, no caso da União; e de percentuais que a mesma lei complementar indicar sobre os impostos a que se refere o art. 155 e os recursos de que tratam os arts. 157 e 159, inc. I, alínea *a* e inc. I, deduzidas as parcelas que forem transferidas aos respectivos Municípios; e finalmente, no caso dos Municípios e do Distrito Federal, o percentual que aquela lei complementar indicar sobre o produto da arrecadação dos impostos a que se refere o art. 156 e dos recursos de que tratam os arts. 158 e 159, inc. I, alínea *b* e §3º.

Enquanto a lei complementar requerida nos parágrafos 2º e 3º do art. 198 não for editada, porém, valem as regras de vigência temporária

---

[7] MORAES, Alexandre. *Direito constitucional*. 21. ed. São Paulo: Atlas, 2007. p. 779.

prescritas no art. 77 do Ato das Disposições Constitucionais Transitórias (ADCT), que será exposto mais à frente, no tópico destinado à análise da CSS.

Registre-se que as vinculações das receitas de impostos configuram exceção à regra da vedação à vinculação prévia das receitas de impostos a órgão, fundo ou despesa, estabelecida no art. 167, inc. IV da Carta Maior.

De outra parte, ainda para garantir efetividade ao direito à saúde, a Emenda Constitucional nº 12/96 acrescentou uma competência tributária à União, autorizando-a a instituir a CPMF, e vinculando o produto da sua arrecadação ao Fundo Nacional de Saúde para o financiamento das ações e serviços de saúde.[8]

Em 1999, a Emenda Constitucional nº 21 ampliou a vinculação das receitas advindas da CPMF à previdência social, através do aumento de alíquota, mantendo o montante inicialmente destinado à saúde até dezembro de 2007, data em que cessaria a autorização para sua criação e cobrança, motivo, aliás, das irritadas discussões no Congresso Nacional.

Ainda com o mesmo intuito de garantir efetividade ao direito à saúde, a Emenda Constitucional nº 31/00 criou o Fundo de Combate e Erradicação da Pobreza para vigorar até 2010, com o objetivo de viabilizar a todos os brasileiros o acesso a níveis dignos de subsistência, cujos recursos serão aplicados em ações suplementares de nutrição, habitação, educação, *saúde*, reforço de renda familiar e outros programas de relevante interesse social voltados para a melhoria da qualidade de vida.

O fundo de Combate e Erradicação da Pobreza é composto da parcela do produto da arrecadação correspondente ao adicional de 0,08% (oito centésimos por cento) aplicável de 18 de junho de 2000 a 31 de dezembro de 2007,[9] na alíquota da CPMF; parcela do produto da arrecadação correspondente ao adicional de 5% (cinco por cento) na alíquota do IPI incidente sobre produtos supérfluos; produto da arrecadação do IGF, ainda não instituído; das dotações orçamentárias; doações de qualquer natureza de pessoas físicas ou jurídicas nacionais ou não; e outras receitas a serem definidas na regulamentação do fundo por lei complementar.

As vinculações de receitas de impostos a fundo específico compreendem, repise-se, exceção ao princípio da não afetação das receitas dos impostos, o que está, aliás, expresso no art. 80, §1º do ADCT.

---

[8] Art. 74, §3º do ADCT.
[9] Arts. 80, I, 84 e 90 do ADCT.

Finalmente, com o mesmo escopo de financiar a saúde, o inconcluso Projeto de Lei Complementar nº 306/08 traz em seu bojo regras que devem substituir as regras de transição do art. 77 do ADCT na fixação dos gastos mínimos com a saúde, e também a criação da CSS.

Insta concluir este tópico considerando que a ex-CPMF e a provável CSS, destinam-se a compor uma das fontes de receitas vinculadas à realização do direito social à saúde, iniciando sua história em 1996, para se desenvolver em até dois anos da sua instituição, todavia contando com as sucessivas legislações acima listadas que postergaram a primeira até dezembro de 2007, e certamente incluirão no sistema jurídico a segunda, como verificaremos na sequência.

4 Considerações sobre o Projeto de Lei Complementar nº 306/08 que veicula a RMIT da Contribuição Social para a Saúde (CSS)

Neste teceremos observações sobre as regras constantes do Projeto de Lei Complementar nº 306/08, com a intenção de evidenciar seus pontos de identidade e de distinção no que se refere à já antiga CPMF, aproveitando ou não os detalhes das análises anteriormente realizadas.

Inicialmente, porém, é necessário repisar que este Projeto de Lei Complementar visou, inicialmente, apenas regulamentar a Emenda Constitucional nº 29, de 2000, e mais especificamente os §§2º e 3º do art. 198 da Constituição Federal, estabelecendo os gastos mínimos com saúde que deveriam ser realizados pelos entes federativos.

Estes parágrafos requereram lei complementar que fixasse tais valores mínimos, e a Emenda nº 29 prescreveu no art. 77 do Ato das Disposições Constitucionais Transitórias, os porcentuais de transição, ou seja, os que devem valer até a vigência da lei complementar requerida.

Este dispositivo de vigência temporária, o art. 77 do ADCT, estabeleceu porcentuais mínimos aos Estados, Distrito Federal e Municípios, mas não fez da mesma forma à União.

Determinou que os Estados e o Distrito Federal aplicassem doze por cento do produto da arrecadação dos impostos a que se refere o art. 155 e dos recursos de que tratam os arts. 157 e 159, I, *a*, e II, deduzidas as parcelas transferidas aos Municípios; que os Municípios e o Distrito Federal aplicassem quinze por cento do produto da arrecadação dos impostos a que se refere o art. 156 e dos recursos de que tratam os arts. 158 e 159, inc. I, alínea *b* e §3º; e quanto à União determinou que aplicasse no ano 2000, o montante empenhado em ações e serviços públicos de saúde no exercício financeiro de 1999 acrescido de, no mínimo, cinco por cento, e nos anos 2001 ao ano 2004, o valor apurado no ano anterior, corrigido pela variação nominal do Produto Interno Bruto (PIB). Ainda, estabeleceu que na ausência da lei complementar a que se refere o art. 198, §3º, a partir do exercício financeiro de 2005 se aplicarão à União, aos Estados, ao Distrito Federal e aos Municípios o disposto neste art. 77.

O Projeto de Lei Complementar em questão ainda não foi aprovado e seu histórico demonstra a queda de braços entre os membros dos Executivos federal, estaduais e municipais e o Legislativo federal.

Destarte, inicialmente o Projeto versava somente sobre os porcentuais mínimos a serem gastos com saúde, assim: a) a União aplicaria, anualmente, em ações e serviços públicos de saúde, no mínimo, o montante equivalente a dez por cento de suas receitas correntes brutas, nos termos do §1º do art. 11 da Lei nº 4.320, de 17 de março de 1964, constantes de anexo à lei orçamentária anual referente às receitas dos orçamentos fiscal e da seguridade social, excluídas as restituições tributárias, e observado o disposto no §3º; b) os Estados aplicariam, anualmente, em ações e serviços públicos de saúde, montante igual ou superior a doze por cento da arrecadação dos impostos a que se refere o art. 155 e dos recursos de que tratam os arts. 157 e 159, inc. I, alínea *a*, e inc. II, da Constituição Federal, deduzidas as parcelas que forem transferidas aos respectivos Municípios; c) os Municípios aplicariam, anualmente, em ações e serviços públicos de saúde, montante igual ou superior a quinze por cento da arrecadação dos impostos a que se refere o art. 156 e dos recursos de que tratam os arts. 158 e 159, inc. I, alínea *b* e §3º, da Constituição Federal; e d) o Distrito Federal, aplicaria o montante a ser aplicado anualmente em ações e serviços públicos de saúde correspondente, pelo menos, ao somatório dos percentuais mínimos de vinculação estabelecidos para os Estados e para os Municípios. Nestes termos os arts. 2º ao 5º do projeto original.

O Substitutivo do Projeto de Lei Complementar, por sua vez, manteve nos arts. 6º e 7º os percentuais aos Estados, Distrito Federal e Municípios, mas propôs que a União aplicasse, anualmente, no mínimo o montante correspondente ao valor empenhado, apurado nos termos que determina a própria lei, no exercício financeiro anterior acrescido de, pelo menos, o percentual correspondente à variação nominal do Produto Interno Bruto (PIB) ocorrida entre os dois exercícios financeiros imediatamente anteriores ao ano a que se referir à lei orçamentária (art. 5º, PLP 306/08).

Além destas alterações nos gastos mínimos com saúde, o Substitutivo ainda propõe a criação da CSS, em substituição à CPMF, estabelecendo nos arts. 29 ao 31 que o produto da arrecadação será destinado ao Fundo Nacional da Saúde e aos Fundos dos Estados, Distrito Federal e Municípios.

Neste ponto, observe-se, ocorre uma iminente exceção à regra da especificidade orçamentária e mais uma dificuldade ao princípio da transparência orçamentária, uma vez que a destinação de recursos públicos a Fundos é muito criticada por dificultar, em muito, o acompanhamento do caminho entre o ingresso e a aplicação dos recursos públicos.

Diante de todas estas questões, referido Projeto encontra-se inconcluso desde 2008, seguindo-se diversos pedidos para a sua inclusão na ordem do dia, desde 2009, como afirmado inicialmente. No último dia 29 de março de 2011 foi apresentado o último requerimento neste sentido, abaixo transcrito:

REQUERIMENTO Nº 306, DE 2008
(Do Sr. Hugo Motta)

Requer a inclusão na ordem do dia do Plenário, do Projeto de Lei Complementar (PLP) nº 306, de 2008, que dispõe sobre os valores mínimos a serem aplicados anualmente por Estados, Distrito Federal, Municípios e União em ações e serviços públicos de saúde, os critérios de rateio dos recursos de transferência para a saúde e as normas de fiscalização, avaliação e controle das despesas com saúde nas três esferas de governo.

Senhor Presidente, Requeiro a Vossa Excelência nos termos dos art. 114, inciso XIV, do Regimento Interno, a inclusão na Ordem do Dia do Plenário, para conclusão de votação, do Projeto de Lei Complementar nº 306, de 2008, que dispõe sobre os valores mínimos a serem aplicados anualmente por Estados, Distrito Federal, Municípios e União em ações e serviços públicos de saúde, os critérios de rateio dos recursos de transferências para a saúde e as normas de fiscalização, avaliação e controle das despesas com saúde nas três esferas de governo.

JUSTIFICAÇÃO

Com a conclusão da votação do PLP 306/2008, que regulamenta os §§2º e 3º do art. 198 da Constituição Federal de 1988 (texto da Emenda Constitucional nº 29, de 2000), a chamada Emenda da Saúde, serão definidos o que são ações e serviços de saúde e um aumento significativo e necessário dos recursos para o setor, encontrando-se pronto para Pauta de deliberação do Plenário. O processo de votação do projeto está inconcluso desde junho de 2008 e a sua postergação tem gerado manifestações dos gestores públicos municipais — prefeitos e prefeitas de todo o país, pelas dificuldades para o financiamento da saúde em função de repasses insuficientes de recursos.

Sala das Sessões, em 29 de março de 2011.

Deputado Hugo Motta
PMDB/PB[10]

Nos anos de 2009 e 2010, deu-se a retomada das discussões com as pressões dos municipalistas que clamaram, principalmente, pela imposição de limite mínimo de gastos com saúde também à União, sob o argumento de que eles e os Estados gastam mais que os limites a si impostos devido à ausência de investimentos daquela.

Foi bastante forte a sua voz, notadamente através da Confederação Nacional de Municípios, todavia venceu o discurso do período eleitoreiro e o inconveniente, aos partidos políticos diversos, de atribuir-se aos seus candidatos o ônus da proposição e ou aprovação de um novo tributo aos cidadãos, em meio a tantos outros e à ineficiência da máquina pública tão difundida em ano de eleições.

Após este e com a sucessão presidencial do Presidente Luiz Inácio Lula da Silva à Presidenta Dilma Vana Rousseff, e as sucessões dos governos estaduais, oportuno é o clamor e a provável regulamentação dos parágrafos do art. 198, acompanhada da recriação deste tributo.

Diante, então, da iminente recriação da CPMF, através do Projeto em análise, seguem algumas análises jurídicas das regras do Projeto, relativas não aos limites para os gastos com saúde, mas à CSS.

Inicie-se pela norma de competência para considerar que o Projeto da CSS não sofre da inconstitucionalidade apontada à Emenda Constitucional que acrescentou competência à União para a criação da CPMF, uma vez que ele realiza uma das alternativas por nós indicadas à criação de uma nova receita à saúde ou ao sistema da Seguridade Social, através da utilização da regra de competência vazada no §4º do art. 195 da Constituição Federal.

O Projeto é veiculado em lei complementar, atendendo à regra de competência do citado artigo, que autoriza a União criar contribuições sociais ao custeio da seguridade social *residuais*, através de *lei complementar*. Aliás, seu art. 1º, inc. II, expressamente registra que:

---

[10] Disponível em: <http://www.camara.gov.br/sileg/Prop_Detalhe.asp?id=496483>. Acesso em: mar. 2011.

Art. 1º Esta lei complementar institui:

II – com base no 4º do art. 195 da Constituição Federal, a Contribuição Social para a Saúde – CSS incidente sobre movimentação ou transmissão de valores e de créditos e direitos de natureza financeira, como fonte adicional aos recursos de que trata o caput do art. 5º.

Assim, à instituição da CSS, a União executa a competência prescrita no aludido parágrafo, que se remete ao art. 154, inc. I da Carta Maior, cujas letras autorizam a União a criar novos impostos mediante lei complementar, como já afirmado, e que sejam não cumulativos e não tenham base de cálculo e fato gerador dos já existentes.

Ocorre que o STF, em julgamentos que se mantêm, tem decidido pela aplicabilidade apenas da primeira parte do art. 154, I, às contribuições residuais, que se refere à necessidade de lei complementar para suas criações, todavia tem negado a exigência de que as novas contribuições sejam não cumulativas e não tenham base de cálculo e fato gerador dos impostos ou contribuições existentes. É verdade que esta conclusão tem sido fruto de decisões por maioria, discordando alguns Ministros quanto à divisão do art. 154, inc. I, para afirmá-lo integralmente exigível também quando da instituição de contribuições novas. Confiram-se, neste sentido, a ADI-MC nº 1.497/DF (esta referente à CPMF, inclusive) e RE-ED nº 233.453.

Se preferirmos os votos vencidos, como de fato preferimos, apontamos esta primeira inconstitucionalidade na CSS, uma vez que o projeto de lei prevê uma alíquota de um décimo por cento no seu art. 17, a qual cumulativa, tal qual ocorria com a alíquota da CMPF.

No que tange à finalidade específica da CSS, as discussões se resumem se comparada à CPMF, pois como criada como contribuição residual, tem suas finalidades prefixadas ao sistema da Seguridade Social desde o seu nascedouro, para o atendimento da saúde, da assistência social e da previdência social.

As discussões que certamente remanescerão, e nos mesmos termos postos quando à CPMF, são as relativas à natureza jurídica da CSS: se imposto ou contribuição, conforme se adote a corrente tripartida ou pentapartida. E destes posicionamentos, as consequentes reflexões sobre os princípios e imunidades aplicáveis, bem assim à inovação quanto às bases de cálculo e fato gerador dos impostos ou das contribuições (dentro das discussões acima aventadas sobre o §4º do art. 195). Sobre estes temas, mantemos todas as análises e considerações realizadas acerca da CPMF, por próprias também à CSS.

E finalmente, no que se refere à RMIT da CSS, esta também repete os aspectos material e espacial do antecedente da RMIT da CPMF, bem como os aspectos subjetivos e a base de cálculo do consequente da RMIT da CPMF, motivo porque também reafirmamos todas as conclusões respectivas.

Apenas no que se refere ao aspecto temporal do antecedente da RMIT da CPMF e uma possível inconstitucionalidade que apontamos quando da sua análise, parece não persistir no Projeto da CSS, tendo em vista que este determina o período de apuração da CSS como sendo decendial, determinando, ainda, que o pagamento ou o recolhimento deve ser efetuado até o terceiro dia útil subsequente ao término do decêndio (art. 19). Diferentemente, a Lei nº 9.311/96 que veiculava as regras sobre a CPMF delegava ao Ministro de Estado e da Fazenda a tarefa de disciplinar as formas e prazos de apuração e de pagamento ou retenção e recolhimento da CPMF, predeterminando, todavia, que a retenção e o recolhimento da contribuição deveriam ser efetuados no mínimo uma vez por semana, como comentado no ponto específico.

Assim, podemos afirmar que a CSS guarda o mesmo perfil jurídico da antiga CPMF, sofrendo, pois, algumas das vicissitudes apontadas em pormenores durante este trabalho, com exceção das observações acrescentadas neste.

Registremos que o Projeto foi aprovado na Câmara, em 11 de junho de 2008, para ter vigência a partir de 1º de janeiro de 2009 se se concluísse o trâmite do procedimento legislativo das leis complementares, com as votações no Senado e atos posteriores; todavia, diante da vitória "apertada" das bases do governo naquela Casa, decidiu-se pela retirada do Projeto da pauta de votações do Senado, pelos motivos polêmicos suscitados pela própria CSS, vista como a recriação ou ressurreição da CPMF, bem como pela parte do Projeto que institui limites aos entes políticos aos gastos com ações e serviços públicos de saúde, em regulamentação ao art. 198, §3º.

A recriação da CPMF, então, através do Projeto de Lei Complementar que veicula a CSS carece de um desfecho político a ser manifestado no processo de aprovação, que parece tender à aprovação do tributo neste ano, sendo presente o tema nos corredores que ligam os Poderes Legislativo e Executivo.

Referências

ATALIBA, Geraldo. *Hipótese de incidência tributária*. 6. ed. São Paulo: Malheiros, 2004.

ÁVILA, Humberto. *Sistema constitucional tributário*. São Paulo: Saraiva, 2004.

BATISTA JUNIOR, Onofre Alves; SCHOUERI, Luís Eduardo (Coord.). *Direito tributário*. São Paulo: Quartier Latin, 2003. v. 1.

CARRAZZA, Roque Antonio. *Curso de direito constitucional tributário*. 17. ed. São Paulo: Malheiros, 2002.

CARVALHO, Paulo de Barros. *Curso de direito tributário*. 15. ed. São Paulo: Saraiva, 2003.

CARVALHO, Paulo de Barros. *Curso de direito tributário*. 18. ed. São Paulo: Saraiva, 2007.

CARVALHO, Paulo de Barros. *Direito tributário*: fundamentos jurídicos da incidência. 3. ed. São Paulo: Saraiva, 2004.

CARVALHO, Paulo de Barros. *IPI*: comentários sobre as regras gerais de interpretação da tabela NBM/SH (TIPI/TAB). *Revista Dialética de Direito Tributário*, n. 12, p. 42-60, 1996.

FERREIRA FILHO, Manoel Gonçalves. *Direitos humanos fundamentais*. São Paulo: Saraiva, 1995.

GAMA, Tácio Lacerda. *Contribuição de intervenção no domínio econômico*. São Paulo: Quartier Latin, 2003.

HARADA, Kiyoshi. CPMF: um imposto permanente com roupagem de contribuição. *Jus Navigandi*, Teresina, ano 11, n. 1.532, 11 set. 2007. Disponível em: <http://jus2.uol.com.br/doutrina/texto.asp?id=10382>. Acesso em: 21 nov. 2007.

HARADA, Kiyoshi. CPMF: um tributo que nasceu sob o estigma do caos. *Jus Navigandi*, Teresina, ano 7, n. 98, 09 out. 2003. Disponível em: <http://jus2.uol.com.br/doutrina/texto.asp?id=4399>.

KELSEN, Hans. *Teoria pura do direito*. 6. ed. São Paulo: Martins Fontes, 1999.

MARQUES, Márcio Severo. *Classificação constitucional dos tributos*, São Paulo: Max Limonad, 2000.

MARTINS, Ives Gandra da Silva. CPMF e o confisco na Constituição. *Jus Navigandi*, Teresina, ano 11, n. 1.523, 02 set. 2007. Disponível em: <http://jus2.uol.com.br/doutrina/texto.asp?id=10352>. Acesso em: 21 nov. 2007.

MAXIMILIANO, Carlos. *Hermenêutica e aplicação do direito*. 19. ed. Rio de Janeiro: Forense, 2004.

MELO, José Eduardo Soares de. Contribuições sociais: lineamentos jurídicos. *In*: SCHOUERI, Luís Eduardo (Org.). *Direito tributário*. São Paulo: Quartier Latin, 2003. v. 2.

MORAES, Alexandre. *Direito constitucional*. 21. ed. São Paulo: Atlas, 2007. p. 806.

MOUSSALEM, Tárek Moysés. *Fontes do direito tributário*. São Paulo: Max Limonad, 2004.

MOUSSALEM, Tárek Moysés. *Revogação em matéria tributária*. São Paulo: Noeses, 2005.

ROBLES, Gregório. *O direito como texto*. São Paulo: Manole, 2005.

SANTIAGO, Igor Mauler. A contribuição provisória sobre movimentações financeiras. *Jus Navigandi*, Teresina, ano 1, n. 14, jun. 1997. Disponível em: <http://jus2.uol.com.br/doutrina/texto.asp?id=1375>. Acesso em: 21 nov. 2007.

SCHOUERI, Luís Eduardo (Coord.). *Direito tributário*. São Paulo: Quartier Latin, 2003. v. 1.

Informação bibliográfica deste texto, conforme a NBR 6023:2002 da Associação Brasileira de Normas Técnicas (ABNT):

GIACOVONI, Josiane de Campos Silva. O direito social à saúde e a CPMF: análise dos processos de positivação, incidência, aplicação e interpretação (atualizada conforme o Projeto de Lei Complementar nº 306, de 2008, que inclui a Contribuição Social para a Saúde – CSS). *In*: LUNARDI, Soraya (Coord.). *Direitos fundamentais sociais*. Belo Horizonte: Fórum, 2012. p. 163-176. ISBN 978-85-7700-567-3. (Coleção Fórum de Direitos Fundamentais, 8).

A OMISSÃO NA PRESTAÇÃO DO SERVIÇO PÚBLICO E A ALEGADA LIMITAÇÃO FINANCEIRA

LUIZ NUNES PEGORARO

1 Introdução

A atribuição primordial da Administração Pública é oferecer utilidades aos administrados, não se justificando sua presença senão para prestar serviços à coletividade, pois a Constituição Federal (CF) dispõe expressamente no art. 175 que incumbe ao Poder Público, na forma da lei, a prestação de serviços públicos, os quais podem ser essenciais ou apenas úteis à comunidade.

Para o bom desempenho das atribuições em sociedade, os membros da comunidade necessitam de comodidades e utilidades, como a saúde, educação, energia elétrica, água, esgoto, telefone, coleta de lixo, transporte público, dentre outros. Umas podem ser atendidas pelos meios e recursos que cada um possui. Outras só podem ser satisfeitas através de atividades a cargo da Administração Pública, a única capaz de oferecê-las com vantagens, segurança e perenidade (GASPARINI, 2004, p. 276).

Entretanto, é patente que o Estado carece de meios para atingir satisfatoriamente todas as suas finalidades, embora obrigado a proporcionar condições de existência dos direitos e deveres individuais, bem como compelido a disponibilizar ao indivíduo uma série de bem-estar material e moral.

Todas as atividades da Administração Pública são limitadas pela subordinação à ordem jurídica, ou seja, à legalidade. Qualquer medida tomada ou omitida pela Administração, em face de determinada situação individual, sem preceito de lei que autorize, ou excedendo o âmbito de permissão da lei será injurídica. De tal modo, a Administração Pública pode cometer violações a direitos por ação ou por omissão.

Dessa maneira, encontramos os direitos sociais dos membros da comunidade, como a saúde e a educação, constituindo direito de segunda geração e configurando verdadeiro dever da Administração, haja vista representarem liberdades concretas e positivas, que em certas situações não são disponibilizadas aos administrados, o que tem levado ao ajuizamento de ações judiciais pleiteando a prática da prestação devida.

Nesse sentido, é crescente o número de situações nas quais o Poder Público alega limitação financeira para abster-se de implementar certas obrigações. Assim, nesses casos seria irretocável a conduta do Poder Público? Poderia o Judiciário intervir nessas situações sem ofensa à separação dos Poderes? Qual a posição dos direitos fundamentais sociais na prestação de serviço público?

2 Serviço público

Segundo o magistério de Meirelles (2005, p. 323), serviço público é "todo aquele prestado pela Administração ou por seus delegados, sob normas e controles estatais, para satisfazer necessidades essenciais ou secundárias da coletividade ou simples conveniências do Estado".

O que caracteriza o serviço público não são as atividades coletivas vitais, porque ao lado destas existem outras dispensáveis pela comunidade que são realizadas pelo Estado, como a loteria federal e a loteria esportiva. Também, não é a atividade em si que tipifica o serviço público. Algumas atividades tanto podem ser exercidas pelo Estado quanto pelos cidadãos, como objeto da iniciativa privada, independente de delegação estatal, como o ensino, que ao lado do oficial tem o particular, sendo aquele um serviço público e este não.

Em relação à classificação, interessa-nos aqui diferenciar o serviço público chamado de propriamente dito do serviço de utilidade pública, bem como os serviços gerais dos individuais, lembrando que existem outras espécies de serviços.

No serviço público propriamente dito a Administração o presta diretamente à comunidade, por reconhecer sua essencialidade e necessidade para a sobrevivência do grupo social e do próprio Estado, o qual é considerado privativo do Poder Público, só permitindo a Administração prestá-lo, sem delegação a terceiros, como o são os de defesa nacional, os de polícia, os de preservação da saúde pública.

Por sua vez, os serviços de utilidade pública são os que a Administração, reconhecendo sua conveniência para os membros da coletividade, presta-os diretamente ou aquiesce em que sejam prestados por terceiros (concessionários, permissionários ou autorizatários), nas condições regulamentadas e sob seu controle, mas por conta e risco dos prestadores, mediante remuneração dos usuários. Muitos serviços são essenciais e obrigatórios, tais como o ensino (art. 205 da CF), a saúde (art. 196 da CF), a ligação de água e esgoto (habite-se, arts. 200, IV, e 21, XX, da CF). Entretanto, na visão da Administração existem outros mais relevantes, como a defesa nacional, a polícia ou a preservação da saúde pública.

Em relação à destinação, os serviços podem ser gerais ou *uti universi*, que são aqueles que a Administração presta sem ter usuários determinados, para atender à coletividade no seu todo, como o serviço de polícia, iluminação pública, calçamento, defesa do país, serviços diplomáticos, varrição de rua, coleta de lixo, saneamento, pesquisa científica e outros dessa espécie. Satisfazem indiscriminadamente a população, sem que se erijam em direito subjetivo de qualquer administrado à sua obtenção para seu domicílio, para sua rua ou para seu bairro, sendo indivisíveis, isto é, não mensuráveis na sua utilização, não gerando direito adquirido contra a Administração.

Quanto aos serviços individuais ou *uti singuli*, são os que têm usuários determinados e utilização particular e mensurável, divisível para cada destinatário, como o telefone, a água e a energia elétrica domiciliar. Esses serviços, desde que implantados, geram direito subjetivo à sua obtenção para todos os administrados que se encontrem na área de sua prestação ou fornecimento e satisfaçam as exigências regulamentares.

De maneira geral, devemos lembrar que os serviços devem ser prestados aos usuários com a observância de cinco requisitos que a Administração deve ter sempre presentes para exigi-los de quem os preste e para respeitar ao prestar diretamente: o da permanência, que impõe continuidade no serviço; o da generalidade, conferindo serviço igual para todos; o da eficiência, ou seja, atualização do serviço; o da modicidade, determinando tarifas razoáveis; e o da cortesia, traduzindo-se em bom tratamento para com o público. Faltando qualquer desses requisitos em um serviço público ou de utilidade pública, é dever da

Administração intervir para restabelecer seu regular funcionamento ou retomar sua prestação.

Outro ponto a se destacar é a prestação do serviço público ou de utilidade pública, que pode ser centralizada, descentralizada e desconcentrada.

Serviço centralizado é o que o Poder Público presta por seus próprios órgãos em seu nome e sob sua exclusiva responsabilidade. Em tais casos o Estado é, ao mesmo tempo, titular e prestador do serviço, que permanece integrado na denominada Administração direta (Decreto-Lei nº 200/67, art. 4º, I), como é o caso do serviço de segurança ou defesa nacional.

No serviço descentralizado busca-se maior perfeição. É todo aquele em que o Poder Público transfere sua titularidade ou, simplesmente, sua execução, por outorga ou delegação, a autarquias, entidades paraestatais, empresas privadas ou particulares individualmente.

Essa descentralização pode ocorrer através da outorga, ou seja, quando o Estado cria uma entidade e a ela transfere, por lei, determinado serviço público ou de utilidade pública, transferindo a titularidade e a execução dos serviços, o que só pode ocorrer para pessoas integrantes da Administração indireta.

Também pode ocorrer através da delegação, quando o Estado transfere, por contrato (concessão) ou ato unilateral (permissão ou autorização), unicamente a execução do serviço, para que o delegado o preste ao público em seu nome e por sua conta e risco, nas condições regulamentares e sob controle estatal. Transfere-se a pessoas jurídicas de direito privado integrantes da Administração indireta, bem como a particulares.

Em ambas as hipóteses o serviço continua sendo público ou de utilidade pública, apenas descentralizado, sempre sujeito aos requisitos originários e sob regulamentação e controle do Poder Público que os descentralizou.

Por fim, podemos apontar o serviço desconcentrado que é todo aquele que a Administração executa centralizadamente, mas o distribui entre vários órgãos da mesma entidade, para facilitar sua realização e obtenção pelos usuários. É uma técnica administrativa de simplificação e aceleração do serviço dentro da mesma entidade, diversamente da descentralização, que é uma técnica de especialização, consistente na retirada do serviço dentro de uma entidade e transferência a outra para que o execute com mais perfeição e autonomia. Para ilustrar, citamos todas as delegacias do Estado, de polícia e de ensino; administrações regionais da prefeitura de São Paulo; dentre outros.

3 A omissão da Administração e o direito do particular

Hodiernamente é corriqueiro depararmos com situações fáticas nas quais a Administração não fornece determinado serviço ou objeto a que está obrigada a fornecer, seja por mera deficiência na execução ou por limitações outras.

De maneira ampla, é reconhecido como direito dos usuários em qualquer serviço público ou de utilidade pública, a sua prestação, nas condições regulamentares e em igualdade com os demais utentes. Tem conteúdo positivo, podendo ser exigido da Administração ou de seu delegado o serviço que um ou outro se obrigou a prestar individualmente aos usuários.

O Código de Defesa do Consumidor (CDC) equipara o prestador de serviços públicos a fornecedor e o serviço a produto. Dispõe que os órgãos públicos são obrigados a fornecer serviços adequados, eficientes, seguros, e, quanto aos essenciais, contínuos (art. 22, *caput*, da Lei nº 8.078/90).

Quando se tratar de serviço *uti singuli*, e o usuário estiver na área de sua prestação, é considerado direito público subjetivo de exercício pessoal. Rendem ensejo às ações correspondentes, inclusive mandado de segurança, conforme seja a prestação a exigir ou a reparar a lesão judicialmente. O usuário pode exigir diretamente do delegado a prestação que lhe é devida individualmente, em razão da delegação recebida do delegante.

Caso seja serviço *uti universi*, os interesses coletivos ou difusos serão defendidos pelo Ministério Público ou por entidades, públicas ou privadas, voltadas à proteção do consumidor, na forma do respectivo CDC, arts. 81 e 82.

Em relação aos serviços domiciliares, como água encanada, telefone, energia elétrica e demais utilidades de prestação *uti singuli*, podem ser exigidos judicialmente pelo interessado que esteja na área de sua prestação e atenda às exigências regulamentares para sua obtenção. A obtenção do serviço e sua regular prestação constituem direito do usuário.

Desde que instalado o equipamento necessário, responde o prestador pela normalidade do serviço e se sujeita às indenizações de danos ocasionados ao usuário pela suspensão da prestação devida ou pelo mau funcionamento.

Assim, constitui ponto de controvérsia a omissão ou ausência do fornecimento de serviço público propriamente dito, como a ausência de vaga em escola pública ou a ausência de medicamento em centro de saúde.

Nessas situações, a via adequada para o usuário exigir o serviço que lhe for negado pelo Poder Público ou por seus delegados, sob qualquer modalidade, é a cominatória, com base no art. 287 do Código de Processo Civil.

O essencial é que a prestação objetivada se consubstancie num direito de fruição individual do serviço pelo autor, ainda que extensivo a toda uma categoria de beneficiários, haja vista que o serviço de interesse geral e de utilização coletiva *uti universi*, como a pavimentação e a iluminação das vias públicas, não é suscetível de ser exigido por via cominatória.

4 O controle jurisdicional da Administração Pública

Tema delicado e relevante é o controle dos atos da Administração Pública, haja vista que nossa Carta Maior assegura a independência dos poderes.

O enfoque da ilimitação e incontrolabilidade do chamado poder discricionário foi observado cegamente por esta Pátria ao longo de décadas. Todavia, mais recentemente, tal posicionamento vem sendo objeto de críticas doutrinárias acesas, com alguma ressonância na jurisprudência.

A Administração Pública, no exercício de suas funções, se sujeita a controle por parte dos Poderes Legislativo e Judiciário, além de exercer, ela mesma, o controle sobre os próprios atos. Ela deve atuar com legitimidade, de acordo com a finalidade e o interesse coletivo na sua realização e segundo as normas pertinentes a cada ato.

Controlar consiste na faculdade de vigilância, orientação e correção que um Poder, órgão ou autoridade exerce sobre a conduta funcional de outro (MEIRELLES, 2005, p. 645). O controle é exercitável em todos e por todos os Poderes de Estado, estendendo-se a toda a Administração e abrangendo todas as suas atividades e agentes.

Durante muitos anos sustentou-se na doutrina e jurisprudência brasileira, que o Poder Judiciário deveria limitar-se ao exame da legalidade do ato administrativo, circunscrevendo-se à verificação das formalidades extrínsecas, sendo-lhe vedado o ingresso no exame do mérito administrativo.[1] A questão é que se reduziu de maneira significativa o conceito de controle de "mérito" do ato administrativo,

---

1 Em Acórdão do ano de 1938, inserto na *Revista Forense*, 78/495, sustentava o Ministro Costa Manso que ao Poder Judiciário cumpria apenas verificar se foi "violada a lei em tese".

que havia indevidamente se agigantado em certos períodos da nossa história, tão sujeita a tentações totalitárias.

O que limita a atuação do Administrador no caso concreto são determinados princípios, como o da moralidade administrativa, o da razoabilidade, o do interesse público e, em regra, os princípios gerais de direito.

O Judiciário é órgão de poder e é inafastável o caráter político de sua atuação, não há como afastar o Juiz, aprioristicamente, do conhecimento de opções ditas discricionárias dos demais poderes. O que jamais se poderá permitir é que o Juiz busque substituir o critério do administrador ou do legislador pelo seu próprio. "O que se defende é a impossibilidade comportada pelo sistema de o Juiz apreciar as manifestações de vontade política dos demais poderes, confrontando-as com o sistema legal, especialmente constitucional, para verificar de sua adequação ao mesmo" (COELHO, 2002, p. 192).

Por vivermos em um Estado efetivamente democrático, surge evidente que deve haver alguma forma de possibilitar a revisão de tais erros. Nesse sentido, continua Coelho, quando o Judiciário vem a ser provocado por qualquer do povo ou pelo Ministério Público para analisar a possibilidade de ter havido algum erro por parte dos agentes dos demais poderes, tal fato deve ser encarado com a maior naturalidade, pois é esta a forma de funcionar um sistema realmente democrático.

A busca do interesse público na atuação do Judiciário deve ser vista como uma forma de proporcionar real identificação deste, que deve ser o único fim perseguido pelos integrantes dos três poderes. Não se trata, portanto, de uma atividade propriamente censória ou punitiva, mas sim de um mecanismo previsto no sistema democrático para tentar garantir que o bem público realmente seja alcançado sempre.

O que deve acabar é a caolha perspectiva de que há um confronto entre os poderes cada vez que há uma ação judicial envolvendo atos dos demais poderes (COELHO, 2002, p. 192). Não há razão que possa justificar a pretensa imunidade desses atos a controle jurisdicional, sempre que implicarem lesão ou ameaça a direito. Inexistem atos que provenham do Estado ou da Administração Pública insuscetíveis de controle quando ameaçarem, tocarem ou ferirem direitos individuais, coletivos ou difusos ou atentarem contra a Constituição e seus vetores axiológicos.

O constitucionalismo evoluiu ao longo da história, fruto no início de uma concepção de mundo liberal-burguesa, notadamente como um estatuto garantidor de liberdades e garantias individuais, para no século

XX se firmar como um conjunto de valores que propugna do Estado não só uma ação negativa, como ainda um dever de agir para concretizá-los. Todavia, no final do século XX e limiar do século XXI, por influência da nada original ideologia dita neoliberal, passou a ser considerado apenas e tão somente um entulho, um estorvo à globalização e à fúria dos capitais internacionais, obstáculo ao desenvolvimento econômico.

O controle jurisdicional-constitucional da Administração Pública no Estado Social de Direito não pode ser simplesmente uma investigação do cumprimento de formalidades extrínsecas da lei, senão, e principalmente, um controle substancial da não violação e da implantação, pela Administração, dos grandes vetores constitucionais.

O controle externo pelo Judiciário foi aumentado e fortalecido na Constituição de 1988. Agora não se limita ao exame das lesões de direito. A mera ameaça já fundamenta a revisão ou correção judicial. Ao se referir a direito, incluiu os coletivos e os difusos.

Os remédios de correção também se ampliaram. Aparece o mandado de segurança com perfil mais bem delineado, acolhendo no texto as afirmações doutrinárias acerca do tema. Surge o mandado de segurança coletivo, a possibilitar o enfrentamento de situações que atinjam classes ou a sociedade (direitos difusos). A ação civil pública passa a existir com características de direito e garantia constitucional. A ação de responsabilidade extracontratual torna-se mais abrangente, colhendo em suas malhas os delegados de serviço público, os prestadores de serviço público, amparando as construções doutrinárias.

O controle judiciário ou judicial é o exercido privativamente pelos órgãos do Poder Judiciário sobre os atos administrativos do Executivo, do Legislativo e do próprio Judiciário quando realiza atividade administrativa. É, sobretudo, um meio de preservação de direitos individuais, pois visa impor a observância da lei em cada caso concreto, quando reclamada por seus beneficiários. Estão sujeitos a esse controle os atos administrativos em geral.

A legalidade do ato administrativo é condição primeira para sua validade e eficácia. Nos Estados de Direito, como o nosso, não há lugar para o arbítrio, a prepotência, o abuso de poder. O particular lesado em seus direitos por ato ilegal da Administração poderá utilizar-se das vias judiciais comuns para obter a anulação do ato, a reparação dos danos causados pela conduta ilegal do Poder Público ou a implementação do dever constitucional.

O caminho da evolução foi a afirmação de que ao Judiciário caberia controlar toda a atividade administrativa, desde que não invadisse o mérito das decisões discricionárias. Por mérito entendiam-se as razões de conveniência e oportunidade que teriam fundamentado a decisão do administrador. Quaisquer que sejam a procedência, a natureza e o objeto do ato, desde que traga em si a possibilidade de lesão a direito individual ou ao patrimônio público, ficará sujeita à apreciação judicial. O ato vinculado é analisado apenas quanto ao aspecto da legalidade do ato. O ato discricionário deve ser analisado pelo Judiciário, em primeiro lugar, para verificar se realmente o é. Depois apura se a discrição não desbordou para o arbítrio ou para a irrazoabilidade.

O Judiciário não pode ir além do exame da legalidade para emitir um juízo de mérito sobre os atos da Administração. O conceito de ilegalidade abrange a violação frontal da lei, o abuso por excesso ou desvio de poder, ou por menosprezar os princípios gerais do direito ou pela decisão irrazoável. Não se aprecia a conveniência, a oportunidade ou a justiça do ato impugnado, mas unicamente sua conformação, forma e ideologia com a lei em sentido amplo.

Não há de se confundir o mérito administrativo do ato, imune a revisão judicial, com o exame de seus motivos determinantes, sempre passíveis de verificação em juízo. O ato administrativo, individual ou de caráter normativo, deve ser esmiuçado até o limite em que o próprio magistrado entenda ser seu campo de atuação.

Na visão de Lúcia Valle Figueiredo (2004, p. 360, 362), "não há atos que se preservem ao primeiro exame judicial". Com propriedade, afirma ainda, que "o limite de atuação do Poder Judiciário será gizado pelo próprio Judiciário, que tem por finalidade dizer o direito no caso concreto, sem invadir a competência administrativa. Isso faz parte do equilíbrio e do jogo dos poderes".

5 Cláusula da "reserva do possível"

Na prática estatal e jurídica, reiteradamente encontramos o descumprimento da lei sem que o povo tenha qualquer opção. O Estado sempre alega e se apega à falta de dinheiro, seguindo em busca de um efeito anulatório da lei que, em tese, obrigaria o próprio Estado a ser Social e Democrático (na condução prática das políticas sociais). Bem se vê, dessa forma, que o Estado Democrático tem forte presença de elementos socialistas.

A moderna dogmática dos direitos fundamentais discute a possibilidade de o Estado vir a ser obrigado a criar os pressupostos fáticos necessários ao exercício efetivo dos direitos constitucionalmente assegurados e sobre a possibilidade de eventual titular do direito dispor de pretensão a prestações por parte do Estado (MENDES, 2000, p. 204).

E continuava o autor, afirmando que a submissão dessas posições às regras jurídicas opera um fenômeno de transmutação, convertendo situações tradicionalmente consideradas de natureza política em situações jurídicas. Tem-se, pois, a jurisdicionalização do processo decisório, acentuando-se a tensão entre direito e política.

Embora tais decisões estejam juridicamente vinculadas, é certo que sua efetivação está submetida, dentre outras condicionantes, à reserva do financeiramente possível (MENDES, 2000, p. 204).

O conteúdo valorativo da Constituição implica um dever negativo do Estado em não tocar certas esferas de subjetividade do cidadão, como tem o dever de implementar ações positivas, visando à concretização dos valores constitucionais albergados.

Se a Constituição fala em igualdade e em erradicação da pobreza e dos desníveis sociais e religiosos, a Administração Pública tem um dever de ação, tem um compromisso de agir para a implementação dessas metas. Quando não age ou age contrariamente a esses valores, incide em inconstitucionalidade, e sua atuação pode ser corrigida pelo controle jurisdicional.

Em relação aos direitos de prestações materiais, estes recebem o rótulo de direitos a prestação em sentido estrito, segundo Gustavo Gonet Branco (MENDES, 2000, p. 145). Afirma que resultam da concepção social do Estado. São tidos como os direitos sociais por excelência, concebidos para atenuar desigualdades de fato na sociedade e para ensejar que a libertação das necessidades aproveite ao gozo da liberdade efetiva por um número maior de indivíduos. O seu objetivo consiste numa finalidade concreta (bem ou serviço).

E continua o doutrinador afirmando que se trata de direitos devidos pelo Estado e que: "podem ser extraídos exemplos de direitos à prestação material dos direitos sociais enumerados no art. 6º da Constituição, o direito à educação, à saúde, ao trabalho, ao lazer, à segurança, à previdência social, à proteção à maternidade, à infância e o direito dos desamparados à assistência".

Os direitos à prestação material têm o propósito de atenuar desigualdades fáticas de oportunidades. Têm a ver com a distribuição da riqueza na sociedade. São direitos dependentes da existência de uma dada situação econômica favorável à sua efetivação de que não se pode conceder o que não se possui. Têm a sua efetivação sujeita às condições, em cada momento, da riqueza nacional. Peculiarizam-se por uma decisiva dimensão econômica. Diz-se que esses direitos estão submetidos à reserva do possível. São trazidos em medidas práticas tanto quanto permitam as disponibilidades materiais do Estado.

A escassez de recursos econômicos implica a necessidade de o Estado realizar opções de alocação de verbas, sopesadas todas as coordenadas do sistema econômico do país. Na medida em que a Constituição não oferece comando indeclinável para as opções de alocação de recursos, essas decisões devem ficar a cargo de órgão político, legitimado pela representação popular, competente para fixar as linhas mestras da política financeira e social.

Essa legitimação popular é tanto mais importante, uma vez que a realização dos direitos sociais implica, necessariamente, privilegiar um bem jurídico sobre outro, buscando concretizá-lo, com prioridade sobre outros. A efetivação desses direitos implica favorecer segmentos da população.

Não cabe, em princípio, ao Judiciário extrair direitos subjetivos das normas constitucionais que cogitam de direitos não originários à prestação. O direito subjetivo pressupõe que as prestações materiais já tenham sido precisadas e delimitadas, tarefa própria de órgão político e não judicial. Esses direitos não podem ser determinados pelos juízes quanto aos seus pressupostos e à extensão do seu conteúdo.

Para que se determinem como direitos, é necessária uma atuação legislativa que defina o seu conteúdo concreto, fazendo uma opção num quadro de prioridades a que obrigam a escassez dos recursos, o caráter limitado da intervenção do Estado na vida social e, em geral, o próprio princípio democrático. Os preceitos constitucionais respectivos não são, por isso, nesse sentido, aplicáveis imediatamente, muito menos constituem preceitos exequíveis por si mesmo. As normas em tela apresentam um caráter de norma de defesa, na medida em que propiciam que se exija do Estado que não adote políticas contrárias ao que proclamam esses direitos.

Em relação aos direitos derivados, se aceita a reserva do possível, não se revelando contrário à isonomia que o Estado restrinja a concessão das prestações ao limite dos recursos existentes. É o que ocorre na ausência de implantação de programa de internação e semiliberdade para adolescentes infratores, por Estado-Membro, sob alegação de falta de verba orçamentária, o que vem a ser inadmissível em face de previsão constitucional (art. 227) que define a prioridade absoluta às questões de interesse da criança e do adolescente, resultando em ação judicial visando ao cumprimento da ordem constitucional que não afronta o poder discricionário da Administração Pública.[2] Não pode o Estado-Membro,

---

[2] *Revista dos Tribunais*, n. 743, p. 132, 137, 139, 140, 144-145.

alegando insuficiência orçamentária, desobrigar-se da implantação de programa de internação e semiliberdade para adolescentes infratores, podendo a Administração ser compelida a cumprir tal previsão legal, não se tratando, na hipótese de afronta ao poder discricionário do administrador público, mas de exigir-lhe a observância de mandamento constitucional.

O Ministro Celso de Mello, em sua extraordinária cultura publicista, captou de modo absoluto a dimensão que a matéria encena, de modo que peço vênia para reproduzir acórdão basilar em que aborda a situação na arguição de descumprimento de preceito fundamental nº 45 MC/DF de 29.04.2004:

> É certo que não se inclui, ordinariamente, no âmbito das funções institucionais do Poder Judiciário — e nas desta Suprema Corte, em especial — a atribuição de formular e de implementar políticas públicas (ANDRADE, JOSÉ CARLOS VIEIRA DE Os Direitos Fundamentais na Constituição Portuguesa de 1976, p. 207, item nº 05, 1987, Almedina, Coimbra), pois, nesse domínio, o encargo reside, primariamente, nos Poderes Legislativo e Executivo. Tal incumbência, no entanto, embora em bases excepcionais, poderá atribuir-se ao Poder Judiciário, se e quando os órgãos estatais competentes, por descumprirem os encargos político-jurídicos que sobre eles incidem, vierem a comprometer, com tal comportamento, a eficácia e a integridade de direitos individuais e/ou coletivos impregnados de estatura constitucional, ainda que derivados de cláusulas revestidas de conteúdo programático [...]. Não deixo de conferir, no entanto, assentadas tais premissas, significativo relevo ao tema pertinente à "reserva do possível" (STEPHEN HOLMES/CASS R. SUNSTEIN, *The Cost of Rights*, 1999, Norton, New York), notadamente em sede de efetivação e implementação (sempre onerosas) dos direitos de segunda geração (direitos econômicos, sociais e culturais), cujo adimplemento, pelo Poder Público, impõe e exige, deste, prestações estatais positivas concretizadoras de tais prerrogativas individuais e/ou coletivas. É que a realização dos direitos econômicos, sociais e culturais — além de caracterizar-se pela gradualidade de seu processo de concretização — depende, em grande medida, de um inescapável vínculo financeiro subordinado às possibilidades orçamentárias do Estado, de tal modo que, comprovada, objetivamente, a incapacidade econômico-financeira da pessoa estatal, desta não se poderá razoavelmente exigir, considerada a limitação material referida, a imediata efetivação do comando fundado no texto da Carta Política. Não se mostrará lícito, no entanto, ao Poder Público, em tal hipótese — mediante indevida manipulação de sua atividade financeira e/ou político-administrativa — criar obstáculo artificial que revele o ilegítimo, arbitrário e censurável propósito de fraudar, de frustrar e de inviabilizar o estabelecimento e a preservação, — em favor da pessoa e dos cidadãos, de condições

materiais mínimas de existência. Cumpre advertir, desse modo, que a cláusula da "reserva do possível" — ressalvada a ocorrência de justo motivo objetivamente aferível — não pode ser invocada, pelo Estado, com a finalidade de exonerar-se do cumprimento de suas obrigações constitucionais, notadamente quando, dessa conduta governamental negativa, puder resultar nulificação ou, até mesmo, aniquilação de direitos constitucionais impregnados de um sentido de essencial fundamentalidade. Daí a correta ponderação de ANA PAULA DE BARCELLOS (A Eficácia Jurídica dos Princípios Constitucionais, p. 245-246, 2002, Renovar): "Em resumo: a limitação de recursos existe e é uma contingência que não se pode ignorar. O intérprete deverá levá-la em conta ao afirmar que algum bem pode ser exigido judicialmente, assim como o magistrado, ao determinar seu fornecimento pelo Estado. Por outro lado, não se pode esquecer que a finalidade do Estado ao obter recursos, para, em seguida, gastá-los sob a forma de obras, prestação de serviços, ou qualquer outra política pública, é exatamente realizar os objetivos fundamentais da Constituição. A meta central das Constituições modernas, e da Carta de 1988 em particular, pode ser resumida, como já exposto, na promoção do bem-estar do homem, cujo ponto de partida está em assegurar as condições de sua própria dignidade, que inclui, além da proteção dos direitos individuais, condições materiais mínimas de existência. Ao apurar os elementos fundamentais dessa dignidade (o mínimo existencial), estar-se-ão estabelecendo exatamente os alvos prioritários dos gastos públicos. Apenas depois de atingi-los é que se poderá discutir, relativamente aos recursos remanescentes, em que outros projetos se deverão investir. O mínimo existencial, como se vê, associado ao estabelecimento de prioridades orçamentárias, é capaz de conviver produtivamente com a reserva do possível" (grifei). Vê-se, pois, que os condicionamentos impostos, pela cláusula da "reserva do possível", ao processo de concretização dos direitos de segunda geração — de implantação sempre onerosa —, traduzem-se em um binômio que compreende, de um lado, (1) a razoabilidade da pretensão individual/social deduzida em face do Poder Público e, de outro, (2) a existência de disponibilidade financeira do Estado para tornar efetivas as prestações positivas dele reclamadas. Desnecessário acentuar-se, considerado o encargo governamental de tornar efetiva a aplicação dos direitos econômicos, sociais e culturais, que os elementos componentes do mencionado binômio (razoabilidade da pretensão + disponibilidade financeira do Estado) devem configurar-se de modo afirmativo e em situação de cumulativa ocorrência, pois, ausente qualquer desses elementos, descaracterizar-se-á a possibilidade estatal de realização prática de tais direitos. Não obstante a formulação e a execução de políticas públicas dependam de opções políticas a cargo daqueles que, por delegação popular, receberam investidura em mandato eletivo, cumpre reconhecer que não se revela absoluta, nesse domínio, a liberdade de conformação do legislador, nem a de atuação do Poder Executivo. É que, se tais

Poderes do Estado agirem de modo irrazoável ou procederem com a clara intenção de neutralizar, comprometendo-a, a eficácia dos direitos sociais, econômicos e culturais, afetando, como decorrência causal de uma injustificável inércia estatal ou de um abusivo comportamento governamental, aquele núcleo intangível consubstanciador de um conjunto irredutível de condições mínimas necessárias a uma existência digna e essencial à própria sobrevivência do indivíduo, aí, então, justificar-se-á, como precedentemente já enfatizado — e até mesmo por razões fundadas em um imperativo ético-jurídico —, a possibilidade de intervenção do Poder Judiciário, em ordem a viabilizar, a todos, o acesso aos bens cuja fruição lhes haja sido injustamente recusada pelo Estado. [...] A eficácia dos Direitos Fundamentais Sociais a prestações materiais depende, naturalmente, dos recursos públicos disponíveis; normalmente, há uma delegação constitucional para o legislador concretizar o conteúdo desses direitos. Muitos autores entendem que seria ilegítima a conformação desse conteúdo pelo Poder Judiciário, por atentar contra o princípio da Separação dos Poderes. [...] Muitos autores e juízes não aceitam, até hoje, uma obrigação do Estado de prover diretamente uma prestação a cada pessoa necessitada de alguma atividade de atendimento médico, ensino, de moradia ou alimentação. Nem a doutrina nem a jurisprudência têm percebido o alcance das normas constitucionais programáticas sobre direitos sociais, nem lhes dado aplicação adequada como princípios-condição da justiça social.[3]

Assim, em face do destacado acórdão, conclui-se que o controle jurisdicional sobre os atos da Administração Pública relacionados com omissões do Poder Público na efetivação de direitos constitucionais é possível, pois a negação de qualquer tipo de obrigação a ser cumprida na base dos direitos fundamentais sociais tem como consequência a renúncia de reconhecê-los como verdadeiros direitos.

Entretanto, deve-se levar em consideração que esse controle ocorrerá, excepcionalmente, quando houver uma violação evidente e arbitrária pelo Administrador na incumbência constitucional. Em regra o Poder Judiciário não deve intervir em esfera reservada a outro Poder para substituí-lo em juízos de conveniência e oportunidade, querendo controlar as opções de organização e prestação, muito embora esteja crescendo o grupo daqueles que consideram os princípios constitucionais e as normas sobre direitos sociais como fonte de direitos e obrigações e admitem a intervenção do Judiciário em caso de omissões inconstitucionais.

---

[3] Decisão publicada no *DJU*, de 04 de maio de 2004, em que a arguição de descumprimento de preceito fundamental foi julgada prejudicada, em virtude da perda superveniente de seu objeto.

Moraes (2006, p. 23) traz à colação a lição do argentino Guido Santiago Tawil, que adverte a grande dificuldade do Poder Judiciário em colmatar a omissão administrativa na prestação de serviços públicos, observada a tendência ineficaz dos tribunais argentinos em substituir a inércia da Administração por uma condenação ao pagamento de indenização, pois quem açude ante os Tribunais para conseguir que a Administração implemente sua moradia de energia elétrica, gás ou água corrente, pouco estaria interessado em indenização em dinheiro. Persegue, pelo contrário, ter luz e calefação, possibilidades que não constituem luxo, mas sim serviços essenciais de toda a sociedade moderna.

Como exemplo dessa evolução, há alguns anos um Magistrado Paulista exigiu para reintegração de posse de uma área invadida pela quarta vez pelo movimento dos sem terra, que se contratassem seguranças particulares como condição para cumprimento da liminar. Walter Ceneviva afirma que "em tese, a garantia da propriedade, que é um direito inviolável, cabe ao Estado, porém, o juiz reconheceu que o Estado não tem condições para isso" (AMATO, 2004, p. A4).

6 Considerações finais

O Poder Judiciário é chamado a enfrentar os desafios destes novos tempos, concretizando a Constituição e sua principiologia por via de sua interpretação. Não se cuida de desafio fácil de ser vencido, muito em função das raízes históricas e políticas, em razão das quais o Brasil sempre teve uma postura tímida e vacilante no controle dos atos da Administração Pública e, notadamente, quando se tratava de conter o arbítrio e tornar efetivos direitos individuais e sociais.

O Poder Judiciário deve entrar em cena não como mero reprodutor de um saber técnico-dogmático, mas com a pergunta fundamental de como se concretizar o Estado Social de Direito e toda a principiologia constitucional. É necessário, portanto, abandonar a postura dogmática-formalista, para que o Direito e o Direito Administrativo, em particular, como ciências humanas, possam ser instrumentos de concretização da principiologia constitucional e de seus vetores mais fundamentais: a dignidade humana, o Estado Social e Democrático de Direito e a igualdade não apenas formal, mas, sobretudo, substancial (COELHO, 2002, p. 132, 133).

Não se pode mais tolerar o abismo entre os valores constitucionais e a realidade factual, aliada a uma Administração Pública indiferente, quando não francamente hostil aos direitos da cidadania consagrados na Constituição Federal. Nesse aspecto o controle pode dar-se não apenas pelas suas ações contrárias à principiologia, como ainda pela sua omissão, por meio do mandado de injunção e ação direta de inconstitucionalidade por omissão que, lamentavelmente, foram aniquilados pelo Poder Judiciário, o qual nesse aspecto se acovardou de sua missão constitucional.

As atribuições conferidas ao Supremo Tribunal Federal põem em evidência a dimensão política da jurisdição constitucional conferida a esta Corte, que não pode demitir-se do gravíssimo encargo de tornar efetivos os direitos econômicos, sociais e culturais — que se identificam, enquanto direitos de segunda geração, com as liberdades positivas, reais ou concretas (*RTJ*, n. 164, p. 158-161, Rel. Min. Celso de Mello) —, sob pena de o Poder Público, por violação positiva ou negativa da Constituição, comprometer, de modo inaceitável, a integridade da própria ordem constitucional.

Parece-nos cada vez mais necessária a revisão do vetusto dogma da separação dos Poderes em relação ao controle dos gastos públicos e da prestação dos serviços básicos no Estado Social, visto que os Poderes Legislativo e Executivo no Brasil se mostraram incapazes de garantir um cumprimento racional dos respectivos preceitos constitucionais.

Conclui-se que o controle jurisdicional sobre os atos da Administração Pública relacionados com omissões do Poder Público na efetivação de direitos constitucionais é possível, pois a negação de qualquer tipo de obrigação a ser cumprida na base dos direitos fundamentais sociais tem como consequência a renúncia de reconhecê-los como verdadeiros direitos. Em geral, está crescendo o grupo daqueles que consideram os princípios constitucionais e as normas sobre direitos sociais como fonte de direitos e obrigações e admitem a intervenção do Judiciário em caso de omissões inconstitucionais.[4]

Em face do exposto, reafirmamos que embora a formulação e a execução de políticas públicas dependam de opções dos Poderes Executivo e Legislativo, mostra-se inadmissível o comportamento destes, de modo a neutralizar a eficácia dos direitos sociais, econômicos e culturais, seja por omissão ou por comportamento abusivo, o que possibilitaria a intervenção do Poder Judiciário com o propósito de viabilizar a todos o acesso aos bens cuja fruição lhes haja sido injustamente recusada pelo Estado. Entretanto, a limitação de recurso não pode ser ignorada.

---

[4] ADPF nº 45 MC/DF, *apud* KRELL, Andreas Joachim. *Direitos sociais e controle judicial no Brasil e na Alemanha*. Sergio Antonio Fabris, 2002. p. 22-23.

Devemos levá-la em conta ao afirmar que algum bem pode ser exigido judicialmente, especialmente ao magistrado, ao determinar seu fornecimento pelo Estado.

Referências

AMATO, Fábio. Justiça ordena contratação de empresa privada contra MST. *Folha de S.Paulo*, São Paulo, p. A4, 25 jun. 2004.

ARAÚJO, Edmir Netto. *Curso de direito administrativo*. São Paulo: Saraiva, 2005.

ARAUJO, Luiz Alberto David; NUNES JÚNIOR, Vidal Serrano. *Curso de direito constitucional*. 4. ed. São Paulo: Saraiva, 2001.

BANDEIRA DE MELLO, Celso Antônio. *Curso de direito administrativo*. 15. ed. São Paulo: Malheiros, 2002.

CANOTILHO, José Joaquim Gomes. *Constituição dirigente e vinculação do legislador*. Coimbra: Coimbra Ed., 1994.

COELHO, Paulo Magalhães da Costa. *Controle jurisdicional da Administração Pública*. São Paulo: Saraiva, 2002.

COMPARATO, Fábio Konder. Ensaio sobre o juízo de constitucionalidade de políticas públicas. In: *Estudos em homenagem a Geraldo Ataliba*. São Paulo: Malheiros, 1997.

CRETELLA JÚNIOR, José. *Curso de direito administrativo*. 18. ed. Rio de Janeiro: Forense, 2003.

DI PIETRO, Maria Sylvia Zanella. *Direito administrativo*. 19. ed. São Paulo: Atlas, 2006.

FAGUNDES, Miguel Seabra. *O controle dos atos administrativos pelo poder judiciário*. 7. ed. Rio de Janeiro: Forense, 2006.

FIGUEIREDO, Lúcia Valle. *Curso de direito administrativo*. 7. ed. São Paulo: Malheiros, 2004.

GASPARINI, Diogenes. *Direito administrativo*. 9. ed. São Paulo: Saraiva, 2004.

JUSTEN FILHO, Marçal. *Curso de direito administrativo*. São Paulo: Saraiva, 2005.

MEIRELLES, Hely Lopes. *Direito administrativo brasileiro*. 30. ed. São Paulo: Malheiros, 2005.

MORAES, Alexandre de. *Direito constitucional*. 12. ed. São Paulo: Atlas, 2002.

MORAES, Alexandre de. Princípio da eficiência e controle jurisdicional dos atos administrativos discricionários. *Revista de direito administrativo*, São Paulo, v. CCXLIII, p. 13-28, set./dez. 2006.

MOREIRA NETO, Diogo de Figueiredo. *Curso de direito administrativo*. 14. ed. Rio de Janeiro: Forense, 2005.

MENDES, Gilmar Ferreira; COELHO, Inocêncio Mártires; BRANCO, Paulo Gustavo Gonet. *Hermenêutica constitucional e direitos fundamentais*. Brasília: Brasília Jurídica, 2000.

PEGORARO, Luiz Nunes. *Controle jurisdicional dos atos administrativos discricionários.* Campinas: Servanda, 2011.

SILVA, José Afonso da. *Curso de direito constitucional positivo.* 12. ed. São Paulo: Malheiros, 1996.

STF, ADPF nº 45 MC/DF. *DJU,* 04 maio 2004.

TEMER, Michel. *Elementos de direito constitucional.* 12. ed. São Paulo: Malheiros, 1996.

Informação bibliográfica deste texto, conforme a NBR 6023:2002 da Associação Brasileira de Normas Técnicas (ABNT):

PEGORARO, Luiz Nunes. A omissão na prestação do serviço público e a alegada limitação financeira. *In*: LUNARDI, Soraya (Coord.). *Direitos fundamentais sociais.* Belo Horizonte: Fórum, 2012. p. 177-194. ISBN 978-85-7700-567-3. (Coleção Fórum de Direitos Fundamentais, 8).

CONSTITUCIONALISMO E VALOR SOCIAL DO TRABALHO – O MUNDO DO TRABALHO NA CONSTITUIÇÃO FEDERAL DE 1988 E A EFETIVIDADE DOS DIREITOS SOCIAIS

PIETRO LORA ALARCÓN

1 Introdução

Os estudos referentes à efetividade dos direitos sociais e ao conteúdo jurídico do valor constitucional do trabalho adquiriram uma especial relevância em virtude das transformações profundas na organização do sistema produtivo. De fato, nas últimas duas décadas do século XX, o arquétipo da globalização ou *mundialização* de caráter neoliberal, promovido pelos setores economicamente mais fortalecidos dos chamados *Estados centrais*, dirigiu-se à imposição de um Estado pequeno, reduzido a mero observador dos novos esquemas de produção, sem ingerência de peso nas decisões dos conflitos e dificuldades próprias do relacionamento entre empregados e empregadores.

Entretanto, após alguns anos de insucesso e do apelo desesperado ao capital financeiro em detrimento da produção, se produziu uma reestruturação das relações econômicas de poder. Nesse marco abriram-se os espaços para uma dinâmica internacional na qual é comum e permanente o confronto entre os próprios articuladores do sistema, é dizer, entre as grandes companhias transnacionais que projetam seu domínio nas várias esferas econômicas.

Para além desse confronto, no conjunto dos trabalhadores o neoliberalismo repercutiu de forma estrondosamente negativa. Gerou-se um aumento das tensões sociais em virtude da acentuada e agressiva tendência a desconhecer a participação popular nos organismos de decisão na esfera trabalhista e da possibilidade franca e aberta de retrocesso no que se refere às políticas constitucionais e legais de amparo ao trabalhador.

Uma visão contemporânea sugere que num mundo de trabalho orientado, dessa maneira, defender os empregos existentes é uma ilusão banal. Portanto, ou se desregulamenta toda a economia, incluindo a política de empregos e salários, ou se cria um sistema que combine a flexibilização das garantias trabalhistas com a segurança do emprego, é dizer, a manutenção do emprego aparelhada à renúncia de manter históricas conquistas operárias.

Não é raro, então, que a resposta social se torne evidente em vários planos, sem deixar de considerar o confronto direto, como aconteceu recentemente na França, na Alemanha, em Portugal e na Grécia, para manter direitos sociais, vale lembrar, direitos conquistados após duríssimos debates durante os séculos XIX e XX.

O que se espera é que a capacidade de reação dos trabalhadores gere novas formas de organização que procuram manter uma representação deveras *social* na institucionalidade e na aparelhagem dos entes ligados à produção e à prestação de serviços. Aguarda-se, ainda, que essas mesmas formas sirvam para rearticulação do movimento social na perspectiva de resistência à perda dos direitos, promovendo-se na prática aquilo que no terreno jurídico costuma-se chamar de *princípio da proibição de retrocesso*.

Nesse contexto, o complexo normativo das constituições herdeiras do legado de Weimar, da Espanha, do México e da Revolução de 1917, bem como a hermenêutica orientada à efetividade do constitucionalismo social, sobre a base do princípio ao qual fizemos alusão, são sintomáticos da necessidade de um possível movimento de contrarreforma às reformas que se pretendem impor.

Com esse quadro como transfundo, no presente artigo procura-se tecer uma reflexão sobre o valor social do trabalho e a necessidade de outorgar plena efetividade aos direitos sociais como elementos de continuidade de formas jurídicas imprescindíveis para uma convivência civilizada e não transgressora da dignidade humana.

De fato, se os direitos sociais são o resultado — em termos constitucionais, sociológicos e históricos — do sucesso dos trabalhadores, a tentativa de divorciar na contemporaneidade o texto constitucional de

1988 com o trabalho como atividade humana não pode senão favorecer a velhas e novas hegemonias, peculiarmente interessadas em uma manutenção ou fortalecimento de seu posicionamento na estrutura social.

2 Constitucionalismo social

A explicação do surgimento e evolução dos direitos fundamentais supõe uma análise histórica e dialética, que sugere também a apreciação de diversos entendimentos sobre como deve funcionar o Estado e qual deve ser a relação entre o povo e as instituições de governo.

Nessa perspectiva, pode-se partir de que o *constitucionalismo* é um movimento político precoce, com surgimento na Inglaterra do Século XIII. Para outro segmento da doutrina é um movimento mais recente, originado na segunda metade do Século XVIII na Europa continental com o intuito de reproduzir alguns institutos ingleses limitadores do poder real.

Em que pese aos possíveis argumentos num ou outro sentido, vale responsavelmente reconhecer também as passagens do *constitucionalismo antigo*, que vigorou durante a República Romana e uma etapa imediatamente posterior à queda do Império. Nesse primeiro movimento, as leis que estruturavam o Estado eram consideradas princípios ético-religiosos e costumes consolidados pelas classes no poder.

Como não se pretende gerar uma discussão de cunho histórico, parece-nos que o que resulta valioso reconhecer é a repercussão da *Carta Magna de 1215* e dos documentos posteriores como as *Petições de Direitos* ou os *Bill of Rigths*, que constituem, sem sombra de dúvida, alicerces de qualquer estudo sobre o tema.

Nesse compasso, anote-se que talvez as maiores contribuições do constitucionalismo inglês ao conjunto dos povos tenham sido a cláusula do *due process of Law*, o chamado *governo de gabinete* e o *reconhecimento das primeiras liberdades do indivíduo com relação ao Estado Absoluto*.

Logicamente, podem ser detectados outros aportes ao longo das diversas etapas do movimento constitucionalista, que estão muito ligadas a inovadoras fórmulas jurídicas de resguardo dos direitos das pessoas. Veja-se, por exemplo, que do constitucionalismo dos Estados Unidos derivam elementos como o próprio aspecto material do *due process of law*, o princípio da *razoabilidade* e a *judicial review* e, ainda, do constitucionalismo francês são oriundos o esquema de funcionamento estatal através de órgãos independentes e harmônicos para o exercício do poder, assim como uma inédita formulação da posterior universalização dos direitos cidadãos.[1] Poder-se-ia fazer, a seguir, uma reconstrução histórica dos direitos fundamentais; atravessaríamos assim as denominadas *gerações de direitos*. Contudo, não é essa a nossa pretensão. Interessa, presentemente, tratar do pano de fundo no qual surge certo tipo de direitos fundamentais, os denominados direitos sociais, observando de que forma os trabalhadores os conquistaram como elementos impostergáveis para uma nova visão do mundo. Acontece que essa análise somente é possível a partir de uma perspectiva crítica do modelo econômico imposto após a Revolução Industrial, ou seja, do capitalismo como sistema, bem como do modelo de Estado que acompanhou as nascentes estruturas produtivas daquela época.

Nessa perspectiva, inscreve-se a necessidade de identificar na história econômica, social e jurídica, os contornos dos primeiros movimentos de operários. Agrupamentos denominados *ligas* aos quais se incorporaram, em diversos momentos da sua evolução filosófico-social, outros setores assalariados. Frise-se que a pretensão para a época talvez nem sequer fosse que os textos constitucionais consagrassem melhores condições de vida para os trabalhadores, gerando-se um modelo estatal intervencionista plasmado logo no século XX como *welfare state, Estado de bem-estar ou Estado providência*, senão que, na prática, os trabalhadores desfrutassem de um conjunto de direitos e garantias mínimas, que lhes foram negadas desde os começos de afirmação do capitalismo.

Com efeito, na sua gênese, o segmento populacional dominante beneficiado com as vantagens da industrialização, por contraposição ao esquema feudal ancorado na sobre-exploração dos homens livres, preocupou-se pela criação das chamadas *Condições Gerais de Produção* às quais faz alusão João Bernardo, isto é, um conjunto de infraestruturas materiais e sociais que necessitavam as empresas para sua expansão, dentre as quais destacam a construção das ferrovias, da rede elétrica, do sistema escolar e até um novo padrão cultural. Assim, no plano estatal, o Estado Liberal mínimo era uma necessidade política e foi precisamente com o objetivo de estabelecê-lo que se sucederam as grandes revoluções, como a Guerra Civil Inglesa de 1642, a Revolução Francesa de 1789 e o caudal de movimentos políticos que agitaram a Europa entre 1846 e 1849.[2] O discurso da burguesia revolucionária partia de uma concepção

---

[1] Não pretendemos fazer um rol detalhado de todas as contribuições dos três processos revolucionários que desembocaram em modelos constitucionais, apenas ressaltamos aspectos, pinçando alguns elementos que consideramos referências universais.

[2] *Transnacionalização do capital e fragmentação dos trabalhadores*, p. 13.

da liberdade pessoal, cuja premissa consistia na negação da intervenção do Estado em espaços como o da livre iniciativa, tomada como uma manifestação dessa mesma liberdade.[3] Assim, a classe trabalhadora surgiu e começou sua afirmação em condições de insustentabilidade, desamparada pelo Estado e enquadrada na fábrica, ao compasso de um sistema econômico que favorecia diretamente a setores cujo interesse era exatamente o contraposto, isto é, o de continuar a se manter nos meios de produção.

Nessa fase, a organização dos trabalhadores era incipiente, como incipientes então eram seus direitos, embora fossem eles os protagonistas da reprodução da riqueza social. A agressão dos proprietários era contínua e intensa e vários episódios e balizas legislativas criavam um horizonte pouco promissor. Um exemplo de peso constitui a *Lei Chapelier*, de 17 de março de 1791, editada na França, que proibiu a coalizão de cidadãos, inclusive de *"os empresários, os que têm estabelecimentos abertos, os operários e oficiais de qualquer arte"*, sob pretexto de evitar a pressão de grupos organizados em detrimento da liberdade individual. Assim, pela Lei não existia o interesse coletivo, mas o interesse individual e o geral. Entenda-se, o interesse da classe que no momento controlava as relações de poder.

O crime de *coligação*, instituído pelo Código Penal Francês de 1810 para coibir qualquer tentativa de associação dos trabalhadores, operou como forma desesperada dos primeiros capitalistas para deixar sem alternativas aos promotores das primeiras greves e estabelecer uma sociedade rigidamente controlada. Alguns anos antes, na Inglaterra, o *combinations acts* de 1799 e 1800 considerava delito de *conspiração* a coalizão de trabalhadores pelo aumento de salários ou redução da jornada de trabalho.

Entretanto, não foi possível escamotear ou encobrir a substância dos problemas e por isso, ao final, a legislação resultou incongruente diante de uma realidade na qual os trabalhadores ofereciam uma contradição genuína e não imaginária.[4]

Corroborando a premissa, foi precisamente na Inglaterra que surgiram, por volta de 1830, e na cidade de Manchester, as sementes dos modernos sindicatos, as *Trade Unions*. E depois, em 1840 na França, sob o comando de Louis Blanc, se iniciaria um processo de amadurecimento

---

[3] COSSÍO DÍAZ. *Estado social y derechos de prestación*, p. 27.
[4] No Brasil, Dalmo de Abreu Dallari, na obra *Elementos de teoria geral do estado*, p. 169, dedica especial atenção ao surgimento da representação sindical e menciona estes documentos jurídicos.

da organização sindical, até que a *Lei Waldeck-Rousseau*, de 21 de março de 1884, concedeu personalidade jurídica aos sindicatos operários e patronais.

Ainda que nesses períodos se consagrassem normativamente algumas demandas encaminhadas à modificação das condições de vida dos trabalhadores, a ligação entre *o normativo* e *o social* somente apareceu na segunda metade do século XIX. Assim, essa identidade somente foi possível quando se tornaram evidentes as primeiras formas de intervenção do Estado no mercado de trabalho e na organização da assistência aos operários das grandes fábricas, um fruto da insistência dos trabalhadores.

Em todo este processo, e a partir da caracterização da época, deve-se considerar inteiramente aceitável e lógica a força com que se impôs o pensamento anarquista. Há que, desde logo, no plano teórico, centrar a atenção no início das reflexões de Marx e Engels, que reconduziram o pensamento utópico de Robert Owen, de Fourier e outros socialistas ingênuos, para organizar um esquema teórico com tal grau de disciplina e cientificididade que transcendeu os séculos XIX e XX. De fato a interpretação dos fenômenos sociais proposta pelos pensadores alemães gerou em médio prazo uma espécie de subversão da *práxis* econômica, com a consequente mudança do tipo de Estado absenteísta e descompromissado com os trabalhadores, é dizer, e dito de outro modo, comprometido pela sua omissão com a permanência das condições precárias de vida do trabalhador.

O prestígio dos Diplomas Constitucionais a começos do século XX como forma de garantir a possibilidade de pleitear direitos desembocaria, quando o social superou a estagnação do Estado liberal — livres para morrer — e se desfez a mitologia criada em torno à igualdade e à liberdade — *nivelados por baixo; possíveis proprietários de nada* — na consagração dos primeiros direitos, o que não necessariamente significou uma modificação da situação real de vida.

Como assegura Cossío Díaz, as demandas sociais tiveram como destinatário principal o Estado, buscando uma mudança qualitativa, pois se tratava de que este outorgasse prestações diretamente ou regulasse os fenômenos vinculados a elas. Constata-se que em um primeiro momento as respostas provinham da legislação ou da administração, eram as primeiras políticas do *Estado de bem-estar* cuja lógica inicial consiste em que nada está por fora do social.

A negação do passado e a pretensão de um espaço jurídico-temporal diferente conduziram a que as Constituições fossem pautadas pelas exigências, originando-se vários modelos normativos, direitos, declarações ou princípios de ação, tendentes a garantir ou, pelo menos, declarar a concessão de meios para cobrir as carências dos setores em situação de maior desvantagem.[5] Precisamente aqui se localiza o surgimento do *Estado social* e do chamado *constitucionalismo social* comprometido com a satisfação desse conjunto de direitos.

Percebe-se, então, um Estado modificado quanto a seu caráter, projetado ao futuro como modelo de convivência constitucional planejada, no meio de contradições no campo do trabalho e da especial sensibilidade manifestada pelos seres humanos após a Primeira Grande Guerra.

Os impactos desses processos no Brasil constituem o tema do próximo segmento da nossa exposição.

3 O constitucionalismo social e os direitos dos trabalhadores brasileiros

3.1 Escravidão, vadiagem e migração

A representação histórica que surge do capitalismo se entrelaça com a história europeia e dos Estados Unidos, nos marcos de um simbolismo cujo elemento mais determinante é a conquista do crescimento econômico aliado a avanço científico e tecnológico. Entretanto, seus riscos e contradições, seus cenários de colonialismo, escravidão, guerra e exploração não podem ser justificados. Não há como ocultar que seu desenvolvimento em essência é pautado pela apropriação dos meios de produção por um setor da sociedade. Sua vulnerabilidade e descontinuidade se revelam porque o modelo se sustenta na franca dependência da promoção de um mecanismo para a geração de excedentes lucrativos. E esse mecanismo — *a exploração da força de trabalho* — ora convertido em prática social inelutável, pois faz parte da sua natureza, é um dado objetivo, que pauta a intencionalidade, a fatualidade e a possibilidade de seu sucesso.

A atenção na relação de produção capitalista — que gerou as condições para alicerçar e promover o engenho da industrialização — apontou desde a gênese do sistema que o trabalhador disposto a entregar o resultado do seu trabalho a outro ser humano proprietário de meios de produção, além de carecer dos mesmos meios deve encontrar-se juridicamente livre. Por outras palavras, deve ter capacidade para dispor minimamente da sua vontade.

---

[5] COSSÍO DÍAZ. *Estado social y derechos de prestación*, p. 32.

Por isso, na reflexão jurídica das liberdades, estas passaram a ter uma dimensão puramente formal. Isso porque o primeiro efeito direto e não apenas colateral do sistema é o desemprego, que garante que uma parcela de seres humanos esteja sempre disposta a submeter-se às condições de trabalho, por mais duras que estas possam se apresentar.

Como o nosso propósito consiste em detectar o conteúdo jurídico do valor social do trabalho na Constituição Federal em vigor, convém observar de que maneira as relações de trabalho se iniciaram e evoluíram no país.

E nessa história pode-se iniciar reconhecendo que a prolongação do sistema escravista foi um dos fatores para uma imposição tardia do capitalismo brasileiro. Com efeito, a definição dos critérios relevantes para compreender o sistema trabalhista atual — que implica entender o processo de formação social do país — requer de um ponto de partida histórico prévio ao capitalismo, caracterizado pela concentração de recursos produtivos e pela exploração da mão de obra escrava, cuja finalidade consistia em criar um fundo de acumulação para a expansão dos centros metropolitanos.

Muito esclarecedoras são as lições de Lúcio Kowarick, especialmente quando verifica como a formação do mercado de mão de obra livre foi um longo e tortuoso percurso, marcado, na maioria das vezes, por intensa coerção e violência.

> Para tanto foi necessário efetuar maciça expropriação, que residiu em destruir as formas autônomas de subsistência, impedindo o acesso à propriedade da terra e aos instrumentos produtivos, a fim de retirar do trabalhador o controle sobre o processo produtivo. Mas, além disso, foi também necessário proceder a um conjunto de transformações de cunho mais marcadamente cultural, para que os indivíduos despossuídos dos meios materiais de vida não só precisassem como também estivessem dispostos a trabalhar para outros.[6]

A perversidade dessa fórmula de condução social originou que no final do século XVIII, além dos senhores e escravos, se formasse uma massa de indivíduos não ligados ao esquema agroexportador. Tratados como inadaptados sociais, muitos deles mendigos, sem moradia fixa, sem inserção na divisão do trabalho escravocrata. Uma gama de desclassificados que não tinham condição alguma de serem incluídos no modelo social.[7]

---

[6] *Trabalho e vadiagem*: a origem do trabalho livre no Brasil, p. 12.
[7] Cf. PRADO JR., Caio. *Formação do Brasil contemporâneo*, p. 279.

Nesse contexto, e ainda que seja verdade que alguns livres procurassem seu sustento nas fazendas, a sobrevivência da imensa maioria dos *livres* dependia também da vontade dos senhores, desempenhando tarefas intermitentes ou realizando trabalhos meramente ocasionais. Após a outorga da Constituição de 1824, a mentalidade senhorial e a escravidão continuaram a se reproduzir. De maneira que o quadro tampouco mudou para os *livres*, que foram condenados à cultura de subsistência, tornando-se móveis, como relata Kowarick,

(...) eram considerados pelos grandes potentados como vadios e, portanto, imprestáveis para o trabalho disciplinado e regular. (...) Não é desprezível o fato de que o Brasil tenha sido o último país das Américas a abolir a escravidão e que, nas vésperas da promulgação da Lei Áurea, seria caracterizado como "um país sem povo". País sem povo, porque entre senhores e escravos perdurava enorme massa de pessoas destituídas de propriedade e de instrumentos produtivos[8] (...)

Um resultado concreto dessa cultura consiste em que normalmente existia entre os homens chamados *livres* uma rejeição ao trabalho manual, considerado próprio dos escravos. Consolidou-se, dessa forma, uma sociedade dividida, que somente teria um respiro — para continuar igualmente dividida —, quando da instauração através da Constituição de 1891 da república como forma de governo e do federalismo como modelo de organização político-administrativa. As metodologias políticas foram acomodadas não ingenuamente, senão com perfeição ao sistema econômico que começava a ser programado.

Deve-se lembrar de que para a época as exigências do mercado internacional determinaram imperativamente a inconveniência de continuar a sustentar os escravos. O sistema produtivo e a necessidade de expansão da produção cafeeira deram lugar a um cada vez maior trabalho assalariado.

Todavia, e é o que parece mais interessante na cultura das relações de trabalho, os livres preferiam transformar-se em ralé antes de se submeter às modalidades impostas de exploração, que se afiguravam inclementes para manter o que consideravam *um certo padrão de dignidade*. Certamente esse desestímulo — ao qual talvez tenhamos que adicionar a degradação do trabalho — obstaculizou o desenvolvimento de profissões e determinou uma rebeldia natural e a escassa disciplina dos homens incorporados à produção.

---

[8] *Trabalho e vadiagem*: a origem do trabalho livre no Brasil, p. 30-31.

A saída poderia ser pragmática: promover direitos como a redução da jornada de trabalho ou aumentar salários, garantindo o aproveitamento dessa mão de obra. A intolerância, a incapacidade e a falta de vontade política para gerar essas novas condições de trabalho sugeriram outra solução: a classe dominante optou pela importação da mão de obra estrangeira, homens e mulheres que desconheciam por completo as condições em que realizariam suas tarefas.

Essa fórmula mostrava-se altamente eficaz para a estabilidade do sistema, posto que a presença cada vez em maior número dos estrangeiros criava uma reserva necessária para manter as condições laborais imodificáveis. Por tabela, permitia a expansão do capital. Destarte, as formas de espoliação se reproduziam porque era abundante a mão de obra e precária a organização social dos trabalhadores migrantes. Simultaneamente, do ponto de vista ideológico, se disseminava a ideia de que o homem nacional não gostava de trabalhar, era inapto. A ideia repercutia com tal força que os fazia aparecer como incapazes.

Poderia pensar-se que o ingresso dos estrangeiros era um problema de qualificação profissional. Mas, realmente, nada mais longe da realidade, pois o trabalhador estrangeiro também não tinha experiências prévias. Era tão despreparado quanto o nacional.

É revelador que o discurso que condenava ao trabalhador brasileiro somente fosse modificado no século XX, quando a grande preocupação dos donos da produção começou a ser o fato dos estrangeiros chegarem contaminados pelo *vírus do comunismo* ou do *anarquismo*, e então fosse necessário recuperar o trabalhador nacional.[9]

Entretanto, o trabalhador — nacional ou estrangeiro — concebia sua situação de forma diferente. Para além da ressonância dos acontecimentos transformadores em outros cantos do mundo, entendia que existiam fatores objetivos internos que precisariam ser removidos para edificar uma nova situação em termos sociais, gerando-se um engajamento não apenas ideológico ou meramente economicista, senão político.

Um dado que não pode ser esquecido na história é que a denominada *Grande Nacionalização*, estabelecida no inc. 4º do art. 69 da Constituição de 1891 praticamente incorporou a imensa maioria dos migrantes que se considerando agora povo brasileiro exigiam uma regulamentação nítida da sua condição trabalhista.

---

[9] *Trabalho e vadiagem*: a origem do trabalho livre no Brasil, p. 109 *et seq.*

Aos poucos uma nova tomada de consciência sobre os dilemas da relação entre trabalhadores e Estado foi inevitável numa sociedade cada vez mais complexa.

3.2 O constitucionalismo social brasileiro como fruto da luta dos trabalhadores

Como mencionado, numa perspectiva universal a constitucionalização dos direitos sociais criou um parâmetro de comportamento estatal, dirigindo-o para a satisfação das necessidades públicas e a prestação de serviços. Porém, no que concerne ao desenvolvimento do constitucionalismo social no Brasil não é possível manifestar que para a década de 20 houvesse uma transposição automática do teor das constituições que o inauguraram. Por exemplo, nunca se pretendeu uma reprodução automática da Constituição Mexicana ou dos postulados da Revolução de 1917.

Contudo, e como menciona afirmativamente Moniz Bandeira, o país, no limiar da legislação em matéria de trabalho, espelhou, obliquamente, as contradições ideológicas que atassalhavam a Europa. De fato, após as greves gerais e as rebeliões operárias do período de 1917-1921, cuja dimensão política o impacto da Revolução Russa ressaltou, ninguém mais, muito menos a classe dominante, conseguiria ignorar a questão social.[10]

Do acúmulo de reivindicações pleiteadas, as mais importantes para a classe proletária emergente e cada vez mais miserável eram a jornada de 8 horas, o aumento do salário, o pagamento em dia certo e as melhores condições de trabalho. O protagonismo das organizações políticas e dos sindicatos era manifesto. A inspiração na leitura dos textos marxistas, anarquistas e das diversas correntes socialistas internacionais, evidente. Contudo, a coesão e unidade não eram os fatores determinantes, em seu lugar a dispersão e diversidade de orientações era o mais comum.[11]

Em relação a essa fraqueza organizacional observa Moniz Bandeira:

> O Brasil, cuja industrialização a Guerra Mundial de 1914-1918, interrompendo o fluxo das importações, impulsionara, atravessava uma fase

---

[10] *Trabalhismo e socialismo no Brasil*, p. 11.
[11] Como dado curioso pode-se destacar que as conhecidas diferenças ideológicas entre anarquistas e marxistas na Europa não eram automaticamente captadas pelas lideranças locais. O anarquismo predominou no começo, com apoio nas ideias de Bakunin e Kropotkin.

talvez semelhante à da Europa na primeira metade do século XIX. Com o capitalismo em plena acumulação primitiva, ainda não apresentava as condições sociais e políticas para o florescimento de um partido socialista nos moldes dos que já existiam na Inglaterra, na França e na Alemanha. Os países atrasados contam, no entanto, com a vantagem de poderem saltar as etapas que outros já percorreram, assimilando suas experiências e absorvendo os avanços da civilização no plano econômico, social e político.[12]

Se o grau de organização dos trabalhadores era precário, advirta-se que muito embora o Brasil recebesse o impacto da obrigatoriedade das concessões do Tratado de Versalhes — que implicavam o reconhecimento dos direitos trabalhistas e das normas oriundas da novíssima Organização Internacional do Trabalho — e que as rebeliões dos tenentes obrigassem aos governos de Arthur Bernardes e Washington Luís a tentar apaziguar o apoio que os primeiros tinham na classe operária, para o qual tomaram algumas medidas de caráter social, a verdade é que, especialmente as corporações estrangeiras, monopolizadoras dos transportes coletivos, eletricidade, gás e minas, metalurgia e frigoríficos, recusaram-se a cumprir políticas ou planos de ação em benefício de seus empregados. Em suma, na época a questão social no Brasil era realmente assunto de polícia e a ideia dos governos continuava a ser a repressão por cima do cumprimento da legislação.[13]

Sem embargo, a inter-relação dos fenômenos econômicos em cadeia mundial gerou uma situação interessante. É que no horizonte econômico internacional novas condições eram impostas pelos Estados à vanguarda do capitalismo. Conforme a remodelação do sistema produtivo, nenhuma nação deveria conquistar vantagem na concorrência mundial, produzindo a custos mais baixos por conta de não pagar os encargos sociais. Deveriam todas se incorporar ao novo Direito Internacional do Trabalho. Essa inserção, como é de se supor, ocasionava sacrifícios enormes para a classe empresarial brasileira.

A pressão social interna e internacional criou o cenário favorável à ascensão de Getulio Vargas, que preencheu o vazio de poder originado pelo enfraquecimento da oligarquia cafeeira após a recessão mundial de 1929 e quando nenhum setor das classes dominantes podia impor sua singular hegemonia. Vargas, por um lado, implementou o programa mínimo, elaborado com a colaboração de militantes socialistas e,

---

[12] *Trabalhismo e socialismo no Brasil*, p. 8.
[13] DIAS, Everardo. *Historia das lutas sociais no Brasil*, p. 149.

pelo outro, para não sofrer a pressão oligárquica, iniciou o processo de contenção da revolução apregoada por Prestes.

No terreno jurídico, como lembra Moniz Bandeira, a legislação do trabalho e da previdência social nasceu no Brasil antes de 1930 devido às pressões externas e internas, mas unicamente foi consolidada pela combatividade operária, pois comprovadamente as mais relevantes medidas de interesse dos trabalhadores datam do período entre 1931 e 1936. Com apoio no trabalho de Rocha Barros sobre as *Origens e evolução da legislação trabalhista*, Bandeira afirma:

> A extensão da estabilidade no emprego e das pensões e aposentadorias aos empregados em serviços públicos de luz, força, tração, telefone, água, esgoto, etc, ocorreu em 1931. A limitação da jornada de trabalho a 8 horas no comércio e na indústria, a regulamentação das condições de trabalho das mulheres e dos menores, a concessão de estabilidade, pensões e aposentadorias aos mineiros, a criação das juntas de conciliação e julgamento, bem como a instituição das convenções coletivas de trabalho foram decretadas em 1932 (...) E a "mais característica das leis trabalhistas brasileiras", a lei nº 62, que estendeu a estabilidade aos operários e instituiu a indenização por dispensa sem injusta para os empregados no comércio e na indústria foi aprovada pelo Congresso Nacional em 1935 (...) Das normas gerais da legislação trabalhista brasileira, somente a do salário mínimo, conquanto formulada desde 1931 e incluída na Constituição de 1934, começou a vigorar depois do golpe de Estado de 10 de novembro de 1937. A Consolidação das Leis do Trabalho, de 1943, não significou nada mais nada menos, como o próprio nome indica, a codificação de leis preexistentes.[14]

Se a Constituição de 1934 inaugura o constitucionalismo social, reproduzindo as concessões necessárias para a continuidade do sistema econômico, a Constituição de 1937, no seu art. 139, declarou a greve e o *lock-out* como *recursos antissociais, nocivos ao trabalho e ao capital, e incompatíveis com os superiores interesses da produção nacional.*

Nas constituições que se seguiram alguns elementos são bastante importantes, como a autonomia consagrada pela Carta de 1946 no seu art. 94, V, à Justiça do Trabalho, retirando-a da esfera do Executivo. Mas nem tudo foram avanços, basta lembrar a injustificada redução da idade mínima para o trabalho, que foi pautada em 12 anos pelo art. 158, X, da Constituição de 1967.

---

[14] *Trabalhismo e socialismo no Brasil*, p. 39.

Em resumo, a legislação brasileira em matéria do trabalho foi o resultado da capacidade de organização, resistência e mobilização dos trabalhadores, obtendo-se triunfos ou fracassos conforme se alteraram as condições de desenvolvimento do Brasil nos marcos de um capitalismo tardio e se produziram aproximações ou recomposições de classe. Assim, presentemente, qualquer interpretação sobre a natureza da legislação brasileira e da maneira como o constituinte consagrou o trabalho na Carta de 1988 deve se reportar a uma história feita nas ruas. Por essa linha de raciocínio, a redução das conquistas no campo trabalhista ou a inefetividade dos direitos sociais significam uma desconstrução da história e a promoção não justificada de segmentos sociais que configuraram uma cadeia de mecanismos de dominação e controle da economia e da política na sociedade nacional.

4 Sobre o valor social do trabalho e a efetividade dos direitos sociais

4.1 O valor social do trabalho

Não pretendemos iniciar um percurso que leve ao conhecimento do conjunto normativo voltado à proteção do trabalhador na ordem constitucional. Tal análise foge às modestas finalidades do presente artigo. Nossa opção consiste em especificar o conteúdo jurídico do *valor social do trabalho*, princípio regulador da essência das relações de trabalho, estabelecido pelo constituinte no art. 1º, inc. IV do Diploma Constitucional e que, ao lado da dignidade da pessoa humana — estabelecido no inc. III do mesmo artigo —, converte-se em pedra angular para a interpretação e aplicação do direito nesse campo da vida.

Como sabemos, a relação entre sociedade e trabalho vai determinada pela necessidade coletiva de produzir, é dizer, de criar o conjunto de bens necessários para a subsistência. O trabalho como atividade humana adquire uma multifacetariedade inestimável para o todo social. Distante de ser apenas atividade econômica se projeta culturalmente, gerando o próprio *modus vivendi* social.

É conveniente, apenas para demonstrar a perspicácia do constituinte no aspecto mencionado, observar a menção do trabalho no conjunto dos princípios da atividade econômica no art. 170 do Diploma Constitucional, mas também como base da ordem social, no art. 193. Um artigo adiante, o de número 194, ao abordar a seguridade social, o legislador constituinte incluiu na sua organização sistêmica uma manifestação da democracia participativa, estabelecendo a presença dos trabalhadores.

Retornando nossas reflexões, cumpre observar como na sociedade capitalista contemporânea — de uma maneira muito pragmática e, na verdade, acontece assim desde seu surgimento — os homens podem ser classificados, simplesmente, como ricos ou pobres. Esta visão, que pode parecer à primeira vista simplista tem-se mantido, ainda que o capitalismo atravesse crises como a da Grande Depressão dos 30 no século XX ou a atual crise de rentabilidade. O critério diferenciador é simples: a capacidade que possuem de usufruir os bens necessários à vida.

Sem embargo, desde as origens da divisão social do trabalho, apenas uma pequena parte dos bens imprescindíveis pode ser obtida através de esforços individuais. Isso significa que todo homem precisa do esforço dos outros, em uma cadeia ininterrupta de relações de trabalho. Por isso o trabalho não pode ser considerado um valor individual, mas social, posto que a sociedade que não produz sobre a base do trabalho está condenada à extinção.

Fixada esta ideia, outra questão deve ser colocada: a relação entre o trabalho e o preço do imprescindível para viver. No *Inquérito sobre a natureza e as causas da riqueza das nações*, Adam Smith expressou com toda clareza essa relação, demonstrando como nenhum homem pode se abastecer sozinho, pois a grande maioria dos bens deverá ser obtida com o trabalho dos outros:

> (...) e, assim, ele será rico ou pobre consoante a quantidade desse trabalho sobre que ele pode adquirir domínio, ou que lhe é possível comprar. Portanto, o valor de cada mercadoria, para a pessoa que a possui e não tenciona usá-la ou consumi-la, mas sim trocá-la por outras mercadorias, é igual à quantidade de trabalho que ela lhe permite comprar ou dominar. O trabalho constitui, pois, a verdadeira medida de valor de troca de todos os bens.
>
> O verdadeiro preço de todas as coisas, aquilo que elas, na realidade, custam ao homem que deseja adquiri-las é o esforço e a fadiga em que é necessário incorrer para as obter. Aquilo que uma coisa realmente vale para o homem que a adquiriu e que deseja desfazer-se dela ou trocá-la por outra coisa, é o esforço e a fadiga que ela lhe pode poupar, impondo-os a outras pessoas. Aquilo que compramos, com dinheiro ou em troca de outros bens, é adquirido pelo trabalho.[15]

---

[15] *Inquérito sobre a natureza das causas da riqueza das nações*, p. 119-120.

Nessa lógica, cada bem existente representa certa quantidade de trabalho. O trabalho passa a ser a medida de valor das coisas e com ele tudo pode ser pago, pois a riqueza do mundo é a demonstração da quantidade de trabalho que os seres humanos efetivamente praticaram. Também nessa trilha, a quem é beneficiado com a propriedade dos meios de trabalho ou de produção de bens, a quantidade de recursos obtidos com esse domínio lhe permite adquirir ou dominar mais trabalho.

Marx demonstrou isso em *O capital*:

> A utilização da força de trabalho é o próprio trabalho. O comprador da força de trabalho consome-a, fazendo o vendedor dela trabalhar. Este, ao trabalhar, torna-se realmente no que antes era apenas potencialmente: força de trabalho em ação, trabalhador. Para o trabalho reaparecer em mercadorias, tem de ser empregado em valores-de-uso, em coisas que sirvam para satisfazer necessidades de qualquer natureza. O que o capitalista determina ao trabalhador produzir é, portanto, um valor-de-uso particular, um artigo especificado.[16]

No desenvolvimento do capitalismo, uma das grandes dificuldades consiste em absorver a força de trabalho sem um planejamento adequado. Apesar da sua expansão, o sistema cria, inevitavelmente, uma massa de desempregados elevada, conforme seu ritmo em sociedades avançadas ou periféricas.

Daí a importância de outorgar a devida atenção ao trabalho como direito, exposto no art. 6º da Carta de 1988 — *São direitos sociais a educação, saúde, o trabalho* (...) — interpretando-o conforme as realidades contemporâneas.

Em termos hermenêuticos, o trabalhador de hoje não é unicamente o operário. Essa compreensão é de extrema relevância, pois embora possa ser feita uma distinção entre o operário e o profissional liberal, a verdade é que o capitalismo integrou na classe proletária, como afirma J. Bernardo, os trabalhadores que antes laboravam exteriormente a ele. Destarte, desde pequenos proprietários até os profissionais independentes desaparecem na *voragem da proletarização*.[17]

Também, é de se reconhecer que o valor social do trabalho e o trabalho, como direito de todos, implica uma análise da questão de gênero — art. 7º, XX – *proteção do mercado de trabalho da mulher, mediante incentivos específicos, nos termos da lei* —, da regulação adequada da

---

[16] *O capital*, p. 201.
[17] *Op. cit.*, p. 62.

atividade realizada pelos menores, a incorporação dos trabalhadores portadores de deficiência — *artigo 7º, XXI – proibição de qualquer discriminação no tocante a salário e critério de admissão do trabalhador portador de deficiência* —, estrangeiros e, em geral, dos setores considerados minoritários. Esses assuntos estão intimamente ligados ao tema da absorção da força.

Assim, por exemplo, o sustento doméstico é assegurado na atual etapa pela atividade do conjunto familiar, intensificando-se o assalariamento de todos e não apenas do elemento masculino. Bem por isso o constituinte teve o cuidado de traçar normas para a promoção do trabalho da mulher e a proibição do trabalho infantil.

Quanto aos setores minoritários, como se observa nas entrelinhas da nossa exposição, o constituinte não foi omisso. Procurou prestigiar sua capacidade de dirigir suas atividades em benefício da coletividade, promovendo sua incorporação ao mercado de trabalho.

Contudo, a interdependência dos direitos sociais coloca outro elemento que circunda o valor *trabalho* e interfere na sua realização. Trata-se de que o sistema econômico requer o aumento da intensidade do trabalho, o que significa realizar uma maior quantidade das mesmas operações durante um dado número de horas, bem como um aumento da qualidade do trabalho, o que se relaciona com a exigência de maior destreza.[18]

A redução formal do horário de trabalho pode não ser a redução do trabalho. Nesse campo, a luta social determinou que ainda que os trabalhadores obtenham sucesso na redução da jornada, os patrões recuperam-se aumentando a complexidade das tarefas executadas.[19] Simultaneamente, o capitalismo exige, até pelo desenvolvimento tecnológico, uma concentração de recursos na educação de mão de obra especializada em determinados setores produtivos.

Destarte, a reorganização do sistema produtivo implica a reorganização do sistema educacional e a aparição de novas profissões e atividades, as que devem ser respaldadas através de políticas destinadas à capacitação.

Como se observa, o valor social do trabalho tem uma materialidade, uma substância jurídica, cuja fonte reside nessa sua imbricada relação com o conjunto das atividades vitais do ser humano.

---

[18] *Transnacionalização do capital e fragmentação dos trabalhadores*, p. 63.
[19] Ibid.. Mesma página.

4.2 Sobre a efetividade dos direitos sociais

Indagar sobre o conteúdo e vitalidade do valor social do trabalho implica reconhecer o ecleticismo ideológico incorporado pela redação constitucional e que não é necessariamente uma singularidade brasileira. Na verdade, os Estados consagraram direitos sociais dando origem ao constitucionalismo social em um cenário no qual os trabalhadores contavam com ferramentas teóricas marxistas, sem abandonar as linhas básicas de organização liberal da sociedade, mantendo a propriedade privada, ainda que comprometida com a sua utilização para fins sociais. Pode-se afirmar que as constituições do Estado de bem-estar foram a síntese de um liberalismo fortemente abatido pelo movimento socialista.

Contudo, não é possível expressar que o constitucionalismo social seja uma conciliação em termos ideológicos, ou que baste a consagração nos textos constitucionais dos direitos como à saúde, à educação, ao trabalho, ao lazer ou à moradia para que a efetividade seja atingida e a realidade modificada em favor dos trabalhadores.

Como assevera Zagrebelsky, as contribuições do liberalismo e do marxismo, às quais ele adiciona a do cristianismo social, não se distinguem unicamente por sua diversidade de conteúdo e estrutura jurídica.

> Si así fuese, podría llegarse fácilmente, si no a un simple compendio, al menos a una composición de las mismas, y entonces la universalidad del lenguaje de los derechos daría lugar a un espacio unitario de cooperación prometedor para ulteriores desarrollos. En estas condiciones, podría pensarse incluso en una superación de las tradicionales rivalidades a través de una política común de los derechos en la que cada uno de los componentes pudiera ver satisfechas sus aspiraciones. Por desgracia no es así. Aparte del problema que supone el establecimiento de prioridades para satisfacer los derechos que resultan costosos, y de los conflictos que de ello derivan, las declaraciones constitucionales de derechos no reflejan únicamente una diversidad de contenido y estructura que pueda explicarse por los ideales políticos que históricamente las han promovido. A las distintas aportaciones subyace una distinción realmente fundamental que está relacionada con el ethos de los derechos. En relación con esta distinción, las diferencias de contenido y estructura tienen un valor secundario.[20]

Nesse sentido, a procura do *ethos* ao qual se refere Zagrebelsky pode ser identificada no humanismo, que no constitucionalismo brasileiro enxerga-se a partir da interpretação do princípio da dignidade

---

[20] El derecho dúctil, p. 75.

da pessoa humana ou outorgando a esse postulado o caráter de verdadeiro fator de pré-compreensão necessário para a construção do Direito e edificação do Estado.

Assim, na Constituição Federal, o preâmbulo — (...) *"para instituir um Estado Democrático, destinado a assegurar o exercício dos direitos sociais"* (...) — e o art. 3º, nos quais se sintetizam fins constitucionais e estatais e concorrem a liberdade e a justiça, justificam que o modelo produtivo brasileiro, com doses liberais, socialistas ou do cristianismo social, como aponta Zagrebelsky, deve fazer ênfase na efetividade dos direitos sociais, sem os quais se pode esvaziar a dignidade da pessoa humana e o sentido humanista plasmado pelo constituinte em cada um dos seus artigos.

Na prática, a interpretação que efetiva os direitos sociais obriga a fazer uma referência ao falso dilema da exclusão dos direitos individuais pelos sociais e vice-versa. Ao contrário do pensamento liberal mais atrasado, a existência plena da liberdade individual não inibe a aplicação dos direitos sociais. Se assim fosse, então, a maior efetividade dos direitos sociais implicaria menor respeito à liberdade individual, quando, na verdade, o ser humano é cada vez mais livre na medida em que encontra satisfeitas suas necessidades sociais da melhor forma. Por isso, deve-se rejeitar a ideia de que no capitalismo se os trabalhadores exigem a efetividade dos direitos sociais negam sua liberdade pessoal.

O que se pretende escamotear com essa falsa apreciação da realidade é que os trabalhadores não estão a exigir nada para negar a sua liberdade ou o conjunto das liberdades individuais dos outros. Os trabalhadores reclamam a restrição do exercício da liberdade de possuir meios de produção, que permitem a uns quantos a concentração da riqueza social porque nela reside a causa da desigualdade que impede o acesso aos direitos sociais.

A liberdade e a justiça não são antagônicas, mas complementares. De igual maneira, no sistema socialista a procura pela justiça social não implica a destruição de todo e qualquer sentido de propriedade, mas a propriedade sobre os meios que determinam a satisfação das necessidades básicas do coletivo. Os trabalhadores não tolerariam que os direitos sociais fossem efetivados em detrimento de restrições injustificadas das liberdades individuais.

Essa mistura de liberalismo e hobbesianismo, que faz dos homens sujeitos perigosos pela sua natureza, não permite alternativas porque esconde que a raiz da desigualdade não está em que os direitos sociais sejam efetivados, mas na questão da propriedade sobre os meios de produção social. Por conseguinte, tampouco é certo afirmar que a exigência da efetividade dos direitos do constitucionalismo social conduziria à quebra do Estado. Essa opinião unicamente pretende descarregar nos trabalhadores uma dose de culpabilidade por algo que lhes é alheio, pois eles não se encontram no domínio do Estado.

Efetivar os direitos sociais é um dos desafios do nosso tempo. A Constituição Federal herda o resultado de um conjunto de lutas dos trabalhadores brasileiros e constitui o texto normativo que, interpretado e aplicado conforme os postulados da liberdade, da justiça e da dignidade, serve de base para a edificação do Estado e da sociedade almejada por todos. Um constitucionalismo social no século XXI efetivado e acorde com as novidades no mundo do trabalho é imperativo para esse fim.

Referências

BANDEIRA, Moniz. *Trabalhismo e socialismo no Brasil*. São Paulo: Global, 1985.

BERNARDO, João. *Transnacionalização do capital e fragmentação dos trabalhadores*. São Paulo: Boitempo, 2000.

COSSÍO DÍAZ, José Ramón. *Estado social y derechos de prestación*. Madrid: Centro de Estudios Constitucionales, 1989.

DALLARI, Dalmo de Abreu. *Elementos de teoria geral do Estado*. 24. ed. São Paulo: Saraiva, 2003.

DIAS, Everardo. *Historia das lutas sociais no Brasil*. São Paulo: Alfa-Ômega, 1977.

PRADO JÚNIOR, Caio. *Formação do Brasil contemporâneo*. São Paulo: Brasiliense, 1942.

SMITH, Adam. *Inquérito sobre a natureza das causas da riqueza das nações*. Tradução de T. Cardoso e L. de Aguiar. 2. ed. Lisboa: Fundação Calouste Gulbenkian, 1987.

KOWARICK, Lúcio. *Trabalho e vadiagem*: a origem do trabalho livre no brasil. 2. ed. São Paulo: Paz e Terra, 1994.

MARX, Karl. *O capital*. Tradução de Reginaldo Sant'Anna. Rio de Janeiro: Civilização Brasileira, 1980. (Livro Primeiro).

ZAGREBELSKY, Gustavo. *El derecho dúctil*. Traducción de Marina Gascón. Madrid: Trotta, 2007.

Informação bibliográfica deste texto, conforme a NBR 6023:2002 da Associação Brasileira de Normas Técnicas (ABNT):

ALARCÓN, Pietro Lora. Constitucionalismo e valor social do trabalho: o mundo do trabalho na Constituição Federal de 1988 e a efetividade dos direitos sociais. *In*: LUNARDI, Soraya (Coord.). *Direitos fundamentais sociais*. Belo Horizonte: Fórum, 2012. p. 195-214. ISBN 978-85-7700-567-3. (Coleção Fórum de Direitos Fundamentais, 8).

O DIREITO SOCIAL À MORADIA NA CONSTITUIÇÃO DE 1988

RICARDO BROSCO

1 Introdução

A Constituição de 1988 consagra os direitos sociais. São direitos a prestações positivas por parte do Estado, vistos como necessários para o estabelecimento de condições mínimas de vida digna para todos os seres humanos. Ao lado dos direitos fundamentais de primeira geração, que têm por característica a imposição de um não fazer ou abster-se do Estado, as modernas Constituições impõem aos Poderes Públicos a prestação de diversas atividades, visando ao bem-estar e ao pleno desenvolvimento da personalidade humana, sobretudo em momentos em que ela se mostra mais carente de recursos e tem menos possibilidades de conquistá-los.

Os direitos sociais costumam ser apontados como a segunda geração de direitos fundamentais, enunciados no art. 6º:

> São direitos sociais a educação, a saúde, o trabalho, a moradia, o lazer, a segurança, a previdência social, a proteção à maternidade e à infância, a assistência aos desamparados, na forma desta Constituição.

Entre os direitos sociais enumerados, já estavam na redação primitiva da Constituição o direito à educação, à saúde, ao trabalho, ao lazer, à segurança, à previdência social, à proteção à maternidade e à infância, à assistência aos desamparados. A eles, a Emenda Constitucional nº 26/00 acrescentou o direito à moradia. Assim, um momento importante na afirmação do direito à moradia — e do dever estatal de assegurá-lo — se deu com sua inclusão no rol dos direitos sociais. Ao lado da alimentação, a habitação figura no rol das necessidades mais básicas do ser humano. Para cada indivíduo desenvolver suas necessidades, é fundamental possuir morada. Trata-se de questão relacionada à sobrevivência, pois dificilmente se conseguiria viver por muito tempo exposto, a todo o momento, aos fenômenos naturais, sem qualquer abrigo. O provimento da habitação diz respeito também aos objetivos fundamentais de nossa República, contidos no art. 3º da Lei Maior.[1]

Como ensina José Afonso da Silva, "o direito à moradia significa ocupar um lugar como residência; ocupar uma casa, apartamento, etc., para nele habitar".[2]

Na sequência, o ilustre constitucionalista explicita que se a Constituição prevê como princípio fundamental a dignidade da pessoa humana (art. 1º, III), assim como o direito à intimidade e à privacidade (art. 5º, X), e que a casa é um asilo inviolável do indivíduo (art. 5º, XI), então tudo isso envolve, necessariamente, o direito à moradia.

O direito à moradia consiste, outrossim, no direito de obter uma moradia digna e adequada, revelando-se como um direito positivo de caráter prestacional, porque legitima a pretensão do seu titular "a realização do direito por via de ação positiva do Estado".

Veja-se, inclusive, que o direito à moradia já encontrava previsão constitucional no art. 7º, inc. IV, da Constituição Federal, como direito do trabalhador urbano e rural a um "salário mínimo, fixado em lei, nacionalmente unificado, capaz de atender às suas necessidades vitais básicas e às de sua família com moradia, alimentação, educação, saúde, lazer, vestuário, higiene, transporte e previdência social, com reajustes periódicos que lhe preservem o poder aquisitivo, sendo vedada sua vinculação para qualquer fim".

Mas há, ainda, norma específica determinando ação positiva no sentido da efetiva realização do direito à moradia, quando institui, no

---

[1] Art. 3º Constituem objetivos fundamentais da República Federativa do Brasil:
I – construir uma sociedade livre, justa e solidária;
II – garantir o desenvolvimento nacional;
III – erradicar a pobreza e a marginalização e reduzir as desigualdades sociais e regionais;
IV – promover o bem de todos, sem preconceitos de origem, raça, sexo, cor, idade e quaisquer outras formas de discriminação.

[2] *Curso de direito constitucional*, p. 313.

art. 23, inc. IX, competência comum da União, dos Estados, do Distrito Federal e dos Municípios promover programas de construção de moradias e melhorias das condições habitacionais.

Portanto, percebe-se que o direito à moradia é um direto essencial, já há muito tempo fazendo parte do texto constitucional, agora robustecido com sua expressa menção no elenco do art. 6º; proporcionando, no mínimo, a facilitação da exigência de sua concretização.

2 O bem de família no Código Civil de 2002 e na Lei nº 8.009/90

O instituto do bem de família teve origem nos Estados Unidos da América do Norte, precisamente na República do Texas, com a edição da Lei do *Homestead*, em 26 de janeiro de 1839. O significado da expressão *Homestead* reporta-se ao local do lar (home = lar; stead = local), surgida em defesa da pequena propriedade e que objetivava proteger as famílias radicadas na República do Texas.

O instituto do bem de família guarnece uma importância social enorme, pois visa à proteção da família.

Aponta a doutrina duas espécies de bem de família, que coexistem perfeitamente, posto que centradas em princípios semelhantes, ainda que apresentem requisitos diferentes e acarretem efeitos diversos.

No Código Civil, o bem de família voluntário encontra-se disciplinado na parte dedicada ao Direito de Família, entre os arts. 1.711 e 1.722. Para fins de conceituação dogmática, trago à baila o conceito de bem de família voluntário, da lavra do civilista Álvaro Villaça Azevedo:[3] "O bem de família é um meio de garantir um asilo à família, tornando-se o imóvel onde a mesma se instala domicílio impenhorável e inalienável, enquanto forem vivos os cônjuges e até que os filhos completem sua maioridade".

O Código Civil ao mesmo tempo ampliou e limitou a instituição do bem de família; e digo ampliou, em razão de ter permitido a instituição de valores mobiliários cuja renda destinar-se-á à conservação do bem e sobrevivência da família (art. 1.712),[4] sendo que o montante

---

[3] AZEVEDO, Álvaro Villaça. *Bem de família com comentários à Lei 8.009/90*. 5. ed. São Paulo: Revista dos Tribunais, 2002. p. 93.

[4] Art. 1.712. O bem de família consistirá em prédio residencial urbano ou rural, com suas pertenças e acessórios, destinando-se em ambos os casos a domicílio familiar, e poderá abranger valores mobiliários, cuja renda será aplicada na conservação do imóvel e no sustento da família.

desses valores mobiliários não poderá ultrapassar o valor do imóvel (art. 1.713, *caput* e §1º);[5] e digo limitou em razão de o valor de bem de família não poder ultrapassar a 1/3 do patrimônio líquido do instituidor, existente ao tempo da instituição (art. 1.711),[6] diversamente do Código Civil de 1916, que não previa tal limite.

Uma das maiores críticas ao bem de família voluntário é referente ao limite de 1/3 do patrimônio líquido da entidade familiar para que possa ser instituído. Isso praticamente inviabiliza o uso do instituto pelas famílias menos abastadas.

O bem de família voluntário só pode ser constituído pela vontade expressa do instituidor, via escritura pública ou testamento. O título constitutivo deve ser levado ao Cartório de Registro de Imóveis, para fins de registro. O art. 1.714 do Código Civil é claro ao dizer que só após o registro do título constitutivo no registro de imóveis é que o bem ganhará oponibilidade perante terceiros. Cumpre salientar que, neste caso, o registro não é meramente declaratório, mas sim constitutivo do bem de família, ou seja, enquanto não for feito o registro do instrumento não há que se falar em bem de família.[7]

São dois os efeitos decorrentes da instituição do bem de família voluntário: a impenhorabilidade relativa e a inalienabilidade.

A impenhorabilidade é prevista no art. 1.715 do Código Civil e diz respeito às dívidas posteriores à instituição do bem de família. É dita relativa porque a impenhorabilidade não alcança os tributos relativos ao prédio nem suas despesas condominiais. Afinal, o direito privado de instituir o bem de família e sua consequente impenhorabilidade não pode servir de guarida para prejudicar toda a coletividade — por meio

---

[5] Art. 1.713. Os valores mobiliários, destinados aos fins previstos no artigo antecedente, não poderão exceder o valor do prédio instituído em bem de família, à época de sua instituição.
§1º Deverão os valores mobiliários ser devidamente individualizados no instrumento de instituição do bem de família.
§2º Se se tratar de títulos nominativos, a sua instituição como bem de família deverá constar dos respectivos livros de registro.
§3º O instituidor poderá determinar que a administração dos valores mobiliários seja confiada a instituição financeira, bem como disciplinar a forma de pagamento da respectiva renda aos beneficiários, caso em que a responsabilidade dos administradores obedecerá às regras do contrato de depósito.

[6] Art. 1.711. Podem os cônjuges, ou a entidade familiar, mediante escritura pública ou testamento, destinar parte de seu patrimônio para instituir bem de família, desde que não ultrapasse um terço do patrimônio líquido existente ao tempo da instituição, mantidas as regras sobre a impenhorabilidade do imóvel residencial estabelecida em lei especial.

[7] O art. 261 da Lei Federal nº 6.015/73 determina que o instituidor apresente a escritura pública de instituição do bem de família ao oficial do registro de imóveis. Segundo o art. 263 da mesma lei, a escritura será integralmente transcrita no livro nº 3 e haverá inscrição na matrícula do bem.

do não pagamento de tributos — nem toda a vizinhança do prédio, sob desculpa de que o bem não poderá ser tirado daquela família.

No que toca à inalienabilidade, trata-se de um efeito exclusivo do bem de família voluntário. O bem de família legal só possui o efeito de ser impenhorável. Pode, porém, ser alienado a qualquer tempo. Já o bem de família voluntário, sofre, no art. 1.717, fortes restrições quanto à alienação. O bem fica afetado à moradia da família e só pode ser alienado com autorização judicial.[8]

Essa autorização só pode ser dada se houver o consentimento de todos os interessados e o de seus representantes legais, sendo obrigatória, sempre, a oitiva do Ministério Público.[9]

Até agora falamos sobre o bem de família voluntário, regulamentado pelo Código Civil. Não se pode, porém, deixar de falar sobre o bem de família legal, para atingir as finalidades deste trabalho.

A Lei Federal nº 8.009, de 29 de março de 1990, regulamenta o bem de família legal. O bem de família voluntário, como visto, necessita de manifestação de vontade do instituidor. Em síntese, em sede de bem de família legal, o instituidor é o próprio Estado, por força da edição da Lei nº 8.009/90, sendo esta uma lei de ordem pública por excelência, em defesa do núcleo familiar, independente de ato constitutivo e, portanto, de Registro de Imóveis.

O bem de família legal abrange o imóvel residencial da família ou casal, bem como os bens móveis que guarnecem a casa, as plantações, benfeitorias e os equipamentos de uso profissional que ali estejam, como dispõe o art. 1º da Lei nº 8.009/90:

> O imóvel residencial próprio do casal, ou da entidade familiar, é impenhorável e não responderá por qualquer tipo de dívida civil, comercial, fiscal, previdenciária ou de outra natureza, contraída pelos cônjuges ou pelos pais ou filhos que sejam seus proprietários e nele residam, salvo nas hipóteses previstas nesta lei.
>
> Parágrafo único. A impenhorabilidade compreende o imóvel sobre o qual se assentam a construção, as plantações, as benfeitorias de qualquer natureza e todos os equipamentos, inclusive os de uso profissional, ou móveis que guarnecem a casa, desde que quitados.

---

[8] Art. 1.717. O prédio e os valores mobiliários, constituídos como bem da família, não podem ter destino diverso do previsto no art. 1.712 ou serem alienados sem o consentimento dos interessados e seus representantes legais, ouvido o Ministério Público.

[9] Um bem de família pode ser sub-rogado em outro, por meio da alienação. É preciso fazer pedido fundamentado e ser justificado o fato de que não há prejuízo para a família.

Portanto, é tudo o que constitui o mínimo material necessário para que a pessoa possa viver com dignidade e se sustentar, pois não interessa ao Estado que ninguém seja reduzido à miséria. Protege a norma legal em evidência tanto o imóvel residencial da entidade familiar quanto os bens que o guarnecem, exceto aqueles suntuosos.

Em primeira análise parece de fácil interpretação o dispositivo transcrito (art. 1º); entretanto muita polêmica tem surgido na jurisprudência no desiderato de bem aplicar referido artigo.

A alimentar tais discussões, surge corriqueiramente a indagação: o imóvel residencial que a Lei nº 8.009/90 anuncia como impenhorável é somente aquele pertencente a casal ou entidade familiar; não se estendendo tal proteção ao imóvel do indivíduo solteiro que more sozinho?

O Superior Tribunal de Justiça já decidiu anteriormente que a pessoa solteira, que sozinho reside, não tem seu imóvel residencial protegido da expropriação judicial.

> IMPENHORABILIDADE. LEI Nº 8.009, DE 29.3.90. EXECUTADO SOLTEIRO QUE MORA SOZINHO.
>
> A Lei nº 8.009/90 destina-se a proteger, não o devedor, mas a sua família. Assim, a impenhorabilidade nela prevista abrange o imóvel residencial do casal ou da entidade familiar, não alcançando o devedor solteiro, que reside solitário.
>
> Recurso especial conhecido e provido parcialmente. (RESP nº 169.239/SP, STJ, 4ª Turma, *DJU*, 19 mar, 2004, Rel. Min. Barros Monteiro)

Destarte, recentemente tem prevalecido entendimento contrário no seio do próprio Superior Tribunal de Justiça, conforme se demonstra adiante:

> PROCESSUAL – EXECUÇÃO – IMPENHORABILIDADE – IMÓVEL – RESIDÊNCIA – DEVEDOR SOLTEIRO E SOLITÁRIO – LEI Nº 8.009/90.
>
> A interpretação teleológica do art. 1º, da Lei 8.009/90 revela que a norma não se limita ao resguardo da família. Seu escopo definitivo é a proteção de um direito fundamental da pessoa humana: o direito à moradia. Se assim ocorre, não faz sentido proteger quem vive em grupo e abandonar o indivíduo que sofre o mais doloroso dos sentimentos: a solidão.
>
> É impenhorável, por efeito do preceito contido no art. 1º da Lei 8.009/90, o imóvel em que reside, sozinho, o devedor celibatário. (RESP Nº 450.989/RJ, STJ, 3ª Turma, *DJ*, 07 jun. 2004, Rel. Min. Humberto Gomes de Barros)

O principal efeito do bem de família legal é a impenhorabilidade. Ela não é, porém, absoluta. O art. 2º da Lei nº 8.009/90 dela exclui os veículos de transporte, as obras de arte e os adornos suntuosos.[10] Os incisos do art. 3º da mesma lei enumeram os casos em que a impenhorabilidade não pode ser oposta:

Art. 3º A impenhorabilidade é oponível em qualquer processo de execução civil, fiscal, previdenciária, trabalhista ou de outra natureza, salvo se movido:

I – em razão dos créditos de trabalhadores da própria residência e das respectivas contribuições previdenciárias;

II – pelo titular do crédito decorrente do financiamento destinado à construção ou à aquisição do imóvel, no limite dos créditos e acréscimos constituídos em função do respectivo contrato;

III – pelo credor de pensão alimentícia;

IV – para cobrança de impostos, predial ou territorial, taxas e contribuições devidas em função do imóvel familiar;

V – para execução de hipoteca sobre o imóvel oferecido como garantia real pelo casal ou pela entidade familiar;

VI – por ter sido adquirido com produto de crime ou para execução de sentença penal condenatória a ressarcimento, indenização ou perdimento de bens.

VII – por obrigação decorrente de fiança concedida em contrato de locação.

Importantíssimo, para o presente trabalho, é destacar a fiança. O contrato de fiança encontra-se disciplinado nos arts. 818 a 839 do Código Civil. Nesse ponto, há que se mencionar o conceito do professor Washington Barros Monteiro:[11] "O art. 818 do Código Civil de 2002 ministra conceito desse contrato: pelo contrato de fiança, uma pessoa garante satisfazer ao credor uma obrigação assumida pelo devedor, caso este não a cumpra".

---

[10] Ainda sobre os limites da impenhorabilidade do bem de família legal, o art. 5º, parágrafo único, da Lei nº 8009/90, é cristalino ao determinar que, havendo mais de um imóvel usado como residência da família, a impenhorabilidade recairá sobre o bem de menor valor: "Para os efeitos de impenhorabilidade, de que trata esta lei, considera-se residência um único imóvel utilizado pelo casal ou pela entidade familiar para moradia permanente. Parágrafo único. Na hipótese de o casal, ou entidade familiar, ser possuidor de vários imóveis utilizados como residência, a impenhorabilidade recairá sobre o de menor valor, salvo se outro tiver sido registrado, para esse fim, no Registro de Imóveis e na forma do art. 70 do Código Civil".

[11] MONTEIRO, Washington Barros de. *Curso de direito civil*. 34. ed. São Paulo: Saraiva, 2003. v. 5. Direito das obrigações: 2ª parte, p. 375.

Em síntese, doutrinariamente, diz-se que a fiança tem os seguintes caracteres: é um contrato unilateral, porque gera obrigações unicamente para o fiador; é solene, porque depende de forma escrita, imposta por lei (art. 819); é gratuito, em regra, porque o fiador ajuda o afiançado, nada recebendo em troca, salvo, é claro, a fiança onerosa, tipo a fiança bancária; é benéfico, porque não admite interpretação extensiva e apenas interpretação restritiva (art. 114 e 819), sendo por isso mesmo um contrato personalíssimo ou *intuitu personae*; e é um contrato acessório e subsidiário, porque depende da existência do contrato principal e tem sua execução subordinada ao não cumprimento deste, pelo devedor principal.

Quem é fiador, mesmo que só tenha um imóvel, sabe que, ao afiançar, está abrindo mão da garantia do bem de família, prevista na Lei Federal nº 8.009/90, não podendo opô-la, se executado.

Desta forma, surge, na doutrina, duas modalidades de bem de família: a voluntária, regida pelo Código Civil, e que exige a escritura pública; e a legal, que protege o imóvel independentemente de qualquer condição. Induvidosamente, há uma semelhança de princípios atinentes às duas espécies, haja vista que o bem de família nada mais é do que um meio de proteção da família, garantindo-lhe um teto, uma casa para morar imune às futuras execuções, salvo exceções. Todas essas normas partem do pressuposto de que resguardar o domicílio da família e da entidade familiar, garantindo-lhe um teto, é fundamental para a sua segurança, evitando, consequentemente, sua desestruturação.

3 O direito fundamental à moradia e a penhora do bem de família

O mercado de locação retraiu-se com o surgimento da Lei nº 8.009/90, razão pela qual o art. 82 da Lei nº 8.245/91 alterou o art. 3º da Lei nº 8.009/90, acrescentando mais uma exceção à regra geral da impenhorabilidade, tornando, assim, penhorável o bem de família do fiador locatício, até então impenhorável. Desta forma, o fiador, sendo demandado pelo locador, por dívidas assumidas pelo locatário, poderá ter seu único bem de família penhorado para satisfazer o débito.

A partir daí a questão tornou-se controversa, tendo aumentado ainda mais com a promulgação da Emenda Constitucional nº 26/00, vez que introduziu o direito à moradia no rol dos direitos sociais previstos no art. 6º da Carta Magna, resultando no aparecimento de duas correntes de pensamento: a primeira, que advoga a penhora do bem de família do fiador da locação e admite a recepção da Lei nº 8.009/90 pela Emenda

Constitucional e, a segunda, que sustenta a tese da impenhorabilidade do bem de família do fiador locatício, em razão da não recepção da exceção do inc. VII do art. 3º da Lei nº 8.009/90 pela Emenda referida. Com efeito, no dia 14 de fevereiro de 2000, na solenidade da promulgação da mencionada Emenda Constitucional nº 26, o senador Mauro Miranda pronunciou discurso dizendo:

> O Congresso Brasileiro está inserindo no texto da Constituição a esperança de que a moradia pode deixar de ser apenas um sonho para milhões de famílias brasileiras. São os excluídos sociais que não têm nenhum teto, dando números sombrios ao déficit de 5,2 milhões de unidades habitacionais, sendo que outras sete milhões de famílias vivem em palafitas, barracos de favelas, choupanas e outras formas precárias de abrigo. A emenda constitucional que hoje estamos aprovando é um grande passo à solução do problema endêmico da carência de moradias, que tem sido crescentemente agravado com as crises econômicas e com o desemprego. Contudo, essa mudança nas normas jurídicas do País só será uma solução definitiva se a sociedade assumir a consciência de que agora tem uma ferramenta para implementar uma cruzada nacional, um grande mutirão social, em benefício de políticas públicas, de programas específicos e de pesados recursos orçamentários para a moradia. O Congresso está dando o instrumento, e a sociedade, mobilizada por seus mais legítimos segmentos de ação e expressão, produzirá as pressões e os fatos.

Quanto à penhora do bem de família do fiador locatício, divergem tanto doutrina quanto jurisprudência em relação à sua suposta inconstitucionalidade.

Contudo, ainda prevalece no Superior Tribunal de Justiça a tese da penhorabilidade do imóvel do fiador. Nesse sentido, vale transcrever:

> Locação – Fiança – Penhora – Bem de família. Sendo proposta a ação na vigência da Lei 8.245/1991, válida é a penhora que obedece a seus termos, excluindo o fiador em contrato locatício da impenhorabilidade do bem de família. Recurso provido. (STJ – REsp nº 299.663/RJ – j. 15.03.2001 – 5ª Turma – rel. Min. Felix Fischer – DJ, p. 334, 02 abr. 2001)

O mesmo Tribunal, no Recurso Especial nº 256.103, decidiu que "nenhuma dúvida existe quanto à legalidade da penhora de imóvel tido como bem de família, quando garante dívida oriunda de fiança em contrato de locação". Noticia, ainda, no Recurso Especial nº 114.913/SP (*DJU*, 18 dez. 1998) que, ajuizada a execução na vigência da Lei nº 8.245/91, não se há de falar na impenhorabilidade do bem destinado à moradia da família.

No mesmo sentido, decidiu, no Agravo de Instrumento nº 346.871/RJ (*DJU*, 23 mar. 2001), relatado pelo Ministro Gilson Dipp, que é válida a penhora do único bem do garantidor do contrato de locação realizada na vigência da Lei nº 8.245/91 que introduziu, no seu art. 82, um novo caso de exclusão de impenhorabilidade do bem destinado à moradia da família, ainda sim quando a fiança fora prestada na vigência da Lei nº 8009/90.

A questão resultou deveras polêmica quando, então, só recentemente, o Supremo Tribunal Federal entendeu, por maioria, não haver incompatibilidade entre a Lei e a Emenda mencionadas, concluindo pela recepção da lei infraconstitucional e pela penhorabilidade do bem de família do fiador da locação.

No entanto, os locadores estão preocupados com a decisão monocrática do Ministro Carlos Velloso, do Supremo Tribunal Federal, que entendeu que o disposto no inc. VII do art. 3º da Lei nº 8.009/90, introduzido pela Lei do Inquilinato (Lei nº 8.245/91), seria inconstitucional.

O Ministro Carlos Velloso fundamentou sua decisão, em sede de Recurso Extraordinário, com escora no fato de a Emenda Constitucional nº 26, de 2000, ter incluído dentre os direitos sociais do art. 6º da Carta Maior a *"moradia"*, e, como decorrência, constituiria a moradia um direito fundamental de segunda geração, direito social, *"que deve ser protegido e por isso mesmo encontra garantia na Constituição"*, nos seguintes termos:

> O bem de família — a moradia do homem e sua família — justifica a existência de sua impenhorabilidade: Lei nº 8.009/90, art. 1º. Essa impenhorabilidade decorre de constituir a moradia um direito fundamental.
>
> Posto isso, veja-se a contradição: a Lei 8.245, de 1991, excepcionando o bem de família do fiador, sujeitou o seu imóvel residencial, imóvel residencial próprio do casal, ou da entidade familiar, à penhora. Não há dúvida que ressalva trazida pela Lei 8.245, de 1991, inciso VII do art. 3º feriu de morte o princípio isonômico, tratando desigualmente situações iguais, esquecendo-se do velho brocardo latino: ubi eadem ratio, ibi eadem legis dispositio, ou em vernáculo: onde existe a mesma razão fundamental, prevalece a mesma regra de Direito. Isto quer dizer que, tendo em vista o princípio isonômico, o citado dispositivo inciso VII do art. 3º, acrescentado pela Lei 8.245/91, não foi recebido pela EC 26, de 2000.[12]

---

[12] STF, Recurso Extraordinário, Recorrentes: Ernesto Gradella Neto E Outra. Recorrida: Teresa Candida Dos Santos Silva. Ementa: Constitucional. Civil. Fiador: Bem de Família. Imóvel Residencial do casal ou de entidade familiar. Impenhorabilidade.

Contudo, posição minoritária da doutrina pátria entende ser essa previsão inconstitucional, por violar a isonomia (art. 5º, *caput*, da CF/88) e a proteção da dignidade humana (art. 1º, III). Primeiro, porque o devedor principal (locatário) não pode ter o seu bem de família penhorado, enquanto o fiador (em regra devedor subsidiário — art. 827 do CC) pode suportar a constrição. Haveria, outrossim, desrespeito à proteção constitucional da moradia (art. 6º), uma das exteriorizações do princípio de proteção da dignidade da pessoa humana. Afirmam, finalmente, que o Direito Privado deve ser interpretado "à luz da Constituição Federal, que consagra, além da isonomia, a proteção da dignidade da pessoa humana". A interpretação de inconstitucionalidade do art. 3º, VII, da Lei nº 8.009/90 mantém relação direta com o princípio da função social dos contratos.

Cite-se o Enunciado nº 24, aprovado na I Jornada de Direito Civil promovido pelo Conselho da Justiça Federal, pelo qual: "a função social do contrato, prevista no art. 421 do novo Código Civil, não elimina o princípio da autonomia contratual, mas atenua ou reduz o alcance desse princípio quando presentes interesses metaindividuais ou interesse individual relativo à dignidade da pessoa humana".

Apesar de algumas decisões judiciais no sentido da impenhorabilidade, em respeito aos princípios da isonomia, moradia e dignidade da pessoa humana, deve-se ressaltar seu caráter, até o momento, excepcional. Em regra, conforme visto, os aplicadores do direito, fazendo uma mera exegese da Lei nº 8.009/90, prolatam suas sentenças em favor do credor, penhorando o bem de família do fiador. Portanto, o sujeito que vir a conceder fiança a outrem deverá ter extrema ciência das eventuais sanções que poderá sofrer.

Informação bibliográfica deste texto, conforme a NBR 6023:2002 da Associação Brasileira de Normas Técnicas (ABNT):

BROSCO, Ricardo. O direito social à moradia na Constituição de 1988. *In*: LUNARDI, Soraya (Coord.). *Direitos fundamentais sociais*. Belo Horizonte: Fórum, 2012. p. 215-225. ISBN 978-85-7700-567-3. (Coleção Fórum de Direitos Fundamentais, 8).

DIREITO SOCIAL À SEGURANÇA[1]

SORAYA LUNARDI

1 Introdução

No direito constitucional brasileiro, o direito à segurança apresenta uma interessante duplicidade, pois constitui, ao mesmo tempo, direito "negativo" e "positivo".[2] Os principais dispositivos constitucionais que regulamentam o direito a segurança são os seguintes. Art. 5º *caput* da Constituição Federal: "Todos são iguais perante a lei, sem distinção de qualquer natureza, garantindo-se aos brasileiros e aos estrangeiros residentes no País a inviolabilidade do direito (...) à segurança". Nesse caso, temos um clássico direito negativo (de defesa), sendo a segurança dos titulares do direito garantida contra possíveis intervenções do Estado que possam ameaçá-la.

O art. 6º da Constituição Federal proclama a segurança como direito social: "São direitos sociais (...) a segurança (...), na forma desta Constituição". Esse direito possui duas dimensões territoriais.[3] Há a perspectiva da segurança externa, que se refere à defesa do Estado, à segurança nacional (integridade territorial, preservação da soberania e das instituições estatais) e a perspectiva interna que se refere à

---

[1] Agradeço ao Professor Doutor Dimitri Dimoulis pelas observações críticas e importantes sugestões de melhoria do texto.
[2] SABADELL, 2007, p. 343.
[3] SABADELL, 2007, p. 343.

preservação dos direitos de todos contra as ameaças provenientes da sociedade e do próprio Estado.

A segurança enquanto direito que permite exigir do Estado uma atuação positiva (prestação material e normativa) encontra-se especificado no art. 142 *caput* da Constituição Federal que estabelece como finalidade das Forças Armadas a preservação da segurança externa. Já o art. 144 da Constituição Federal se refere à segurança interna, como dever do Estado, que é confiado principalmente às autoridades policiais e consiste na "preservação da ordem pública e da incolumidade das pessoas e do patrimônio".

Segurança significa "tranqüilidade e ausência de perigo e de medo de agressão a bens e direitos".[4] Ou ainda "estado que resulta da ausência de impressão de perigo".[5] Tais definições são de cunho psicológico e inevitavelmente subjetivo. Como objetivar e medir a segurança, tornando-a juridicamente exigível?

O direito à segurança possui também duas dimensões em relação aos meios utilizados para sua garantia. Analisaremos isso em seguida, diferenciando entre a segurança pela força e a segurança pelo bem-estar.

2 Meios de realização do direito à segurança

2.1 Segurança pela força

A ideia de ordem pela força-violência é inerente ao conceito de segurança. A segurança que objetiva preservar determinada forma de organização social: integridade territorial, estabilidade do sistema político e econômico, proteção das pessoas e de seu patrimônio. Assim sendo, a segurança apresenta caráter *conservador*: instituições, direitos e interesses são garantidos, se for necessário com meios repressivos contra eventuais agressões.[6] Nessa linha podemos indicar as seguintes formas de atuação do Estado para estabelecer segurança:
- *Legislação*. A promessa de segurança no sentido de imposição-manutenção da ordem faz parte da essência do Estado e justifica sua atuação. A atuação do Estado para manter a ordem se dá, via de regra, pela aplicação ou ameaça de aplicação das leis, servindo a punição como meio para impedir o desvio "criminal". O medo da insegurança é um fator de aumento do poder estatal e de restrição da liberdade individual.

---

[4] SABADELL, 2007, p. 343-344.
[5] ARNAUD, 1999, p. 707.
[6] SABADELL, 2007, p. 344.

- *Polícia*. Se a lei atua como forma indireta de repressão, justificando-se pela promessa de segurança, as corporações policiais aplicam formas diretas de vigilância e repressão, tendo como justificativa a mesma promessa: fazer cumprir o conjunto de leis e assegurar a ordem social.
- *Forças armadas*. A proteção da ordem social de ameaças externas tanto diretas (invasões, guerras) como indiretas (espionagem, intromissões de agentes estrangeiros em processos de decisões políticas) é finalidade primordial das Forças Armadas. Nesse caso, a promessa de segurança ultrapassa o interesse pessoal, objetivando garantir a macrossegurança.

Essa classificação deixa claro que, não podemos pensar no direito fundamental à segurança sem analisar o poder exercido pelo Estado através da força. O medo alimenta a força do Estado em relação à segurança, especialmente em épocas de instabilidade e de aumento da violência social, gerando à atuação do Estado uma sensação de estabilidade.

Para os críticos, essa exigência de ordem, através de medidas coercitivas, tem como consequência a fabricação de uma "humanidade", eliminando indivíduos pelo bem da espécie, sacrificando partes em benefício do todo. Em paralelo, observa-se a uniformização de gostos, desejos e formas de agir, num processo de despersonalização que objetiva eliminar as diferenças, impondo o conformismo.[7]

"Liberdade e insegurança estão em relação recíproca, uma vive da outra".[8] A liberdade faz o homem soberano. Isso pode tanto garantir como ameaçar a segurança. Certamente a livre atuação pode afetar direitos dos demais, gerando insegurança.[9] Mas o homem que é constantemente vigiado e potencialmente ameaçado por aparelhos estatais não somente sente-se ameaçado em sua privacidade e liberdade de ação, mas também em sua segurança, podendo estar sujeito a medidas arbitrárias do Estado. O cidadão que ao sair de casa depara-se com numerosas patrulhas de policiais e militares nas ruas, que é filmado em locais públicos, tem suas conversas oficialmente ou clandestinamente gravadas, é monitorado através do controle de seus gastos com cartões eletrônicos, pode se sentir seguro, mas ao mesmo tempo ameaçado, sentindo que pode ser alvo de uma ação violenta, de processos kafkianos

---

[7] FONTES JUNIOR, 2006, p. 30, com referência a escritos de Horkheimer.
[8] ARNAUD, 1999, p. 707.
[9] ARNAUD, 1999, p. 707.

ou até de uma bala perdida. Partindo dessa premissa, podemos afirmar que o objetivo do Estado não é só garantir a segurança ou a liberdade, mas manter o complexo e delicado equilíbrio de ambas, justificando sempre sua atuação e as restrições impostas às liberdades.

A promessa de segurança pode dar lugar à afirmação do poder do Estado em momentos de crise. É o que aconteceu nos EUA e em muitos países europeus após os atentados de 11 de setembro de 2001. Com base no medo e na necessidade de segurança, os governos implantaram uma série de medidas de limitação de liberdades individuais em nome da segurança, aumentando os poderes de órgãos de inteligência e das autoridades policiais. Essa campanha de segurança perdura no tempo[10] e contribui para legitimar a atuação autoritária-repressiva do governo dos Estados.[11]

Podemos pensar que um nível máximo de segurança seria atingido se todos os indivíduos fossem controlados pelo Estado, através de câmaras filmadoras, escutas telefônicas, combinação de informações contidas em bancos de dados e legiões de policiais. Mas essa segurança máxima significaria praticamente o fim das liberdades de opinião, de locomoção, de reunião, de associação, de pensamento, levando ao fim do individualismo próprio das sociedades modernas.

2.2 Segurança pelo bem-estar

Independentemente desse problema de equilíbrio entre a segurança e os demais direitos, devemos destacar a *unilateralidade* do conceito de segurança que, no senso comum e na mídia, se relaciona quase exclusivamente à violência urbana e às ameaças terroristas. Esse conceito é discriminatório, selecionando como destinatários-beneficiários da segurança grupos sociais privilegiados, tendo seu patrimônio e

---

[10] Em 10.07.2008 entrou em vigor nos EUA uma lei que muda as normas que regulam as escutas telefônicas. "O texto também garante imunidade às companhias telefônicas que ajudaram Washington a espionar norte-americanos em possíveis casos de terrorismo. O presidente descreveu a medida como 'uma lei chave, que é vital para a segurança de nossos cidadãos'. O projeto foi discutido de modo acalorado no Congresso durante meses sendo debatidas questões como a privacidade e as liberdades civis dos cidadãos em um quadro de medidas para se evitar ataques terroristas" (*Gazeta do Povo*, 14 set. 2008. Disponível em: <http://portal.rpc.com.br/gazetadopovo/mundo/conteudo. phtml?tl=1&id=785615&tit=Bush-sanciona-nova-lei-que-regula-escutas-telefonicas>).

[11] Nos EUA juristas conservadores defendem a política do Executivo estadunidense em nome do valor da segurança. (Cf. POSNER; VERMEULE, 2007), assim como (POSNER, 2006). Cf., em contrapartida, as críticas baseadas em argumentos liberais em (ACKERMAN, 2007); e em argumentos socialistas em CHOMSKY, 2003. Para o problema na Europa cf. o panorama em (COTTEY, 2007).

incolumidade física protegidos pelo Estado contra riscos de agressão externa ou em razão da criminalidade violenta. Tal conceito de segurança não abrange os grupos socialmente inferiorizados que não se preocupam de maneira prioritária com a segurança patrimonial e sim com aspectos materiais de satisfação de suas necessidades humanas.[12] Para evitar a unilateralidade se faz necessário redimensionar o conceito, pensando na segurança não somente em termos de confronto entre defensores da ordem e agressores, mas também em termos de políticas públicas de garantia dos direitos sociais. O desempregado se sente tanto inseguro quanto o rico empresário que teme os "bandidos". Mas quando os políticos e jornalistas lamentam a insegurança e clamam por políticas "tolerância zero" contra a quem a ameaça, não se referem à insegurança dos desempregados nem pedem "tolerância zero" para os empresários que os demitiram...

Pensando no desigual acesso aos recursos sociais que provocam a insegurança dos excluídos, o conceito de segurança pública se modifica necessariamente: "o Estado deve fornecer as condições necessárias para a efetiva tutela de todos os direitos fundamentais, incluindo os direitos coletivos e sociais, e atendendo às necessidades de todos os titulares desses direitos".[13]

Nessa perspectiva, a segurança relaciona-se com o bem-estar, dando base a uma série de exigências relativas às principais causas de insegurança: desemprego, acidentes, deterioração do meio ambiente, falta de alimentação adequada e, em geral, não satisfação de necessidades humanas, materiais e imateriais.

A segurança pelo bem-estar não constitui um direito social específico, ao lado dos demais. Abrange todos os direitos sociais, cuja satisfação é fator de segurança dos indivíduos. Nesse sentido, a segurança indica a *finalidade*, o *processo* e o *resultado da satisfação das necessidades humanas*.

No âmbito da segurança pelo bem-estar, devemos destacar a *segurança alimentar*. O termo designa a situação de regular e permanente acesso a alimentos de qualidade satisfatória e quantidade suficiente, promovendo a saúde, respeitando a diversidade cultural e os imperativos da sustentabilidade ambiental, cultural e econômica. Esse é o conceito estabelecido pelo art. 3º da Lei nº 11.346 de 2006[14] que criou

---

[12] Cf. a crítica em (BARATTA, 2000; SARLET, 2005, p. 337, 342; SABADELL, 2007, p. 344).
[13] SABADELL, 2007, p. 343; SARLET, 2005, p. 342; cf. extensivamente, (BARATTA, 2000).
[14] Art. 3º da Lei nº 11.346 de 2006.

o Sistema Nacional de Segurança Alimentar e Nutricional e tem por objetivo assegurar o direito humano à alimentação adequada. Esse enfoque da segurança não estabelece somente o direito mínimo de alimentação ("fome zero"). Abrange um conjunto de normas sobre a produção, transporte e armazenamento de produtos com a finalidade de oferecer produtos adequados ao consumo.[15] É essa inclusive a justificativa de muitos países para a imposição de "barreiras sanitárias" contra importações de produtos.[16]

2.3 Dependência conceitual da segurança

A segurança é um direito à proteção por meio de normas e ações do poder público contra atos de particulares e do próprio poder público quando houver violação ou ameaça de violação dos diversos direitos pessoais.[17] Isso indica que a segurança não possui conteúdo próprio. É um direito de segundo grau, "acessório" ou "secundário".[18] Quando pensamos no conceito de segurança temos sempre em mente outro direito ameaçado ou violado, integridade física, saúde, patrimônio, privacidade, alimentação ou qualquer outro. Mas em todos os casos a segurança se refere à satisfação de outro direito. Por isso foi sugerido não se referir ao "direito à segurança" e sim às condições fáticas e jurídicas (políticas públicas e existência de normas jurídicas) que permitem garantir a "segurança dos direitos".[19]

Torna-se clara a necessidade de adotar um conceito holístico de segurança que evita discriminações de certos grupos sociais ou que privilegie certos direitos. Nesse sentido, há autores que se referem à *segurança humana* como conceito que abrange reivindicações e políticas públicas voltadas a evitar todas as situações de insegurança de indivíduos ou grupos, independentemente de sua causa.[20]

Nessa ótica, a segurança se define como situação na qual um direito é garantido de maneira permanente e em um nível satisfatório.

---

[15] Maluf, 2007. Sobre as políticas do Governo Federal para a implementação da segurança alimentar. Disponível em: <https://www.planalto.gov.br/Consea/exec/index.cfm>.
[16] Nesse sentido temos o estabelecimento de uma série de regras restritivas pela União Europeia em nome da segurança alimentar. Disponível em: <cf. http://ec.europa.eu/food/intro_pt.htm>. (FROTA, 2007).
[17] SARLET, 2007, p. 277.
[18] BARATTA, 2000, p. 1.
[19] BARATTA, 2000, p. 3.
[20] SORJ, 2005.

Sente-se inseguro quem, em razão de uma crise econômica, não tem certeza se receberá o salário no final do mês (insegurança causada pela falta de regularidade, impedindo a satisfação permanente), assim como quem recebe salário que não atende a suas necessidades básicas (insegurança causada pelo nível insuficiente de satisfação do direito).

3 Aspectos principais do direito à segurança

Para muitos operadores do direito, a segurança se relaciona de maneira quase exclusiva com a segurança jurídica, isto é, com a (relativa) estabilidade do sistema normativo no tempo e à (relativa) previsibilidade das decisões das autoridades estatais com base nas normas vigentes. Mas a segurança jurídica é tão somente um aspecto — o melhor estudado no Brasil — do direito à segurança.[21] Apresentaremos em seguida considerações sobre os aspectos menos estudados do direito à segurança.

3.1 Tutela estatal da segurança – Seguridade social, segurança no trabalho, garantia da propriedade privada, segurança pública

A seguridade social no Brasil garante várias formas de auxílio a pessoas que se encontram em situação de fragilidade: políticas públicas de saúde; aposentadoria por idade, por invalidez ou por tempo de contribuição; aposentadoria especial; auxílio-doença; auxílio-acidente; auxílio-reclusão; pensão por morte; salário-maternidade; salário-família. Temos ainda a segurança pela renda mínima e demais formas de apoio a pessoas desamparadas para propiciar condições de vida digna.

A Constituição Federal, definindo a seguridade social no art. 194 confirma que a segurança não possui conteúdo próprio, mas visa assegurar outros direitos: "A seguridade social compreende um conjunto integrado de ações de iniciativa dos poderes públicos e da sociedade, destinadas a assegurar os direitos relativos à saúde, à previdência e à assistência social".

Isso indica que o direito à seguridade apresenta aspectos secundários de direito à segurança pela força (medidas coativas do Estado

---

[21] SARLET, 2007; BIGOLIN, 2007. Cf. a maioria dos estudos nas coletâneas: (SANTI (Org.), 2007; ROCHA (Org.), 2005).

que fiscaliza e pune, por exemplo, a falta de segurança no trabalho) e aspectos básicos de direito à segurança pelo bem-estar: "A finalidade da Previdência Social é proteger e oferecer segurança aos trabalhadores nos momentos cruciais de sua vida", afirma o Ministério da Previdência Social.[22]

Além da seguridade social temos a segurança no trabalho. Os acidentes são uma das formas mais comuns de atuação do direito em razão de problemas de segurança. Uma ideia básica é que a vida social causa acidentes e a meta econômica de maior produção em menor tempo os aumenta. A atuação do Estado através dos mecanismos de seguridade compensa as inseguranças e os danos advindos dos riscos das atividades laborais.[23]

Os danos gerados pela insegurança nos processos de produção são danos sociais, devendo as vítimas ser ressarcidas, ainda que os danos não possam ser imputados a certa pessoa. A insegurança apresenta risco de lesão a direitos fundamentais e a Constituição prevê (art. 5º, XXXV) que a lei não excluirá de sua apreciação lesão ou ameaça de lesão de direito. Nesse caso, a sociedade se responsabiliza independentemente da qualidade da conduta (culpa/dolo).[24] Logo, o Estado responde pelo risco caudado pelo processo de produção de riquezas.

Cabe ao Estado fiscalizar e sancionar a falta de segurança do trabalhador. Também pode impor multas e penalidades de natureza inibitória, na busca de dar efetividade do direito à segurança. Na seguinte decisão é citada a possibilidade de multa de natureza inibitória relacionada ao simples risco da atividade.[25]

A Lei nº 8.212 de 1991 fixa critérios para determinar os graus de risco causados pelas empresas com base em estatísticas de acidentes de trabalho, no intuito de prevenir, sancionar e reparar a falta de segurança. Na prática, no entanto, o Estado não consegue de maneira plena manter a promessa de segurança com prestações reais ou mediante a criação e implementação de normas protetoras. Há um evidente desequilíbrio na qualidade de vida e na sensação de segurança de quem tem a capacidade econômica de se assegurar no setor privado (aposentadoria, convênios médicos) e de quem deve se contentar com o sistema estatal. Isso indica uma crucial falha/falta no sistema da seguridade social.

---

[22] Disponível em: <http://www.previdenciasocial.gov.br/pg_secundarias/beneficios.asp>.
[23] ARNAUD, 1999, p. 708.
[24] ARNAUD, 1999, p. 708.
[25] Cf., por exemplo, TRT 3ª Região, RO nº 01146-2004-086-03-00-4, Quarta Turma, Rel. Juiz Luiz Otávio Linhares Renault, Julg. 26.09.2007, *DJMG*, 06 out. 2007.

A propriedade particular é percebida socialmente e juridicamente como elemento de segurança. O tão explorado "sonho da casa própria" mostra que a propriedade funciona como elemento estabilizador, conferindo maior tranquilidade ao indivíduo. Conforme a pessoa adquire maior prestígio e efetivo poder graças ao acúmulo patrimonial aumenta a sensação de segurança.

Por outro lado, a propriedade particular é um dos elementos que geram insegurança, criando desigualdades e sendo o principal mecanismo de exclusão social. Em perspectiva macrossocial, a propriedade particular desestabiliza, marginaliza. Essa leitura crítica do direito de propriedade como elemento literalmente antissocial pode ser encontrada em obras de Rousseau e foi desenvolvida com rigor analítico nos estudos marxistas.[26]

Do ponto de vista da dogmática constitucional, a garantia da propriedade privada não é um dever do Estado no sentido da obrigação de garantir um mínimo de propriedade aos necessitados. Mesmo quando a Constituição impõe ao Estado o dever de garantir aos particulares o direito à moradia, não o obriga a conferir título de propriedade aos beneficiários, isto é, não cria um direito à propriedade.[27] Dito de maneira diferente, o Estado não deve garantir a propriedade enquanto direito social.

Pergunta-se se há um dever estatal de preservar, ao menos, a propriedade já constituída, isto é, de assegurar a propriedade enquanto direito individual-negativo. A resposta é afirmativa e decorre diretamente do art. 5º, XXII "é garantido o direito de propriedade". Isso significa que o Estado não pode afetar a propriedade privada fora das hipóteses previstas na própria Constituição (desapropriação, tributação etc.). Mas a garantia estende-se também ao dever de assegurar a propriedade contra agressões de terceiros?

A jurisprudência não vinha considerando que a falta de segurança patrimonial que enseja danos ao proprietário acarreta responsabilidade civil do Estado, restringia a responsabilidade ao fornecedor conforme verifica em algumas decisões. O Supremo Tribunal Federal ao julgar pedido de indenização em razão de assalto ocorrido em banco restringiu a responsabilidade adotando a teoria da responsabilidade subjetiva. Assim sendo, foi afastada a responsabilidade do Estado por falta de segurança, isto é, por descumprimento da obrigação constitucional constante do art. 144 da Constituição Federal (a segurança como responsabilidade do Estado).

---

[26] BALIBAR, 2004, p. 20-26.
[27] SARLET, 2003, p. 116-117.

Pelo fato de a segurança pública ser dever do Estado, isso não quer dizer que a ocorrência de qualquer crime acarrete a responsabilidade objetiva dele, *maxime* quando a realização deste é propiciada, como no caso entendeu o acórdão recorrido, pela ocorrência de culpa do estabelecimento bancário, o que, conseqüentemente, ensejou a responsabilidade deste com base no artigo 159 do Código Civil. Inexiste, pois, no caso, a alegada ofensa frontal ao artigo 144 da Constituição.[28]

O mesmo entendimento se dá em caso de roubo cometido por fugitivos de presídios:

> Responsabilidade civil do Estado. Dano decorrente de assalto por quadrilha de que fazia parte preso foragido vários meses antes. A responsabilidade do Estado, embora objetiva por força do disposto no artigo 107 da Emenda Constitucional n. 1/69 (e, atualmente, no parágrafo 6º do artigo 37 da Carta Magna), não dispensa, obviamente, o requisito, também objetivo, do nexo de causalidade entre a ação ou a omissão atribuída a seus agentes e o dano causado a terceiros. (...) O dano decorrente do assalto por uma quadrilha de que participava um dos evadidos da prisão não foi o efeito necessário da omissão da autoridade pública que o acórdão recorrido teve como causa da fuga dele, mas resultou de concausas, como a formação da quadrilha, e o assalto ocorrido cerca de vinte e um meses após a evasão.[29]

Esse posicionamento causa perplexidade. Se a segurança pública não for responsabilidade do Estado, será responsabilidade de quem? E se for afastada a responsabilidade do Estado, porque respondem as empresas privadas, inclusive pelo dano moral?[30]

O Supremo Tribunal Federal dá sinais de que seu entendimento sobre o tema sofre mudanças, conforme verificamos na decisão de 2008.[31] A Suprema Corte deferiu antecipação de tutela contra o Estado de Pernambuco para pagamento de despesas necessárias para realização de tratamento médico a cidadão que ficou paraplégico em razão de assalto ocorrido em via pública. Fundamento da decisão foi a omissão permanente e reiterada do Estado de Pernambuco em seu dever de prestar serviço adequado de policiamento ostensivo nos locais passíveis de práticas criminosas violentas. Isso gera o dever de indenizar

---

[28] STF, AI nº 239.107, Relator Ministro Moreira Alves, Julg. 19.10.1999, Primeira Turma, *DJ*, 12 dez. 1999.
[29] STF, RE nº 130.764, Relator Ministro Moreira Alves, Julg. 12.05.1992, Primeira Turma, *DJ*, 07ago. 1992.
[30] Cf. Castro, 2007.
[31] STA nº 223, rel. orig. Min. Ellen Gracie, rel. para acórdão Min. Celso de Mello, j. 14.04.2008.

por não ter promovido a segurança pela falta do serviço, sendo essa a causa que gerou o efeito. A relatora, Ministra Ellen Gracie, indeferia o pedido com base na falta de provas. Foi vencida pela maioria que seguiu voto do Ministro Celso de Mello: "O que não tem sentido é que o estado permaneça simplesmente se omitindo no dever constitucional de prover segurança pública ao cidadão e, depois, demitindo-se das conseqüências que resultam do cumprimento desse mesmo dever".[32]

Concluímos que o Judiciário apresenta perspectiva de mudanças em sua linha de entendimento no que tange à responsabilidade civil do Estado e relação à segurança dos bens, estando prestes a ultrapassar o entendimento que manteve durante muitos anos de que as agressões criminosas a direitos fundamentais não são juridicamente imputáveis a falhas de policiamento e segurança, mas decorrem da decisão e atuação de indivíduos que desrespeitam limites impostos pela lei.

Segundo recente orientação do Supremo Tribunal Federal, o Estado deve estar mais presente em locais com elevado risco de agressões, por exemplo, nas ruas comerciais no centro das cidades ou nos jogos de futebol de times populares. Sem a presença reforçada e ostensiva dos agentes de segurança em tais locais, é possível responsabilizar o Estado por omissões.

Por outro lado devemos considerar as peculiaridades dos casos, não sendo correto admitir o dever do Estado de promover em todas as situações uma segurança absoluta. Atribuir ao Estado o dever de garantir a segurança absoluta da pessoa e de seus bens comprometeria gravemente outros direitos fundamentais, como a liberdade, a intimidade e a privacidade. Significaria exigir que todas as pessoas fossem constantemente acompanhadas de um policial — sem pensar na necessidade de multiplicar ao infinito o número de policiais, caso se decida "guardar os guardiões". Como imputar à responsabilidade do Estado qualquer omissão, sabendo que uma pessoa pode realizar um assalto ao semáforo ou matar alguém com uma faca de cozinha? Temos um caso fortuito, em razão da impossibilidade de prever e impedir sua ocorrência dentro dos limites da razoabilidade.

Já a responsabilidade pela segurança decorrente da prestação de serviço de bancos (e outros estabelecimentos comerciais) é muito mais abrangente e aumenta na medida em que a atividade acarreta tipicamente maiores riscos. Vem sendo pacificamente aceita pelos Tribunais

---

[32] STA nº 223, trecho citado conforme notícia consultada no site do Supremo Tribunal Federal. Disponível em: <http://www.stf.jus.br/portal/cms/verNoticiaDetalhe.asp?idConteudo=87122&caixaBusca=N>. Acesso em: 04 out. 2009.

conforme a jurisprudência já citada. Qualquer pessoa que ingressa na agência de um banco, ainda que não seja correntista, é considerada (e protegida) como consumidor. Os bancos prestam serviços de utilidade pública à população em geral, devendo esses serviços ser adequados, eficientes e seguros. O artigo 14, §1º do CDC qualifica como defeituoso o serviço que não garante a segurança esperada.

Finalmente, a segurança pública é dever do Estado que se realiza pela prevenção e repressão de condutas consideradas nocivas à sociedade. O art. 144 da Constituição Federal estabelece que "A segurança pública, dever do Estado, direito e responsabilidade de todos, é exercida para a preservação da ordem pública e da incolumidade das pessoas e do patrimônio".

A convivência social e o gozo dos direitos exigem segurança. O direito à segurança se estende a todo indivíduo, inclusive aos presos que sofrem suspensão de sua liberdade de locomoção e não de todos os direitos fundamentais. Vale lembrar o expresso reconhecimento constitucional do dever estatal de garantir a segurança dos presos: "artigo 5º, XLIX. É assegurado aos presos o respeito à integridade física e moral".

O preso (e o menor infrator) ficam sob tutela do Estado que responde por eventuais agressões ocorridas em presídios.

> A morte de detento por companheiros de cárcere, decorrente de conduta omissiva do estado que deixou de tomar medidas hábeis a evitar o homicídio, enseja sua responsabilidade pelo evento danoso. Aplicação da teoria da responsabilidade civil objetiva decorrente do nexo de causalidade entre a conduta omissiva e o dano. Devida a indenização pelos danos morais e materiais sofridos.[33]

Via de regra exige-se a comprovação de culpa ou o dolo da administração penitenciária. Mas o simples fato de superlotação de presídios que dificulta o controle e aumenta o risco de agressões indica a omissão culposa do poder público. Se há necessidade de mais vagas em presídios, o Estado deve providenciá-las e não simplesmente aumentar o número de presos sem possibilidade de garantir os diretos das pessoas custodiadas. Em recente decisão, o STJ seguiu a teoria do risco administrativo, responsabilizando o Estado. Foi decidido que o Estado tem responsabilidade civil por suicídio de preso, pois se configura *culpa in vigilando*. A pessoa encarcerada não deveria ter acesso

---

[33] TJ-MG, Apel. Cível – Reexame necessário 1.0024.03.031232-6/001, 5ª Câmara Cível, Rel Des. Maria Elza de Campos Zettel, julg. 06.07.2006, *DJMG*, 04 ago. 2006.

a instrumentos que permitissem o suicídio. Se isso ocorrer, deve ser imputado à omissão culposa das autoridades de segurança.[34]

3.2 Segurança dos indivíduos em relação a interferências estatais

Em muitas situações o indivíduo precisa ser protegido do próprio Estado. Os direitos civis e políticos, denominados "de primeira geração" e de cunho individualista, firmam-se como direitos do indivíduo frente ao Estado, mais especificamente como direitos de defesa ou resistência, demarcando uma zona de não intervenção do Estado à autonomia individual.[35] São os direitos à vida, à propriedade, à igualdade perante a lei, complementados por uma série de liberdades (expressão, imprensa, reunião, associação etc.).

Inversamente, a garantia da segurança pode gerar para o Estado um dever de coerção e limitação da liberdade de determinados indivíduos. Ora, se a liberdade individual pode ser restringida com base no direito à segurança, cabe ao Poder Judiciário resolver de maneira definitiva o conflito, de maneira fundamentada.

Exemplificaremos isso com referência ao direito à privacidade. Ninguém admite que, em prol da segurança coletiva, seja aniquilado o direito à privacidade, tampouco se pode admitir que esse último direito possa ser erigido em óbice absoluto de medidas interventivas do Estado. A doutrina e jurisprudência nacional pouco se dedicam ao assunto, limitando-se a reproduzir afirmações genéricas, como a necessidade de tutelar a vida privada, mas sem atribuir a ela um peso absoluto que favoreceria a impunidade. Admite-se a "ponderação" para flexibilizar a privacidade diante do imperativo de proteger outros direitos fundamentais e interesses gerais em casos excepcionais.[36]

Mas o debate carece de substância teórica. Ao invés de afirmar genericamente a possibilidade de flexibilização do direito à privacidade é necessário realizar o *controle de conformidade constitucional das normas infraconstitucionais que objetivam preservar a segurança* (*ou outros direitos*). Tais normas podem ser inconstitucionais por excesso de medidas restritivas de liberdades de maneira não justificada.

---

[34] STJ, Recurso Especial nº 847.687, 1ª Turma, Rel. Min. José Delgado, julg. 17.10.2006. Disponível em: <https://www.stj.jus.br/revistaeletronica/ita.asp?registro=200601282991&dt_publicacao=25/06/2007>.
[35] DIMOULIS; MARTINS, 2007, p. 64-67.
[36] BARROS, 2002, p. 220-223, 267-277.

Esse trabalho de verificação da constitucionalidade consiste basicamente na verificação da necessidade e adequação de cada restrição imposta às liberdades individuais para tutelar a segurança coletiva, devendo sempre existir justificativa constitucionalmente aceita para tanto.[37] Esse trabalho é particularmente árduo, havendo o risco de o julgador realizar avaliações subjetivas. Mas independentemente dos problemas de racionalidade do exame judicial da constitucionalidade,[38] é necessário constatar o *conteúdo* de cada direito fundamental envolvido no problema dos limites da intervenção estatal. Sem conhecer os setores de atividade humana protegidos por cada direito fundamental não é possível avaliar suas restrições.

No âmbito da delimitação do direito à privacidade[39] é interessante examinar, ainda que brevemente, a contribuição da jurisprudência constitucional alemã. O Tribunal Constitucional Federal, analisando a área de proteção do direito de privacidade, distinguiu entre a dimensão de conteúdo e a espacial.[40] Na dimensão de conteúdo, o Tribunal define a privacidade como o direito de personalidade de alguém que deve ter a possibilidade de ficar só e de ser "ele mesmo", fora da observação e do controle social exercido por outras pessoas.[41]

No que diz respeito ao espaço físico tutelado, o Tribunal afirma que, em geral, se protege como lugar de privacidade a residência efetiva de certa pessoa ("casa" no sentido amplo). Mas essa delimitação não é absoluta, podendo ter como espaço tutelado também o jardim, um estacionamento particular e outros lugares. Mas seguramente não se pode alegar exercício da privacidade em lugares publicamente acessíveis,[42] ainda que de propriedade particular.

Seria necessária uma maior reflexão sobre a delimitação espacial da privacidade em casos de emprego de métodos de monitoramento não convencionais como os dispositivos de escuta ambiental ou filmagem, instalados sem conhecimento dos frequentadores de certo local, no intuito de apurar ou impedir crimes e de aumentar a segurança. Isso foi reconhecido em outras decisões do Tribunal que tutelam informações

---

[37] Cf. FONTES JÚNIOR, 2006, p. 211.
[38] DIMOULIS; MARTINS, 2007, p. 224-232.
[39] Sobre o conteúdo constitucionalmente tutelado do direito à privacidade (cf. MIGUEL, 1995; ARAÚJO, 1996; SAMPAIO, 1998).
[40] Posições extraídas da decisão "Carolina II" do Tribunal Constitucional Federal alemão. *Entscheidungen des Bundesverfassungsgerichts*. (Coletânea Oficial, p. 361-396). Disponível em: <http://www.oefre.unibe.ch/law/dfr/bv101361.html>.
[41] *Entscheidungen des Bundesverfassungsgerichts*. (Coletânea Oficial, v. 101, p. 367, 371-372).
[42] *Entscheidungen des Bundesverfassungsgerichts*. (coletânea Oficial, v. 101, p. 365-366).

pessoais independentemente das circunstâncias e do lugar no qual foram colhidas.[43] No caso do Brasil, a Lei nº 9.296 de 1996 que regulamenta as interceptações telefônicas apresenta muitos problemas de constitucionalidade, entre os quais indicamos a obrigação de o juiz decidir sobre pedido de interceptação telefônica no prazo de 24 horas, o que dificulta o exame circunstanciado do pedido. A constitucionalidade da Lei foi questionada várias vezes e recentemente foi interposta perante o Supremo Tribunal Federal a ADIN nº 4.112, ainda pendente de julgamento. Igualmente preocupantes são as notícias sobre os abusos na interceptação telefônica que ocorrem nos últimos anos no Brasil. Conforme estimativas do presidente da Associação de Servidores da Agência Brasileira de Inteligência, cerca de 300 mil pessoas têm o telefone grampeado, ocorrendo apenas 15 mil escutas com a devida autorização judicial. Basta acompanhar o noticiário para constatar que as informações sobre muitas investigações policiais são acompanhadas da transmissão ou transcrição de trechos "comprometedores" provenientes de escutas clandestinas.[44]

As escutas realizadas por órgãos estatais sem autorização constituem prática comum que deu ensejo à CPI das "Escutas Telefônicas Clandestinas".[45] Tais escutas afetam inclusive autoridades estatais, e incluíram recentemente o grampeamento do telefone do Presidente do Supremo Tribunal Federal com possível envolvimento de funcionários do Executivo federal e tendo provocado o afastamento de dirigentes da Agência Brasileira de Inteligência.[46] Trata-se de prática que não se baseia, evidentemente, na ponderação entre direitos fundamentais. Concede tacitamente a primazia axiológica à segurança ("combate eficiente ao crime", "os fins justificam os meios") sob os aplausos da mídia e da opinião pública e permite que sejam violados direitos de maneira injustificada. Nesse caso, a invocação da segurança é meramente retórica-política, sendo feita *contra legem*.

Em paralelo, há fortes críticas à prática do Poder Judiciário que autoriza escutas sem indícios suficientes, por tempo praticamente

---

[43] *Entscheidungen des Bundesverfassungsgerichts*. (Coletânea Oficial, v. 65, p. 45; v. 95, p. 241; v. 109, p. 279). Cf. os comentários em (MARTINS, 2004).
[44] Informações conforme reportagem da revista *Época*: Você está sendo grampeado?. Disponível em: <http://revistaepoca.globo.com/Revista/Epoca/0,,EDR79786-6009,00.html>.
[45] As atas das sessões da CPI podem ser consultadas em: <http://www2.camara.gov.br/comissoes/temporarias53/cpi/cpiescut/notas-taquigraficas>.
[46] Cf. a reportagem e a entrevista do Presidente do Supremo Tribunal Federal Min. Gilmar Mendes em (PASSOS, 2008).

ilimitado e, muitas vezes, sem respeitar as regras de competência.[47] Noticiou-se que, em 2007, foram realizadas escutas em mais de 400 mil casos com autorização do Judiciário,[48] tendo recentemente o Conselho Nacional de Justiça criado um programa de monitoramento das decisões que permitem as escutas, no intuito de sua limitação.[49]

Nesse caso também temos uma "precompreensão" a favor da segurança e contra a privacidade sem decisões fundamentadas em ponderação racional. Faz parte dessa tendência a facilidade de decretar prisões com base em dados pouco confiáveis. Foi relatado o caso de empresário que passou onze dias preso durante a Operação Anaconda, sendo libertado depois de o advogado ter demonstrado que as conversas suspeitas eram feitas por outra pessoa, sendo a União condenada a pagar indenização de R$500 mil ao empresário, uma vez que o Estado, em nome da segurança, violou o direito à privacidade.[50]

4 Considerações conclusivas

Ninguém discorda da necessidade de garantir altos padrões de segurança. Mas as políticas públicas que visam atingir essa meta devem ponderar as eventuais consequências da intervenção do Estado em direitos fundamentais em nome da segurança pública. Trata-se da necessidade de pensar no custo jurídico e político da segurança. Deve também ser levado em consideração o fato de que as práticas de vigilância em prol da segurança de alguns fragilizam a segurança dos alvos de operações para garantir a segurança pública.

Surge em paralelo a necessidade de pensar na segurança em termos de garantia efetiva do bem-estar de todos, cabendo aqui um cálculo em termos de custo econômico para estabelecer as prioridades nas políticas públicas e justificando a distribuição e a intensidade dos deveres do Estado que começa a ser chamado a responder mais efetivamente pelo direito à segurança, conforme a citada decisão do Supremo Tribunal Federal que confirma o direito individual de exigir do Estado a garantia da segurança pública.

---

[47] Cf. as críticas formuladas pelo Presidente do Superior Tribunal de Justiça Min. Cesar Asfor Rocha contra os abusos que transformam as escutas em "devassas" em HAIDAR, 2008.
[48] Disponível em: <http://www.conjur.com.br/static/text/69687>.
[49] Conselho Nacional de Justiça, Resolução nº 59 de 09.09.2008. Disponível em: <http://www.cnj.jus.br/index.php?option=com_content&task=view&id=4872&Itemid=160>.
[50] Informações conforme reportagem da revista *Época*: Você está sendo grampeado?. Disponível em: <http://revistaepoca.globo.com/Revista/Epoca/0,,EDR79786-6009,00.html>.

No âmbito da teoria dos direitos fundamentais, a utilização do princípio da proporcionalidade é uma das formas de estabelecer os limites para harmonizar o exercício dos direitos, mostrando a adequação e necessidade de certas intervenções, conforme argumentação racional. Em paralelo se faz necessária a elaboração de normas sobre as hipóteses de admissão de intervenções em direitos fundamentais em prol da segurança, estabelecendo critérios com respeito ao princípio da igualdade, garantindo transparência e limitando a discricionariedade do Judiciário e dos órgãos de segurança.

Enquanto não se cumpre, a norma constitucional é apenas uma promessa de regularidade, uma promessa de direito, de um compromisso que eventualmente será honrado. Estudar os vários aspectos do direito à segurança é uma forma de criticar práticas jurídicas, problematizando discursos ideológicos e promessas não cumpridas.

Referências

ACKERMAN, Bruce A. *Before the next Attack*: Preserving Civil Liberties in an Age of Terrorism. New Haven: Yale University Press, 2007.

ARAUJO, Luiz Alberto David. *A proteção constitucional da própria imagem*: pessoa física, pessoa jurídica e produto. Belo Horizonte: Del Rey, 1996.

ARNAUD, André-Jean. Segurança. In: ARNAUD, André-Jean (Dir.). *Dicionário enciclopédico de teoria e de sociologia do direito*. Rio de Janeiro: Renovar, 1999.

BALIBAR, Étienne. Le renversement de l'individualisme possessif. *In*: GUINERET, Hervé; MILANESE, Arnaud (Org.). *La propriété*: le propre, l'appropriation. Paris: Ellipses, 2004.

BARATTA, Alessandro. *Sicurezza*. Disponível em: <http://www.imageuro.net/mediaterraneo/archivio/encyc/pdf/barat.pdf>, 2000.

BARROS, Marco Antonio de. *A busca da verdade no processo penal*. São Paulo: Revista dos Tribunais, 2002.

BIGOLIN, Giovani. *Segurança jurídica*: a estabilização do ato administrativo. Porto Alegre: Livraria do Advogado, 2007.

CASTRO, Gustavo Almeida Paolinelli de. Política de segurança pública: o direito à intimidade na era da videovigilância. *Fórum Brasileiro de Segurança Pública*, v. 2, p. 82-93, 2007.

CHOMSKY, Noam. *Power and Terror*: post-9/11 Talks and Interviews. New York: Seven Stories, 2003.

COTTEY, Andrew. *The new Security in Europe*. London: Palgrave, 2007.

DIMOULIS, Dimitri; MARTINS, Leonardo. *Teoria geral dos direitos fundamentais*. São Paulo: Revista dos Tribuanais, 2007.

FONTES JÚNIOR, João Bosco Araújo. *Liberdades fundamentais e segurança pública*. Lumen Juris: Rio de Janeiro, 2006.

FROTA, Ângela Maria Marine Simão Portugal. *Regime de segurança alimentar na União Européia*. Curitiba: Juruá, 2007.

HAIDAR, Rodrigo. País sob escuta. *Revista Consultor Jurídico*, 03 set. 2008. Disponível em: <http://www.conjur.com.br/static/text/69508>.

MALUF, Renato. *Segurança alimentar e nutricional*. Rio de Janeiro: Vozes, 2007.

MARTINS, Leonardo. Crime organizado, terrorismo e inviolabilidade do domicílio. Sobre o controle de constitucionalidade de novas regras do direito processual alemão e sua relevância para a interpretação do artigo 5º, IX da CF. *Revista dos Tribunais*, v. 93, n. 824, p. 401-437, 2004.

MIGUEL, Carlos Ruiz. *La configuración constitucional del derecho a la intimidad*. Madrid: Tecnos, 1995.

PASSOS, Anderson. *Perigos da Satiagraha*: Gilmar Mendes questiona ajuda informal da Abin à PF. 12 set. 2008. Disponível em: <http://www.conjur.com.br/static/text/69834>.

POSNER, Eric A.; VERMEULE, Adrian. *Terror in the Balance*: Security, Liberty and the Courts. Oxford: Oxford University Press, 2007.

POSNER, Richard A. *Not a Suicide Pact*: the Constitution in a Time of National Emergency. Oxford: Oxford University Press, 2006.

ROCHA, Cármen Lúcia Antunes (Org.). *Constituição e segurança jurídica*. Belo Horizonte: Fórum, 2005.

SABADELL, Ana Lucia. Segurança (direito à). *In*: DIMOULIS, Dimitri (Org.). *Dicionário brasileiro de direito constitucional*. São Paulo, 2007.

SAMPAIO, José Adércio Leite. *Direito à intimidade e à vida privada*. Belo Horizonte: Del Rey, 1998.

SANTI, Eurico Marcos Diniz de (Org.). *Segurança jurídica na tributação e Estado de Direito*. São Paulo: Noeses, 2007.

SARLET, Ingo Wolfgang. Algumas anotações a respeito do conteúdo e possível eficácia do direito à moradia na Constituição de 1988. *Cadernos de Direito*, n. 5, p. 107-141, 2003.

SARLET, Ingo Wolfgang. Constituição, proporcionalidade e direitos fundamentais. *Boletim da Faculdade de Direito*, v. LXXXI, Coimbra, p. 325-386, 2005.

SARLET, Ingo Wolfgang. Eficácia do direito fundamental à segurança jurídica. *Revista da Escola da Magistratura*, Tribunal Regional do Trabalho 2ª Região, n. 2, p. 271-310, 2007.

SORJ, Bernardo. Segurança, segurança humana e América Lática. *Sur*, n. 3, 2005. Disponível em: <www.scielo.br>.

Informação bibliográfica deste texto, conforme a NBR 6023:2002 da Associação Brasileira de Normas Técnicas (ABNT):

LUNARDI, Soraya. Direito social à segurança. *In*: LUNARDI, Soraya (Coord.). *Direitos fundamentais sociais*. Belo Horizonte: Fórum, 2012. p. 227-244. ISBN 978-85-7700-567-3. (Coleção Fórum de Direitos Fundamentais, 8).

SOBRE OS AUTORES

Amélia Regina Mussi Gabriel
Analista de Comércio Exterior. Graduada e Mestre em Direito pela UNESP. Professora de Direito Internacional. Chefe de Gabinete da Secretaria Executiva da Câmara de Comércio Exterior (CAMEX).

Daniela Nunes Veríssimo Gimenes
Advogada. Mestre em Direito pelo Centro de Pós-Graduação da ITE/Bauru. Professora do Centro Universitário de Bauru (ITE) e da Faculdade Iteana de Botucatu/SP.

Eliéser Spereta
Doutor em Filosofia (UNICAMP). Professor de Filosofia e Epistemologia da Ciência no Instituto Federal do Rio Grande do Norte. Tem experiência na área de Filosofia, com ênfase em Antropologia Filosófica, Ética, Filosofia Política e Filosofia do Direito.

Emílio Donizete Primolan
Graduado em Filosofia e História. Mestre em História pela Unesp/Assis-SP. Doutor em História pela Unesp/Franca-SP. Professor do Centro Universitário de Bauru (ITE).

Flávio Luís de Oliveira
Mestre e Doutor em Direito pela Universidade Federal do Paraná. Docente dos Cursos de Mestrado e Doutorado em Direito do Centro Universitário de Bauru (ITE). Membro do Instituto Ibero-americano de Direito Processual. Membro do Instituto Brasileiro de Direito Processual. Advogado.

Gustavo Smizmaul Paulino
Mestre em Filosofia do Direito e do Estado pela Pontifícia Universidade Católica de São Paulo (PUC-SP). Graduado em Direito pela Faculdade de Direito de Bauru (ITE). Advogado. Atualmente é Diretor Pedagógico do Centro de Estudos Avançados em Direito e Justiça (CEADJUS). Professor da Faculdade de Direito da Universidade São Judas Tadeu (USJT). Pesquisador do Grupo de Estudos em Direito, Análise, Informação e Sistemas (Gedais PUC-SP/CNPq). Foi Professor da Faculdade de Direito de Bauru.

José Cláudio Domingues Moreira
Mestre e Doutorando em Direito Constitucional pelo Centro Universitário de Bauru (ITE). Juiz de Direito em São Paulo. Professor de Direito Civil do Centro Universitário de Bauru (ITE). Juiz Formador da Escola Paulista da Magistratura.

Josiane de Campos Silva Giacovoni
Especialista em Direito Empresarial pelo Centro de Pós-Graduação da Instituição Toledo de Ensino de Bauru (ITE).

Luiz Nunes Pegoraro
Mestre em Direito Constitucional. Professor de Direito Administrativo do Centro Universitário de Bauru (ITE). Advogado.

Patrícia Keli Botari de Souza
Economista. Graduada em Ciências Econômicas. Especialista em Finanças e Controladoria pela ITE/Bauru. Professora do Centro Universitário ITE de Bauru, da Instituição Toledo de Ensino.

Pietro Lora Alarcón
Advogado, formado pela Universidad Libre de Colombia. Mestre e Doutor em Direito pela Pontifícia Universidade Católica de São Paulo (PUC-SP). Professor-Pesquisador do Instituto Manuel Garcia Pelayo da Universidad Carlos III de Madrid. Realizou estágio Pós-Doutoral na Universidade de Coimbra (Portugal). Professor da Pontifícia Universidade Católica de São Paulo (PUC-SP) e do Centro Universitário ITE de Bauru nos cursos de Graduação e Pós-Graduação em Direito.

Ricardo Brosco
Mestre em Direito pelo Centro Universitário ITE de Bauru. Professor Universitário no Centro Universitário ITE de Bauru. Juiz de Direito em São Paulo.

Soraya Lunardi
Doutora em Direito do Estado pela Pontifícia Universidade Católica de São Paulo (PUC-SP). Pós-Doutora pela Universidade de Atenas. Professora dos cursos de Graduação, Mestrado e Doutorado em Direito do Centro Universitário ITE de Bauru, onde também atua como responsável pelo Núcleo de Pesquisa. Avaliadora de Cursos de Graduação do MEC. Advogada.

ÍNDICE DE ASSUNTO

página

A
Abismo
- Axiológico 142
- Gnoseológico 142, 151
Ações afirmativas 41-60
Administração pública 177, 182-184,
                                186, 187, 190-192
- Controle jurisdicional 182-185, 190, 192
- Omissão 181, 182, 191, 192
Americanismo 77, 78
Assembleia Geral da OEA 21, 23
Ato
- Das Disposições Constitucionais
  Transitórias (ADCT) 168, 169
- Discricionário 185
- Vinculado 185

B
Bem de família 217-222
- Legal 222
- Penhora 223
- Voluntário 217, 218
Biologia 76
Biologicismo 76
Brasil 42, 58, 59, 85, 86, 146,
         149, 160, 163, 191, 192, 206, 208, 241
Burguesia 91, 92

C
Capital 64, 71, 79, 101
Capitalismo 89, 94, 100, 101,
         157-161, 198, 201, 202, 206, 208-211
Carta da Organização das Nações
  Unidas – ONU (1945) 18
Caso
- Alcântara 36

página

- Baena Ricardo 31, 38
- Bevenuto Torres 33
- Ianomâmi 35
- Menéndez Caride 34
- Nº 11.289 32
- Nº 11.516 36
- Nº 11.702 36
- Nº 11.993 36
- Nº 12.010 35
- Nº 12.066 32
- Nº 12.242 35
- Nº 12.249 34
- Nº 12.328 36
- Nº 12.378 36
- Nº 12.426 36
- Nº 12.427 36
- Nº 12.461 34
Catolicismo 87-89, 92
Cidadania 111, 148
Cláusula da reserva do
  possível 185-191
Código
- Civil 158, 217
- De Defesa do Consumidor (CDC) 181
- De Processo Civil 182
- Penal brasileiro 158
Coisa 81
Comissão 22
- Interamericana 32, 35, 37, 38
Comunicações interestatais 19
Comunismo 78
- Manifesto Comunista 89, 95
Concílio Vaticano II 86
Condições Gerais de Produção 198
Conferência Internacional sobre
  Eliminação do Racismo 32

	página
Consenso de Washington	24
Conservadorismo	91
Constitucionalismo	
- Antigo	197
- Social	197-201, 212
- - Brasileiro	201-208
Constituição Federal de 1988 (Brasil)	...17, 41-43, 45, 56, 60, 98, 99, 106, 108, 111, 112, 115, 136, 155, 158, 161, 162, 164, 166, 169, 170, 172, 177, 184, 192, 202, 213-216, 227, 228, 233, 235, 238,
Constituições	
- Constitutivas Sociais	104
- Dirigentes	104
Contribuição	
- Provisória sobre Movimentação Financeira (CPMF)	163, 164, 168-170, 172-174
- Social à Saúde (CSS)	163, 164, 168-170, 172-174
Contribuições residuais	173
Convenção	
- Americana de Direitos Humanos	21, 23, 28-30, 32, 34, 36, 37
ver também Pacto de São José da Costa Rica	
- Interamericana para a Eliminação de Todas as Formas de Discriminação contra as Pessoas Portadoras de Deficiência (1999)	24, 28, 30
- Sobre os Direitos da Criança (1989)	20, 21
Convenção-Quadro das Nações Unidas sobre Mudança de Clima (1992)	20, 21
Convenções da Organização Internacional do Trabalho	20
Corte	23, 29, 37
Cosmologia	117
Criança	27, 36
Crime de coligação	199
Cristianismo	48, 64, 89, 212

D

Daisein	83
Declaração	
- E programa de Ação de Viena	38

	página
- De Estocolmo (1972)	26
- Do Bom Povo da Virgínia (1776)	48
- Do Rio de Janeiro sobre Meio Ambiente e Desenvolvimento (1992)	20
- Dos Direitos do Homem e do Cidadão (1789)	16, 43, 48
- Dos Direitos do Povo Trabalhador e Explorado (1918)	16, 66, 103
- Meio Ambiente Humano (1972)	20
- Universal dos Direitos do Homem (1948)	18, 48
- Universal dos Direitos Humanos (ONU)	21, 38, 66, 160
Democracia	112, 138, 156, 159
Desigualdade	59, 156, 213
- Social	85, 146, 149, 158, 161
Deus	79, 82, 93
Dignidade humana	69, 79, 99, 100, 102, 105, 160
Dimensão	82
Direito	
- À alimentação	26
- À educação	26, 27
- À maternidade e à infância	27, 36
- À moradia	36, 215-225
- À previdência social	25, 33, 34
- À privacidade	239, 240
- À saúde	25, 34, 163-174
- À segurança	227-243
- Ao meio ambiente sadio	26, 35
- Ao trabalho	24, 25, 31-33, 155-162
- Aos idosos e deficientes	28
- Ciência	128-130, 143, 145, 149, 151, 157
- - Ciência Social	156, 157
- Direito e Justiça	116-124, 141, 149, 150
- Positivo	13, 43, 49, 132, 140, 142, 216
- Procedimentalização	130, 140, 149
- Subjetivo	187
Direitos	
- De prestações materiais	186, 187
- Derivados	187
- Do homem	15, 43, 67, 68, 77-80
- Do trabalhador	16

ÍNDICE DE ASSUNTO | 249

página

- Econômicos, Sociais e Culturais 18, 19, 23, 24, 29-31, 35, 36, 38, 51, 165, 188, 189, 192
- Humanos 15, 37, 69, 125, 126, 140
- - Proteção 24-28
- Individuais 65, 100, 101, 213
Direitos Fundamentais 42-52, 63-70, 78, 124, 125, 138, 140, 141, 166, 222-225
- Aspectos 141
- - Estrutural-empírico 141, 146, 149
- - Estrutural-metodológico 141, 149
- - Estrutural-pragmático 141, 144, 149
- Concorrência 47
- Dimensão
  ver Direitos Fundamentais, Gerações
- Gerações 48, 49, 52, 126, 127, 198
- - Primeira geração 48, 51, 126, 134, 145, 165, 215
- - Quarta geração 51
- - Segunda geração 49, 51, 101, 126, 135, 149, 165, 178, 215
- - Terceira geração 50, 51, 126, 165
- Historicidade 47
- Imprescritibilidade 47
- Inalienabilidade 47
- Individualidade 47
- Irrenunciabilidade 47, 48
- Limitabilidade 47, 48
- Positivação 46, 47
- Sentido formal 44, 45
- Sentido material 44, 45
- Sociais 17, 24-30, 63, 99-105, 108, 111, 112, 115, 116, 124-128, 178, 190, 192, 196, 198
- - Dimensão analítica 124
- - Dimensão empírica 124
- - Dimensão normativa 124
- - Evolução normativa 102-105
- Universalidade 47
- Violação 30-37
Direitos Sociais 63, 65, 66, 78-80, 97, 99, 106, 165, 178, 186, 196, 211, 231, 235
- Efetividade 212-214

página

E
Equidade 118
Escravidão 203
Escutas telefônicas 230, 241
Espaço 81, 82
Estado
- De direito 79, 80
- Democrático de direito 16, 45, 52, 56, 68, 98, 106-109, 116, 121, 122, 124, 127, 134, 135, 149, 151, 160, 162, 191
- Liberal 99, 100, 101, 108, 198, 200
- Social 102
- Social de Direito 16, 97, 191
Estados centrais 195
Estatuto da Mulher Casada 158
Etnometodologia 143

F
Família 27, 217
Fiador 222-225
Fiança 221, 222
Força simbólica 125, 135, 140, 149
Fundamentalidade 45-47
Fundamento absoluto 68
Fundo
- Combate e Erradicação da Pobreza.... 168
- Nacional de Saúde 168, 171

G
Grande Nacionalização 204

H
Habitação...216
Habitus
- Primário 147, 148, 150, 151
- Secundário 147, 148
Hermenêutica 128-130, 133, 135, 149, 196
Hierarquia 92,
Homem 79-81, 121
Humanismo 64, 66, 70-77, 78, 212
- Metafísico 74, 77-80
- Renovação 80-83

I
Igreja Católica 85-88, 91-95

página	página
- Doutrina social 92-94	Metafísica 66, 67, 70-77, 82, 83
- Reação 91, 92	- Fim 73
Igualdade 117	- Objetividade 72
- Formal 54, 60, 157, 162	- O ser 74, 82
- Material 54, 57, 59, 60, 100,	- Subjetividade 72, 80
101, 104, 105, 161	Mínimo
Iluminismo 157	- Existencial 79
Imóvel residencial 219, 220	- Necessário 112
Impenhorabilidade 218, 219, 221-225	Mulher 155-162, 211
Inalienabilidade 47, 218, 219	- Dominação 158, 162
Indígena 35, 36	- Liberdade sexual 158
Instituto da Mulher Negra 32	
Interpretação	N
- Autêntica 133	Natureza 117
- Constitucional 128-141	- Humana 64, 68-70, 78
- - Método dogmático 131-135	Niilismo 82, 83
- - Método procedimental 135-141	Norma jurídica 157
- Construtividade 143	
- Jurídica 132, 145	O
- - Jurídico-científica 133	Organização
	- Dos Estados Americanos (OEA) 21
J	Internacional do Trabalho 16, 20,
Jusnaturalismo 117, 122, 123, 159	103, 206
Justiça 115-152, 213	Organizações formais 137
- Comutativa 117	
- Distributiva 117	P
- Legal 119	Pacto
- Total 117	- De São José da Costa Rica 21
Justo particular 117	- Internacional de Direitos Civis e
	Políticos 18, 19
L	- - Protocolo Facultativo 19
Lei	- Internacional de Direitos Econômicos,
- Chapelier 199	Sociais e Culturais 18-20
- Do Homestead 217	Papa 91
- Nº 8.009/90 217-222	Pastor do ser 80
- Waldeck-Rousseau 200	Petição
Leviatã 123	- Nº 82/06 36
Liberdade 100, 213, 229, 230, 239	- Nº 84/06 32
Liberdades públicas 42, 48	Petições
- Negativas 49	- Híbridas 31
Língua 144	- Individuais 19, 20, 22, 28-30, 37
Locação 222	Pluralismo 162
Luta de classes 91	Poder 145
	Poder Executivo 102, 106, 107, 170, 174,
M	184, 192, 207, 241
Marxismo 75, 91, 212	

ÍNDICE DE ASSUNTO | 251

página

Poder Judiciário 97-114
- - Desneutralização 106-111
- - Velocidade 109
Poder Legislativo 102, 107, 170, 174,
182, 184, 192
Poesia 82
Políticas públicas 97-114
Ponte 81
Positivismo
- Jurídico 98, 128
- Normativista 131
- Superação 141-152
Preso 238
Primeira Guerra Mundial 103
Princípio
- Conceito 52
- Da dignidade da pessoa humana 17,
45, 52, 64-70, 160, 162,
208, 212, 213, 216, 225
- Da igualdade 41, 42, 52-56, 160, 243
- Da legalidade 157-159
- Da proibição do retrocesso 196
- Da proporcionalidade 243
- Da solidariedade 166
Projeto de Lei nº 306, de 2008 163-174
- Competência 172, 173
- Inconstitucionalidade 173, 174
Proletariado 87-89, 91, 93-95
Propriedade privada 90, 235
Protocolo
- De Quioto (1997) 20
- De San Salvador 23-26, 29,
31, 32, 34, 36, 38

Q
Qualificação profissional 159, 204
Questão social 85-95, 159, 205, 206
- Origem 86, 87
Quotas 58, 59

R
Reforma Protestante 88
Relatório da Secretaria-Geral
da OEA 26
Relatórios 19, 21, 29, 30

página

Religião 88, 159
Rerum Novarum 66, 86

S
Saúde
- Custeio 167
- Gastos mínimos 169, 170
Segunda Guerra Mundial 64
Segurança
- Alimentar 231
- Conceito 232, 233
- Do trabalho 234
- Externa 227, 228
- Humana 232
- Interferências estatais 239-242
- Interna 227, 228
- Pela força 228-230
- - Forças armadas 229
- - Legislação 228
- - Polícia 229
- Pelo bem-estar 230-232
- Pública 231, 236-238
- Unilateralidade 230, 231
Seguridade social 34, 173, 208, 233, 234
Serviço público 177-192
- Centralizado 180
- Descentralizado 180
- - Delegação 180
- - Outorga 180
- Desconcentrado 180
- Geral
ver Serviço público, Uti universi
- Individual
ver Serviço público, Uti singuli
- Limitação financeira 192
- Requisitos 179
- Uti singuli 179, 181
- Uti universi 179, 181, 182
Serviços de utilidade
pública 178, 179, 181
Sindicatos 199, 200
Sistema
- Interamericano de Proteção dos
Direitos Humanos 17, 21-30, 37
- - Jurisprudência 30-37

página

- Internacional de Proteção dos
  Direitos Humanos 17-21
- Nacional de Segurança Alimentar e
  Nutricional 232
Socialismo 89, 92-94, 213
- Movimento socialista 89-91, 99
Sofistas 119-122
Solteiro 220
Supremo Tribunal Federal 43, 51, 54,
               192, 224, 235-237, 241, 242

T
Teoria
- Dos Direitos Fundamentais 126
- Dos sistemas sociais autopoiéticos 136
- Idealista 54
- Jusnaturalista 156
- Nominalista 54

página

- Realista 54, 55
Totalitarismo 77, 78
Trabalhador 196, 199, 201, 208, 210, 213
- Nacional 204
Trabalho 101, 161, 195-214
- Legislação brasileira 208
- Manual 203
- Meios de produção 201, 210, 213
- Valor social 202, 208-211
Trade Unions 199
Tratados especiais 24

V
Valores imobiliários 217, 218
Verdade 144

W
Welfare State 111

ÍNDICE ONOMÁSTICO

página

A
Adeodato, João Maurício 121, 141
Almeida, Guilherme Assis de 121
Araujo, Luiz Alberto David 42, 44, 48, 49
Arendt, Hannah 60, 66, 67, 69-71, 77
Aristóteles 55, 71, 73, 74, 117-120, 123, 151
Azevedo, Álvaro Villaça 217

B
Bandeira de Mello, Celso Antônio 55
Bandeira, Moniz 205, 207
Barcellos, Ana Paula de 64, 65, 189
Barroso, Luís Roberto 54
Beaufret, Jean 74
Bernardes, Arthur 207
Bernardo, João 198, 210
Bittar, Eduardo 121
Blanc, Louis 199
Bobbio, Norberto 18, 66-68, 71, 78
Bonavides, Paulo 48, 51
Bourdieu, Pierre 77, 147, 148
Branco, Paulo Gustavo Gonet 186
Bulos, Uadi Lammêgo 51
Burke, Edmund 69, 70

C
Cabral, Sérgio 58
Canotilho, José Joaquim Gomes 42, 44-46, 104, 105
Cappelletti, Mauro 111
Ceneviva, Walter 191
Coelho, Paulo Magalhães da Costa 183
Comparato, Fábio Konder 24
Corsi, Giancarlo 136-139, 149

página

Cossío Diaz, José Ramón 200

D
Descartes, René 72, 74
Dimoulis, Dimitri 44, 227
Dipp, Gilson 224

E
Engels, Friedrich 87, 90, 200

F
Ferraz Junior, Tercio Sampaio 118, 129, 135, 144
Ferreira, Aurélio Buarque de Holanda 52, 53
Ferreira, Gisele Ana 32
Ferreira Filho, Manoel Gonçalves 47, 48, 51, 165
Figueiredo, Lúcia Valle 185
Fourier, Charles 200

G
Genro, Tarso 58
Grotius, Hugo 15
Guerra Filho, Willis Santiago 124, 126, 129, 134, 150

H
Hassan, Herrera 31
Hegel, Georg Wilhelm Friedrich 71, 72, 79
Heidegger, Martin 70, 71, 73, 74, 76-78, 80-83
Heráclito 81
Hesse, Konrad 46
Hobbes, Thomas 122, 123
Hölderlin, Friedrich 82

	página
J	
Jung, C. G.	88
K	
Kant, Immanuel	64, 68, 72, 73, 79, 123
Kelsen, Hans	118, 123, 131, 133, 142
Kennedy, John F.	57
Kowarick, Lúcio	202, 203
Krell, Andréas Joachim	105
L	
Lazzarini, Isabel	32, 33
Leibniz, Gottfried Wilhelm	74
Locke, John	55
Loparic, Zeljko	78
Lorenzetti, Ricardo Luis	43, 44, 49-51
Luhmann, Niklas	109, 135, 136, 142
Luís, Washington	206
M	
Marinoni, Luiz Guilherme	44
Marx, Karl	63, 71, 75, 86, 89, 200, 210
Mello, Celso de	188, 192, 237
Mendes, Gilmar Ferreira	42, 44
Menezes, Paulo Lucena de	57, 59
Miranda, Mauro	223
Miranda, Odir	34
Monteiro, Washington Barros	221
Montesquieu, Charles-Louis	108
Moraes, Alexandre de	166, 191
N	
Nascimento, Neusa Santos	32
Navia, Rafael Nieto	23
Neme, Eliana Franco	58
Neves, Marcelo	109, 110, 125, 140
Nietzsche, Friedrich	71-74
Northfleet, Ellen Gracie	237
Nunes Júnior, Vidal Serrano	42, 44, 48, 49
O	
Owen, Robert	200
P	
Pereira, José	32

	página
Piovesan, Flávia	59, 60
Platão	71, 73, 74, 117
Prestes, Luís Carlos	207
Primolan, Emílio Donizete	92, 93
R	
Reale, Miguel	53
Rocha Barros	207
Rothenburg, Walter Claudius	45-47
Rousseau, Jean-Jacques	55, 235
Rousseff, Dilma Vana	163, 172
S	
Sanches, Sydnei	43
Sarlet, Ingo Wolfgang	42, 49, 64, 66
Sierra Porto, Humberto Antonio	20
Silva, José Afonso da	20, 41, 50, 54, 55, 99, 216
Silva, Luiz Inácio Lula da	58, 172
Singer, Peter	60
Smith, Adam	209
Souza, Jessé	146, 147, 150
Stein, Ernildo	78
Suárez, Francisco	15
T	
Tahara, Munehiro	33
Tawil, Guido Santiago	191
Taylor, Charles	147
Teixeira Filho, Manoel Antonio	53
Telles, Vera da Silva	85
V	
Vale, André Rufino do	105
Vargas, Getulio	206
Velloso, Carlos	224
Vianna, Luiz Werneck	110, 111
Vilas-Bôas, Renata Malta	57
Vitória, Francisco de	15
W	
Weber, Max	143
Z	
Zagrebelsky, Gustavo	212, 213

Esta obra foi composta em fonte Palatino Linotype, corpo 10
e impressa em papel Offset 75g (miolo) e Supremo 250g (capa)
pela Gráfica e Editora O Lutador.
Belo Horizonte/MG, agosto de 2012.